대한민국 선거이야기
1948 제헌선거에서 2007 대선까지

대한민국 선거이야기
1948 제헌선거에서 2007 대선까지

1판 5쇄 발행 2018년 9월 1일
1판 1쇄 발행 2008년 3월 26일

지은이 서중석
펴낸이 정순구
책임편집 엄귀영
기획편집 정윤경, 조수정, 조원식
디자인 구화정
마케팅 황주영

출력 (주)블루엔
용지 한서지업사
인쇄 한영문화사
제본 한영제책사

펴낸곳 (주) 역사비평사
등록 제300-2007-139호 (2007. 9. 20)
주소 10497 경기도 고양시 덕양구 화중로 100(비전타워 21) 506호
전화 02-741-6123~5
팩스 02-741-6126
홈페이지 www.yukbi.com
이메일 yukbi88@naver.com

ⓒ 서중석, 2008
ISBN 978-89-7696-528-3 / 03910

이 도서의 국립중앙도서관 출판시도서목록(CIP)은 e-CIP 홈페이지(http://www.nl.go.kr/cip.php)에서
이용하실 수 있습니다.(CIP 제어번호 : CIP2008000884)

책값은 표지 뒷면에 표시되어 있습니다.
잘못 만들어진 책은 구입하신 서점에서 바꾸어 드립니다.

Korea
Change

대한민국 선거이야기
1948 제헌선거에서 2007 대선까지

서중석 지음

역사비평사

머리말

이 책은 2007년 봄에 한겨레문화센터에서 5회에 걸쳐 일반 시민을 상대로 했던 '선거로 본 한국현대사' 강의를 어법에 맞게 정리하고 첨삭한 것이다.

강의 제목이 시사하듯 선거는 현대정치사에서 중심적인 위치를 차지한다. 한국에서 정치는 주로 선거 시기에 풍성하게 펼쳐졌다.

이승만 정권 이래 대통령이 막강한 힘을 행사했는데, 대개의 경우 정치라기보다는 행정부 중심의 통치가 있었고, 정치의 중심에 있어야 할 국회는 거수기에 지나지 않았으며, 여당은 대통령 한 사람을 위해 존재했다. 한마디로 의회정치나 정당정치가 활성화되지 못했다.

그렇지만 선거에서는 '정치'가 있었다. 박정희나 전두환 같은 군인들은 다른 방식을 선택하기도 했지만, 집권자들은 원내 안정의석을 확보하기 위해서, 독재권력을 휘두르기 위해서, 영구집권을 위해서 선거에서 총력전을 폈다. 야당 정치인도 당선되어야 힘을 쓸 수 있어서 선거에 전력을 기울였다. 선거의 장場은 실현 여부와는 상관없이 각종 공약이 난무했고, 술과 고무신, 돈봉투가 돌았다. 선거 공간에서는 비교적 자유롭게 하고 싶은 말을 할 수 있었다.

5회에 걸친 이 강의에서는 한국의 선거에 대해 일반인이 부정적으로 바라보는 것이 결코 상식이 될 수 없다는 점을 강조했다. 뿐만 아니라 선거는 한국 사회를 바꿔놓는 데 대단히 역동적인 역할을 했다는 점을 역설하였다.

지금까지 정치인은 출세주의자·정상배·기회주의자와 동일시되었고, 정치는 더러운 진흙탕으로 비유되었다. 그와 함께 선거는 독재자의 치장물로 인식되거나 정상배들이 국회의원이 되기 위해 4년에 한 번 유권자들한테 굽실거리며 통과하지 않으면 안 되는 관문으로 이해되었다. 또한 대중은 권력이나 선심공약, 금권에 휘둘리어 투표하는 어리석은 사람들로 인식되었다. "민도가 저러니 어쩔 수 없다"라는 지적이 선거철마다 유행가처럼 떠돌았다. 이러한 '상식'은 오랜 경험의 산물이며, 사실과 거리가 먼 것만은 아니다.

이 강의에서도 부정적인 선거 사례를 언급하고 있다. 그러나 이 강의에서는 민의가 어떻게 선거를 통해 표출되며, 선거가 한국 사회를 얼마나 역동적으로 변화시켰느냐에 초점을 맞추었다. 1948년 최초의 보통선거를 통해 구성된 제헌국회는 '소장파 전성시대'를 열었고, 제2대 국회는 전란에서 민간인을 보호하기 위해 이승만과 여러 차례 싸움을 벌였다. 그런가 하면 1956년의 정부통령 선거에서 커다란 타격을 입은 이승만·자유당은 1960년 3·15부정선거를 기획했고, 결국 그것이 4월혁명을 야기했다. 1967년 총선에서는 유권자 의식이 죽은 줄 알았더니, 1971년의 대선과 총선에서는 신선한 바람이 불었다. 유신 몰락의 드라마는 1978년 12·12총선에서부터 시작되었고, 전두환·신군부는 1985년 2·12총선에서 운명이 결정되었다.

이 강의에서는 특히 독재권력이 영구집권을 위해 어떻게 민주주의제도를 도입했는지, 망국적 현상으로 질타받은 극단적인 지역주의가 어떠한 선거 상황에서 나타나며, 역사적으로는 어떠한 역할을 하게 되는지를 분석하는 데 비중을 두었다. 또한 우리 선거에서 자주 나타나는 역설적 현상을 중시했다. 헤겔이 '이성의 간지奸智'라고 말했던 것과 비슷한 현상이 선거를 통해 어떻게 드러나는가를 찾아내고자 한 것이다. 예컨대 영구집권을 위해 헌법을 유린하며, 부산 정치 파동을 일으켜 발췌개헌으로 대통령 직선제를 관철시킨 이승만이 그 직선제로 말미암아 4년 후 위기에 처하고, 8년 후 파멸적인 운명을 맞이할 줄은 꿈에도 생각지 않았을 것이다. 박정희의 유신체제나 전두환·신군부의 '4·13호헌조치'도 비슷한 운명에 처했다. 여러 차례 강의에서 언급했지만, 역사의 오묘함에 새삼 감탄하지 않을 수 없다.

5회라는 제한 때문에 이 강의에서는 4월혁명 이후 있었던 1960년 7·29총선과 장면 정부의 지방자치 선거에 대해서 언급할 수 없었다. 논문에서는 죽은 사람에 대해서는 경칭을 쓰지 않는 것이 관례인데, 산 사람에게만 쓰는 것도 어울리지 않는 듯해 모두 경칭을 생략했다. 양해 바란다.

작년 2월경에 역사문제연구소(역문연) 이태훈 사무국장이 이 강의를 부탁했을 때 안 했으면 좋겠다고 말했다. 그렇지만 내가 몸담고 있는 역문연에서 기획한 것이라 어쩔 수 없었다. 강의를 시작하자 역사비평사에서 이 강의를 녹취해 책으로 내겠다고 제의했을 때도 하고 싶지 않았다. 일종의 현대사 개설서라고 할 수 있는 책을 이미 두 권이나 낸 것이 가장 마음에 걸렸기 때문이다. 그런데 원고를 정리하면서 두 책과 다른 특색이 있어서 재미도 있고, 현대사를 선거 중심으로 그것도 강의 방식으로 이해하는 것도 의미가 있다는 생각이 들었다. 이야기 형식이다 보니 앞의 두 책과 다르게 야사 비슷한 것들도 적지 않다.

 이 책을 출판한 역사비평사 김백일 사장과 이 책을 내도록 권유한 편집부 조원식 실장, 교정을 맡은 엄귀영 씨에게 감사드린다.

2008년 3월 서중석

머리말 —— 004

프롤로그 —— 012
대한민국 선거를 어떻게 볼 것인가

역동적인 대한민국 선거 _014
대한민국 선거가 해낸 혁명적 역할 _016

1강 ___ 020

쟁점이 많은 초기의 선거들
— 1948년 5·10선거와 1950년 5·30선거

무엇이 자유민주주의인가 _022
최초의 보통선거 _025
5·10선거는 미국이 이식한 것인가 _028
유엔과 정부 수립 _030
3·1운동 직후부터 보통선거 주장 _032
5·10선거에 대한 상반된 평가 _035
분단을 반대한 이유 _038
보수세력은 왜 보통선거를 반대하지 않았나 _040
첫 선거의 놀라운 결과 _042
나라 이름 짓기 _045
하루아침에 대통령중심제로 바꿔 _046
소장파 전성시대 _051
김구가 암살당한 까닭 _053
보수와 진보의 대결 _055
"중도파가 프락치와 내통했다" _057
"그런 시대가 있었어요" _059
1강을 마치며 _061

2강 ___ 064

이승만, 자신이 쳐놓은 직선제 덫에 걸리다
— 1956년 5·15선거와 1960년 3·15부정선거

이승만이 직선제를 고집한 이유 _066
143 대 19로 부결된 이유 _067
막 오른 부산 정치 파동 _070
기립표결로 발췌개헌 _073
민의를 빙자한 사전 선거운동 _074
유권자가 모르는 인물이 부통령이 된 나라 _077
친일파, 자유당을 장악하다 _080
곤봉선거 _082
뉴델리 밀회 사건에서 사사오입개헌으로 _084
조봉암이 대통령 후보에 나설 수 있었던 이유 _086
이승만의 잇따른 더티플레이 _087
야당단일화를 위하여 _090
"못살겠다 갈아보자" _093
추모표라는 기이한 투표 _097
이승만의 분노 _098
5·15선거의 여파 – 새로운 형태의 부정선거 _100
장면 부통령 저격 사건 _102
형장의 이슬로 사라진 조봉암 _103
선거구 바꾼 이기붕 _105
이승만, 정부통령 선거 지휘 _107
정부통령 동일 티켓제 _109
조기 선거 강행으로 이승만 단독후보 되다 _111
4할 사전 투표, 3인조 투표, 개표 부정 _113
도덕성이 상실된 시대 _114
2강을 마치며 _115

구호로 본 1956년 5·15선거 _119

3강 ——— 120

박정희는 국민의 지지를 받았나
—1971년 선거를 중심으로

쿠데타세력의 더티플레이 _122
정치자금과 4대 의혹 사건 _124
정치활동정화법으로 정치인을 묶다 _125
기구한 역사를 가진 비례대표제 _128
군부, 박정희한테 불출마 요구 _130
야당 대통령 후보 난립 _133
격렬한 사상논쟁 _135
"나는 정신적 대통령" _140
야당의 분열과 대통령 후보 _143
남북투표에서 동서투표로 _145
대통령과 장관들이 나선 국회의원 선거운동 _146
망국적인 선거풍토 _149
지독한 선거 후유증 _151
40대 기수론의 충격 _154
중앙정보부의 야당 대통령 후보 공작 _156
김대중의 파격적인 공약 _158
궁지에 몰린 박정희 _159
박정희의 비장한 호소 _161
경상도 지역 몰표로 당선된 박정희 _164
살아 있는 유권자 양심 _165
3강을 마치며 – 박정희 신드롬의 이해 _167

4강 ——— 170

유신체제와
전두환 정권을 뒤흔든 두 총선
—1978년 12·12총선과 1985년 2·12총선

거꾸로 가는 민주주의 _172
탄압에도 불구하고 _174
해괴한 대통령 선거 _176
불쌍한 국회, 불쌍한 국회의원 선거 _179
"닭의 목을 비틀어도 새벽은 온다" _181
박정희를 살린 인도차이나 사태 _183
꿀 먹은 벙어리가 된 김영삼 _186
경제로 망한 '경제 대통령' _189
박정희 발목 잡은 중화학공업 _191
외채망국론 _192
국제 고아가 된 체육관 대통령 _194
유신독재 붕괴의 드라마 _196
이성을 상실한 박정희 정권 _198
두 번째, 세 번째 통대 대통령 _201
우스꽝스러운 대통령 선거 _204
정당들의 행진 – 1대대 2중대 3소대 _206
유화국면이 분기점 _208
학생운동권의 노선대립 _210
바람, 바람, 바람 _212
휘청거리는 전두환 정권 _214

5강 ——— 216
민주화시대의 선거와 지역주의
— 1987년 대선에서 2004년 총선까지

16년 만의 직선제 쟁취 _218
계엄령이 선포되지 않은 까닭 _219
마침내 5년 단임제 개헌 _222
야당 후보 단일화와 '4자 필승론' _224
산산조각 난 민주화운동세력 _228
여의도에서 벌어진 청중 동원 전쟁 _230
투표 기계가 된 지역주민 _232
지역주의가 위력을 보인 또 다른 이유 _234
지역주의의 역사적 역할 _236
민자당 창당과 김영삼 _239
김영삼과 김대중의 숙명의 대결 _242
1회용으로 끝난 '깨끗한' 선거 _244
헌정사상 최초로 야당 후보 당선 _247
2002년 대선을 보는 재미 _249
2004년 총선의 의의 – 일정한 수준에 오른 한국 민주주의 _253
5강을 마치며 _255

에필로그 ——— 258
2007년 대선을 돌아본다

찾아보기 _265

이 책에 쓰인 사진의 출처 _271

프롤로그 대한민국 선거를 어떻게 볼 것인가

지금부터 '선거로 본 한국현대사' 강의를 하고자 합니다. '선거로 본 한국현대사'라고 제목을 붙인 것은 한국현대사를 정치사 중심으로 살펴보고, 정치사도 선거의 역사를 통해서 알아보자는 의도입니다. 민주주의국가에서 정치사는 선거와 떼려야 뗄 수 없는 관계를 갖고 있고, 또 아시다피시 금년(2007년)은 대통령 선거가 있잖아요. 그 점 때문에도 현대사를 선거를 통해 살펴보는 것도 매우 유익하겠다 싶어서 이러한 강의를 하게 되었습니다.

다섯 차례에 걸친 목차를 보면 알겠지만, 우리 60년 현대사 기간 중에 치러진 선거 가운데 가장 주목할 만한 선거를 제목으로 내세웠습니다. 유권자의 의지가 반영된 선거를 중심으로 강의를 진행하려는 것이지요.

그러나 실제 우리 선거가 꼭 유권자의 의지가 반영된 선거는 아니었습니다. 사실 지금까지 과연 제대로 된 선거가 있었느냐, 이런 얘기를 자주 들을 만큼 오히려 혼탁한 선거가 더 많았다고 일반 사람들이 생각할 뿐만 아니라, 정치부 기자나 정치학자들도 그렇게 생각하고 있습니다. 우리 선거를 매우 부정적으로 보고 있는 것이지요.

우선 선거가 정말 좋은 거냐? 이 문제부터 따져볼 필요가 있습니다. 이 문제는 인류 역사상 처음으로 민주주의가 시행된 이래 끊임없이 논쟁이 돼 왔습니다. 거슬러 올라가면 아테네 민주주의가 시작됐다고 하는 2천수백

년 전에 이미 '중우정치'라는 말을 썼잖아요. 유권자의 인기에 따라서 정치를 한다는 것은 썩은 정치, 잘못된 정치가 되기 쉽다는 비판이 끊임없이 있었고, 그래서 플라톤은 '철인정치'를 역설했고, 또 독재자들은 선거라는 번거로운 절차를 생략하자고 주장했습니다.

나는 산에 갈 때 많이 느낍니다만, 여러분들도 분통을 많이 터뜨릴 거예요. 얼마 전까지 국립공원에 들어가려면 사찰 문화재 관람료까지 같이 내라고 해서 3천2백 원을 내고 그랬거든요. 그런데 사실 사찰은 들어가기는커녕 전혀 쳐다보지도 않고 그 부근으로 지나가기만 하는 경우가 태반이에요. 문화재가 없는 사찰도 많고요. 그런데 왜 사찰 입장료를 꼬박꼬박 내야 하느냐? 화가 나서 친구한테 물어보니까, 불교도 숫자가 많기 때문에 정치인들이 사찰 눈치를 보는 통에 그런 일이 벌어진다는 거예요.

우리나라는 국립대학이 엄청 많아요. 세상에 이렇게 국립대학이 많은 나라도 드물 거예요. 그래서 이제 정부는 같은 지방에 있는 국립대학 간 통합을 인센티브까지 제시하면서 적극 권장하고 있잖아요. 이렇게 국립대학이 많아진 것도 선거와 관계가 있어요. 그 지역 출신 국회의원들이 자기 지역에 뭔가를 하긴 해야겠다 싶으니까 선거 공약으로 내놓고, 국립대학 만드는 운동을 벌였거든요. 국립공원이 신기하게 각 도마다 있는데, 이것도 비슷한 이유가 작용했다고 해요.

국가 전체로 봐서 좋은 일이다, 필요한 일이다, 그래서 어떤 정책을 집행하거나 세우는 것이 아니라 선거민들의 환심을 사기 위해서 그렇게 되는 경우가 참 많지요. 그리고 보면 선거라는 게 과연 좋은 거냐? 정말 그런 생각을 안 할 수가 없습니다. 비관적인 생각이 들 때도 많지요.

역동적인 대한민국 선거

그보다 선거의 문제점으로 훨씬 더 중요한 것은 부정선거가 심했다는 점입니다. 이승만 정권의 경우 경찰을 포함해서 정부에서 이렇게 투표를 하라고 위압적으로 나오면, 특히 농촌에서 그랬습니다만, 유권자들이 어쩔 수 없이 따라가지 않을 수 없었지요.

한국에서 1958년 5·2선거부터 1980년대 선거까지 '여촌야도' 현상, 그러니까 도시에서는 야당표가 쏟아져 나오고 농촌에서는 여당표가 많은 현상이 나타난 가장 큰 이유는 선거에 관권이 작용했기 때문입니다.

관권뿐만이 아닙니다. 1960년대에는 차관이 들어오고 일본의 경제협력 자금과 관련된 거액의 리베이트가 들어오고 하면서 정치자금의 규모도 자유당 정권 시기와는 비교가 안 되게 커지는데, 이러한 금권 선거가 또 수십 년을 횡행했잖아요.

거기에다가 1960년대부터는 여당이 곳곳에서 무슨 공장을 지어주겠다, 다리를 놓아주겠다, 도로를 아스팔트로 깔아주겠다 등등의 선심공약으로 민심을 휘어잡는 경우가 많은데, 광의로 보면 이것도 부정선거의 범위에 들어간다고 할 수 있어요.

이처럼 우리 선거 역사는 부정으로 얼룩진 경우가 많은데, 특히 이승만 집권 12년(1948~1960년), 박정희 집권 18년(1961~1979년), 전두환·신군부 집권(1980~1988년)은 이러한 선거와 긴밀히 연관되어 있는 점이 많습니다.

이렇게 선거는 참으로 비관적인 문제점을 많이 지니고 있습니다만, 그럼에도 불구하고 나는 일부 정치학자나 언론인, 지식인과 달리 지난번까지 치러졌던 우리 선거를 긍정적으로 볼 수 있다는 측면을 강조하고 싶어요. 다 그런 것은 아니지만, 한국 사회에서 선거가 굉장히 역동적인 역할을 했던 사실을 부인하기가 어렵다는 겁니다.

'선거바람'이라는 게 있잖아요. 그 말이 언제부터 사용됐는지 몰라도 1971년경에 그 말이 부분적으로 사용되다가, 1985년 2·12총선 때 아주 많이 나왔고, 선거가 있을 때마다 선거바람이 왜 이렇게 안 부느냐 하면서 그 바람을 기대하는 경우가 많이 생기고 그랬죠.

이 선거바람이라고 하는 것은 대개의 경우 여당이라고 할까, 권력을 쥐고 있는 쪽에 비판적인 선명야당을 기대하면서 불거든요. 그러니까 독재권력 내지 횡포를 일삼는 권력에 크게 위협이 되는 것이 바로 이런 선거바람입니다.

우리 선거에서 여촌야도 현상이 1958년경부터 1980년대까지 계속되었습니다. 그 경우 도시에서 압도적으로 야당이 많이 당선되는데, 그것은 꼭 그 야당 국회의원이 훌륭하다거나 좋다거나 그래서가 아니라 여당에 대한 비판의식, 불만, 이런 것에 대한 반사작용으로서 야당을 찍는 경우가 많이 있었어요.

그래서 서울 같은 경우, 예컨대 1971년 총선에서는 19개 선거구 중 한 군데를 제외하고 전부 야당이 됐는데, 그 한 개 지역도 야당 당수인 유진산이 자기 지역구를 포기하고 전국구로 나가는 바람에 여당이 되었거든요.

이런 현상은 이미 자유당 때부터 두드러지게 나타났지요. 자유당 시절인 1958년 선거 같은 경우 16개 지역구에서 한 군데를 빼놓고 전부 야당에서 당선되었는데, 그 한 지역이 아주 얄궂게도 국회의장이자 1956년 자유당 부통령 후보였던 이기붕의 선거구인 서대문이었어요. 이기붕이 낙선될까 봐 자유당 시기 유명한 정치깡패 이정재가 자신이 출마하려고 닦아놓은 경기도 이천으로 선거구를 옮겨 출마하고 그 대신 최규남이 서대문에 출마했는데, 그가 당선이 되어버린 거죠. 유일하게 서울에서 당선된 자유당 국회의원이 된 겁니다.

이와 같이 선거바람이 분다는 것은 민심의 향배와 관련이 있는데, 민심이라는 것이 참 예측하기가 간단치가 않아요. 선거 중간쯤 되어 바람이 부는 경우도 있고요. 그래서 선거가 너무 잘못되었다, 이렇게 썩을 수 있느냐고 한탄을 하다가도 바람이 불어 전혀 다른 모습을 보여주기 때문에, 한국인이 그래도 요만큼 썩지 않고 정신이 살아 있는 것 아닌가, 그래서 이 사회가 지탱되는 것 아닌가, 이런 얘기를 듣고 그랬지요.

대한민국 선거가 해낸 혁명적 역할

선거가 없었더라면 한국 사회가 과연 이만큼 될 수 있었겠느냐? 그런 생각을 안 해볼 수가 없습니다. 자유당 정권이 붕괴된 것은 어쨌든 간에 선거가 있었기 때문입니다. 이승만 대통령 같은 사람은 선거 자체를 없애버린다, 이런 생각을 하지는 못했어요. 그런 발상 자체를 갖지 못했습니다. 그때는 군대를 동원해 친위쿠데타를 일으킨다는 것은 생각하기 어려웠을 것 같고, 자신이 미국에서 생활했기 때문에 선거라는 것은 해야 한다는 사고가 굳어 있었을 수도 있지요.

이승만은 선거라는 형식을 통해서 영구집권을 하려고 했기 때문에 1960년 3·15부정선거라는, 도저히 이해가 되지 않는, 그런 터무니없는 부정선거를 저지르게 되었고, 결국 정권 자체가 붕괴되고 말았습니다.

박정희·유신독재 정권은 철벽같이 두꺼워 오래 가겠다 싶었는데, 그 유신독재 정권이 붕괴되는 데도 선거가 결정적 영향을 끼쳤다, 이렇게까지 얘기할 순 없을지 몰라도 선거가 많은 영향을 줬다는 점만은 부정할 수가 없습니다.

그러니까 그게 1978년 12월 12일 치러진 12·12선거인데, 우리나라에서 12·12는 1948년 유엔의 승인에서부터 시작해서 여러 차례 큰일들이 일어나는 날짜인가 봅니다. 이 12·12선거에서 야당이 전체 득표에서 1.1퍼센트를 여당보다 더 얻는, 아주 희귀한 일이 일어났습니다.

자유세계에서 유신체제보다 더 심한 독재는 없는 걸로 알려져 있었거든요. 한국 사람이 해외에 나가면 창피하기 짝이 없는 그런 시대였죠. 그런데 그런 유신정권하에서 치러진 선거에서 놀라운 결과가 나온 거예요.

그러면서 그 다음 해 5월 말경 야당 총재 선거가 벌어지는데, 그것도 완전히 예측을 뒤집어 엎어버렸습니다. 선명야당의 기치를 높이 든 김영삼이 이철승을 누르고 야당 총재가 되면서, 이른바 박정희 정권 붕괴의 드라마가 시작된 것이라고 볼 수 있거든요.

전두환·신군부 정권도 박정희·유신독재 정권 못지않게 서릿발처럼 강력했어요. 그보다 더 권력의 횡포를 부린 정권이 있겠는가 싶을 정도로 유신권력 다음으로 무서운 권력이었지요. 1980년에서 83·84년까지는 전두환 정권이 못하는 일이 없을 것처럼 막강한 권력으로 보였습니다. 그런데 1985년 2·12총선에서 전두환 정권과 밀착되어 있던 제1야당 민한당 후보들이 추풍낙엽처럼 떨어지고, 새로 갑자기 만들어진 신민당이 선거판을 휩쓸어버렸거든요. 그러면서 민주화운동이 거세게 일어나게 되고, 급기야는 박종철의 죽음으로 6월민주항쟁이 나타나게 된 것이지요.

전두환이 백담사까지 귀양 가는 데도 선거가 작용했네요. 1988년 총선은 지독한 지역주의가 작용한, 그래서 1967년 선거와 유사한 '망국선거'라는 말까지 나왔지만, 이 선거가 여소야대 국회를 만들었어요. 세 야당의 의석수가 여당인 민정당 의석수보다 월등히 많았죠. 그러면서 '5공 청문회'가 열리고 백담사로 전두환이 현대판 위리안치圍籬安置 귀양을 가게 됐고, 그리고 그 다음에 김영삼이 당선이 되면서 전두환·노태우가 감옥에 들어가잖아요.

나는 그런 생각을 종종 해봤어요. 뭐냐 하면 북한이 1970년대 초까지 1인당 GNP가 남한보다 높았고, 경제가 좋았다고 얘기하거든요. 1950~60년대에 북한이 상당히 좋았다, 이런 얘기를 많이 듣는데, 어째서 북한이 그 뒤에 그렇게 많이 남한보다 뒤떨어지게 됐느냐?

가장 큰 요인이 나는 선거라고 쭉 생각을 해왔어요. 남이나 북이나 정권이 오래되면 문제가 생기고 경직되게 마련이고, 그래서 여러 가지가 제대로 돌아가기 어렵게 되거든요. 그런데 남한은 선거가 있었기 때문에 그것을 통해서 새롭게 뭘 만들어나갈 수 있는 전망이라고 할까, 그 다음 시대를 열어나가는 경우가 쭉 있어왔습니다.

그렇기 때문에 비록 이승만 정권 또는 박정희 정권이 심각하게 많은 문제가 있었다고 하더라도, 또 그들이 영구집권을 하기 위해 갖은 짓을 다 했지만, 1960년 3·15선거를 통해, 1978년 12·12선거를 통해 무너지는 계기가 만들어지게 되었단 말입니다. 선거가 있었기에 놀라울 정도의 역동성을 남한 사회가 갖게 된 것이 아닌가?

그런데 북한의 경우는 너무나 오랫동안 장기집권을 해왔지요. 그러다 보니까 결국은 경직된 체제를 바꿔나갈 방법이 없었던 것이 아닌가 하는 생각이 들어요. 한 사람한테 지나치게 의존을 했단 말입니다.

그 한 사람이 유능했는지는 알 수가 없지만 유능하다 해도 한계가 있잖아요. 오래 하다 보면 자기가 좋아하는 방식으로만 일을 하려고 하고, 주위에서 비판이나 반대를 하기가 어렵습니다. 그런 식으로 익숙해지다 보면 일이 제대로 될 수가 없는 것 아니겠어요. 그런 사회는 경직된 사회로 갈 수밖에 없다고 봅니다.

북한에서의 경제 분야를 포함해 여러 분야에서 경직화 현상이 나타나는 것은 따지고 보면 선거 문제와 뗄 수 없는 것이 아니겠느냐 하는 생각이 들 때가 많습니다.

1945
- 8월 15일 해방
- 8월 16일 조선건국준비위원회 부서 발표
- 12월 28일 신탁통치 반대운동 시작

1946
- 3월 20일 제1차 미·소공동위원회 개막
- 10월 남조선과도입법의원 선거
- 12월 남조선과도입법의원 개원

1947
- 5월 제2차 미·소공동위원회 개막
- 11월 14일 유엔총회에서 남북 총선거를 통한 정부 수립 결정

1948
- 4월 남북협상
- 4월 3일 제주 4·3항쟁
- <u>5월 10일 제헌국회의원 선거</u>(5·10선거)

 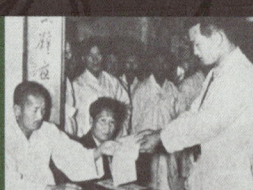

- 7월 20일 초대 대통령·부통령 선거
  (국회 선출, 대통령 이승만·부통령 이시영)
- 8월 15일 대한민국 정부 수립 공포
- 9월 22일 반민족행위처벌법 공포

- 10월 19일 여순 사건
- 12월 1일 국가보안법 공포

1강

쟁점이 많은 초기의 선거들
— 1948년 5·10선거와 1950년 5·30선거

1949
- 6월 국회 프락치 사건 발발
- 6월 26일 백범 김구 피살

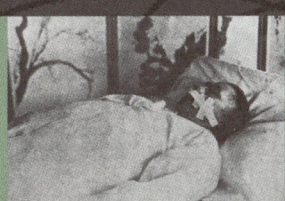

1950
- 5월 30일 제2대 국회의원 선거(5·30선거)
- 6월 25일 한국전쟁 발발
- 8월 18일 임시수도 부산으로 옮김

1강 쟁점이 많은 초기의 선거들

무엇이 자유민주주의인가

선거와 관련해서 우리가 참 많이 듣던 소리가 자유민주주의입니다. 그러면 자유민주주의에 대해서 제대로 알고 있는 사람이 얼마나 되느냐? 실제로 참 적어요. 나는 교사들에게 하는 강의·강연은 되도록 꼭 나가려고 하고, 그래서 꽤 많이 나갑니다만, 학생들은 말할 것도 없고, 교사들한테 물어봐도 그래요. 학교에서 자유민주주의를 많이 얘기했을 텐데도, 그 말을 정확히 이해하고 있는 경우가 드물었어요.

우리가 지금 보통선거를 얘기하는데, 보통선거는 자유민주주의와 뗄 수 없는 관계에 있습니다. 크게 보면 자유민주주의는 부르주아 민주주의의 한 형태이면서 그것이 발전된 것이라고 얘기하지요. 인류가 찾아낸 정치 방식 가운데 이보다 더 나은 정치 형태는 아직까지는 없다고 봐야 하지 않겠느냐, 그보다 낫다고 생각하는 제도는 아직까지 찾아내지 못한 게 아니냐, 이런 주장이 특히 현실 사회주의 몰락과 관련해서 주장된 바 있습니다.

자유민주주의는 여성이라고 차별하는 것 없이, 또 피부 색깔이나 지역도 따지지 않고, 재산이나 신분을 가리지 않고, 모두 다 1인 1표를 행사하는 보통선거라는 제도와 동전의 앞뒤 관계에 있습니다.

하지만 자유민주주의가 세계에서 제대로 실현되고 있는 나라가 몇 나라가 있느냐? 형태상으로 보통선거가 실시된 나라는 상당수 있다고 주장할 수 있지만, 자유민주주의의 기본 취지에 상응하는, 다른 말로 하면 진정으로 보통선거의 취지에 상응하는 정치적 자유가 있는 나라가 얼마나 되느냐는 전혀 다른 문제입니다.

이승만 정권, 박정희 정권, 전두환 정권 때 자유민주주의라는 말을 너무 많이 들었습니다만, 과연 그때의 정치가 자유민주주의였느냐? 이런 물음에 대한 대답이 그렇게 간단하지 않습니다. 자유민주주의라고 얘기할 수 있겠어요?

물론 유신헌법을 제외하고 나머지 헌법은 자유민주주의체제를 기본으로 하는 헌법이라고 얘기할 수는 있어요. 또 외형적인 형태로 보통선거가 있었다고 얘기할 수도 있습니다. 그렇다고 해서 서유럽을 중심으로 해서 발전한 자유민주주의를 한국이나 많은 다른 나라들에서도 볼 수가 있느냐?

자유민주주의는 19세기 후반 20세기로 넘어오면서 노동운동 등이 격렬해지고, 자본주의 사회를 뒤집어엎으려는 폭력적·혁명적 투쟁이 고취되는 사태에 직면했을 때 부르주아 계급을 중심으로 한 대타협의 결과로서, 보통선거제도가 그 특징이라고 얘기할 수 있습니다.

그 전에는 제한선거였지요. 지주나 부르주아 또는 귀족, 이런 사람들이 표를 더 많이 갖고 일반 노동자·농민한테는 표를 전혀 안 주거나 주더라도 일부만 주거나, 이런 방식으로 해서 부르주아 계급이 이해관계를 관철시킬 수 있는 통치를 계속 해나가려고 했습니다. 지금 얘기대로 노동계급이 성장하고 그들을 대변하는 정치세력이 강화되어 부르주아 정치가 위기에 봉착하게 되니까, 좋다, 모든 사람들한테 일정한 연령에 이르면 똑같이 한 표를 주자. 그렇게 해서 보통선거제도가 성립되었습니다.

여성을 제외한 보통선거는 1848년 프랑스 2월 혁명 직후에 치러진 적이 있었습니다. 모든 성인 남자들한테 똑같이 한 표를 준 적이 있어요. 그 이후에 또 바뀌긴 했지만요. 일본도 1925년경에 남자만의 보통선거가 실시된 적이 있었습니다. 그러나 곧 군국주의 파시즘이 대두하여 권력체제가 변화되면서 사실상 투표라는 게 의미가 있느냐는 비판을 받게 되었습니다.

앞에서 언급한 대로 자유민주주의에서 얘기하는 보통선거는 남녀·신앙·재산의 유무·피부 색깔에 차이를 두지 않고 똑같이 일정한 연령에 이르면 한 표를 주는 제도라고 볼 수 있습니다. 따라서 폭력에 의해서 문제를 해결하려는 것은 반대하고, 합법적인 공간에서 평화적으로 활동하는 것은 다 인정하겠다. 다시 말해서, 노동자들·농민들의 정치적 활동을 다 인정하겠다. 양심의 자유, 표현의 자유, 집회·결사의 자유를 인정하겠다는 것이 자유민주주의라고 볼 수 있습니다.

노동자·농민을 비롯한 일반 대중들한테 충분한 정치적 자유를 주지 않고 형식적으로만 투표를 한다면 그것은 보통선거의 기본 취지에 어긋나는 것으로, 말할 나위도 없이 자유민주주의라고 볼 수가 없는 겁니다.

우리나라에서도 대부분 보통선거의 형식은 취했지만 그게 과연 자유민주주의였느냐, 겉모습만 그렇지 않았느냐, 참으로 부끄러운 자유민주주의가 아니었느냐 하는 얘기를 듣지 않을 수 없었습니다. 다시 말하면 독재자들이 자유민주주의를 형해화形骸化하고 짓밟고 파괴하면서 자유민주주의를 떠들어댄 것이지요.

우리나라에서 자유가 제일 많았던 시기는 1945년 해방 직후였다고 볼 수 있어요. 그 다음으로 1960년 4·19 직후부터 1961년 5·16쿠테타까지의 기간 동안 자유가 상당히 있었다고 얘기할 수 있겠지요. 그리고 1987년 6월항쟁 이후에 자유의 폭이 한층 더 넓어졌습니다. 그러나 여러 가지로 아직도 자유를 제한하는 것이 없지는 않아요. 그러나 대체로 6월항쟁 이후에는 우리가 자유민주주의체제를 가지고 있다, 그렇게 얘기할 수 있을 것 같습니다.

최초의 보통선거

그렇다면, 보통선거가 최초로 시행된 것은 언제인가? 다 아시다시피 1948년 5·10선거지요.

5·10선거 이전에 보통선거가 없었을까요? 북에서 1947년 11월 3일에 있었던 선거를 보통선거라고 주장하고 있어요. 그렇게 볼 수도 있을 것입니다.

그렇지만 그 선거는 서방 진영에서 얘기하는 보통선거하고는 다른 점이 있어요. 예컨대 후보자를 북조선민주주의민족통일전선(북민전)* 에서 일괄적으로 지명했습니다. 그들이 볼 때 가장 적합하다고 생각하는 사람을 각 계각층에 골고루 분배해서 지명했던 것이지요. 그러나 어쨌든 후보자가 마음대로 출마할 수 없다는 것은 민주주의사회에서는 이해하기 어렵지요.

뿐만 아니라 여러분들 가운데 '흑백투표'라는 말을 들어봤을 것 같은데, 북민전에서 지정한 후보한테 찬성투표를 할 때는 흰 투표함인가요? 그쪽에 투표를 하도록 했고, 그렇지 않을 때는 다른 투표함에다가 투표를 하게 했기 때문에 그것을 흑백투표라고 불렀어요. 보통선거의 가장 큰 내용 중 하

***북조선민주주의민족통일전선(북민전)** 북한의 진보적 역량을 한곳으로 모으기 위해 1946년 7월 22일 조직된 통일전선조직이다. 1945년 12월 모스크바 삼상회의 결정 이후 우익 진영이 신탁통치 반대의 기치를 높이 들고 국민 지지 확산으로 국면 전환을 모색하자 남한의 좌익 진영은 1946년 2월 민주주의민족전선을 결성하여 대응했다. 북에서는 남한과 달리 일찍부터 좌익이 주도권을 장악해 1946년 7월 북조선공산당 주도로 평양에서 '북조선 민주주의 각 정당·사회단체 대표회의'가 소집되었다. 여기서 '북조선민주주의민족통일전선(북민전)'을 정식으로 발족시켰다. 이어서 북조선공산당과 북조선신민당을 통합하여 북조선노동당(북로당)을 조직했다(위원장 김두봉). 북민전은 각 정당·사회단체의 상설적 협의기관으로 북로당의 대중적 외곽단체로 기능했다.

나가 비밀투표입니다. 비밀로 투표를 하지 않으면 그건 자유투표라고 볼 수가 없습니다.

1960년 3·15부정선거에서 자유당은 마을마다 3인조·7인조·9인조를 조직해 투표하게 하는 것이 뭐가 문제냐고 억지를 부렸어요. 그런 것은 있을 수가 없죠. 투표장에 갈 때 자기 마음대로 가지 못하고 줄을 지어서 가고, 투표할 때 비밀이 지켜지지 않는다면 그것은 보통선거 취지에 명백히 위배되는 것입니다.

따라서 북에서 먼저 보통선거 형태의 선거가 치러지긴 했지만, 그것을 보통선거라고 보기에는 주저할 수밖에 없는 면이 있습니다.

남쪽에서도 비슷한 시기에 투표가 있긴 있었어요. 1946년이지요. 미군정에서 남조선과도입법의원* 민선의원을 뽑는 선거로, 10월 17일부터 22일 사이에 치러졌는데, 똑같은 날짜에 투표를 하는 게 아니라 지역마다 차이가 나는 투표를 했어요. 그때 유권자들 가운데 상당수가 자신이 투표권이 있는지도 몰랐고, 언제 투표하러 가야 하는지도 잘 몰랐어요.

그 선거는 다른 점에서도 보통선거라고 할 수가 없습니다. 리·동 단위에서부터 면·군·도 단위에 이르기까지 네 차례에 걸쳐 한 간접선거였어요. 그래서 이승만이나 한민당*을 지지하는 극우성향의 사람들이 당선되고, 진보적인 사람들은 초기 단계에서 탈락이 되었습니다.

---

*남조선과도입법의원(입법의원) 미·소 간의 입장 차이로 미·소공동위원회가 휴회된 가운데 미군정과 일부 한국인 정치세력이 결합하여 1946년 10월 남조선과도입법의원 선거를 실시하였다. 이때 좌익은 이 선거를 남한 단독정부 수립의 음모라고 규정하고 반대하였다. 그러나 미군정은 1946년 12월 12일 남한 최초의 입법기구인 남조선과도입법의원(입법의원)을 발족시켰다. 입법의원 90명 가운데 과반수는 미군정이 지명한 관선으로 뽑았는데, 합작위원회에서 추천한 인사가 다수 임명되었다. 나머지 과반수는 복잡한 간접선거로 선출했는데, 거의 대부분 극우성향의 인물들이 당선되었다. 입법의원에서는 극우세력과 중도파 의원 간에 끝없는 공방전이 벌어졌지만, 1948년 5월 20일 정식으로 해산될 때까지 총 33건의 법률안을 심의하여 22건을 통과시키는 활동을 펼쳤다. 그러나 친일파처단법 등 정치·사회적으로 중요한 안건은 미군정의 반대로 제대로 실시하지 못했다. 비록 한계가 있었지만 최초의 의회 경험이라고 할 수 있다.

어쨌든, 한국에서 선거를 언제 처음 했는지 아는 분 있으세요? 일제 때 우리나라에는 한 번도 중앙의회라는 것이 존재한 적이 없었기 때문에 중앙의회 의원 선거는 없었습니다.

인도는 이미 1919년 인도통치법에서 입법권 및 예산심의권을 갖는 입법의회를 설치했습니다. 이처럼 인도나 필리핀처럼 상당히 큰 권한을 갖는 중앙의회가 존재하는가 하면 인도차이나처럼 그렇지 못한 지역도 있고 그랬어요. 그렇다 하더라도 어쨌든 간에 주민들의 의사를 반영할 수 있는 의회가 존재했지요.

그러나 우리나라는 한 번도 그런 의회가 없었어요. 일제는 1910년대에 무단통치라는 아주 고약한 통치를 했지요. 무단통치하에서는 세 사람 이상이 한자리에 모일 수가 없었어요. 3·1운동 이후 문화정치라는 형태로 통치방식을 바꾸었지만, 그때도 언론·출판·집회·결사의 기본권이 심각한 제한을 받았고, 1930년대 초 만주사변이 나면서, 특히 1937년 중·일전쟁이 발발하면서부터는 전시체제하의 암흑시대로 넘어가게 되지요.

그런 점에서도 우리나라는 다른 나라의 식민체제와 대단히 큰 차이가 있습니다. 또 인도나 동남아시아는 1910년대보다 1920년대가, 1920년대보다는 1930년대가 민주주의가 더 확대되는데, 우리나라는 거꾸로였어요.

일제강점기에 선거가 없었던 것은 아닙니다. 1920년에 지방제도를 개혁해서 도평의회·부협의회·지정면指定面협의회*가 있었는데, 도평의회 의원

---

*한국민주당(한민당) 지주·부르주아를 대표하는 우익은 1945년 9월 16일 천도교회관에서 '한국민주당(한민당)'을 창당하였다. 한민당은 미군정에 적극 참여하여 실질적으로 미군정의 여당적 지위를 차지하였으며, 그 후 이승만의 단정 추진을 적극 지지함으로써 정부 수립에 주요 추진세력이 되었다. 5·10국회의원 총선거에서 이승만이 이끌던 '대한독립촉성국민회'의 55명에 이어 두 번째인 29명의 의석을 확보하였다. 그러나 정치활동 면에서는 오히려 한민당이 주도권을 잡아, 법학자 유진오가 기초한 내각책임제 헌법안을 토대로 헌법 제정을 추진하였다. 그러나 마무리 단계에서 이승만의 반대로 대통령중심제 헌법으로 변경되면서 이승만과 대립하였다. 한민당 세력은 여러 차례 이합집산과 우여곡절을 거듭하면서 민주국민당, 민주당, 신민당 등으로 변천하였다.

은 임명했고, 협의회 의원은 선거를 했습니다. 하지만 선거권은 일정한 세금을 납부한 25세 이상의 남자에 한정했어요. 1920년 당시 부와 지정면의 선거권자는 일본인 7,650명, 한국인 6,346명으로 일본인 선거권자가 더 많았습니다.

다시 말씀드리면 우리나라에서 보통선거가 최초로 실시된 것은 바로 1948년 5·10선거입니다.

5·10선거는 미국이 이식한 것인가

그러면 5·10선거가 다른 나라에 비해서 늦은 거냐? 다른 나라에 비해서 그다지 늦은 것은 아닙니다.

보통선거가 먼저 실시된 것은 호주, 뉴질랜드 같은 나라였어요. 그리고 제1차 세계대전이 종결되면서 독일에서 황제가 쫓겨나고 공화국이 들어설 때 보통선거가 실시되었습니다. 우리가 잘 아는 바이마르공화국이지요. 제2차 세계대전이 종전될 때까지 몇몇 지역에서만 보통선거가 실시되었습니다.

혁명과 공화국의 나라 프랑스만 해도 보통선거가 치러진 것은 나치로부터 파리가 해방된 1944년에서야, 일본도 1945년에 도입되었고, 이탈리아도 비슷한 시기에 도입되는 것을 볼 수가 있습니다. 보통선거의 역사 또는 자

＊도평의회·부협의회·지정면(指定面)협의회 3·1운동 후 일제는 지주·부르주아 등 상층세력을 회유·포섭할 목적으로 1920년 7월 조선의 지방제도를 개정할 때, 도평의회·부협의회·면협의회를 두었고, 조선인에게 제한적인 참정권을 부여하였다. 도평의회는 의원 정원의 3분의 2에 한해서 부·면협의회원이 선거로 후보로부터 도지사가 임명하였다(나머지 3분의 1은 관선으로 도지사가 직접 임명). 피선거권은 학식이나 명망 있는 25세 남자로 제한했다. 부협의회원은 모두 선거에 의해 선출했다. 그리고 면협의회는 일본인이 많이 살고 있는 23개 지정면(指定面)에 한해서 선거를 실시했다. 부협의회와 면협의회의 선거권과 피선거권은 25세 이상의 남자로서 일정액 이상의 세금을 납부한 자로 한정하였으며, 조선인과 일본인 유권자는 각각 다른 투표함에 투표하도록 하였다. 이들 지방의회는 각 지방단체의 세입·세출·예산의 편성, 지방세 등의 부과와 징수 등에 관해서 단체장의 자문에 응하는 자문기관이었다. 이후 도평의회·부협의회·지정면협의회는 1930년대 들어서 각각 도회·부회·읍회로 그 이름이 바뀌었으며, 자문기관에서 의결기관으로 승격되었다.

유민주주의의 역사는 인류사에서 사실은 그다지 오래된 것이 아닙니다.

우리가 1948년 5월 10일에 보통선거를 한 것은 사실 다른 나라에 비해서 그렇게 늦은 편은 아니었습니다. 문제는 그 이후 계속 선거를 치르면서 "과연 제대로 된 선거를 했느냐?", "과연 제대로 된 자유민주주의체제였느냐?" 이렇게 물을 때 그렇게 간단하게 대답할 수 없다는 점에 있지요.

그러면 5·10선거는 어떻게 해서 가능했던 거냐? 이에 대해서 대부분의 정치학자들은 미국 또는 유엔에 의해서 이식된 것이라고 말하고 있어요. 외삽外揷이라는 말로 표현하는 걸 볼 수 있습니다. 즉 한국인들의 정치 수준이 대단히 낮은데도 불구하고 미국이 그 제도를 심어준 거다, 이렇게 설명을 하고 있죠.

그 말이 꼭 틀린 거냐? 그렇게만 얘기할 수는 없어요. 일정하게 사실을 반영하는 측면이 있습니다. 그러나 뒤에서 다시 설명하겠습니다만, 그것은 한 단면만 가지고 전체라고 주장하는 것에 지나지 않습니다. 또 그렇게 말하는 학자들 가운데에는, 1948년 5·10선거나 1950년 5·30선거가 그래도 상당히 괜찮은 선거였다고, 오히려 그 이후에 치러진 선거가 문제가 많았다고 보아야 하는데, 이들 선거를 혼동하여 우리 선거는 다 잘못된 것이다, 그것은 민도가 낮아서 그런 것이다, 유권자 잘못이다라고 합니다. 그러한 사고가 은연중에 상당히 작용하고 있습니다.

5·10선거가 미국과 유엔의 관리하에 치러진 선거였다는 점은 틀림없습니다. 유엔에 의해서 탄생된 나라가 우리나라뿐만은 아니겠지요. 찾아보면 몇 나라가 더 있을지도 모르겠어요. 우리가 유엔에 의해서 탄생된 국가라는 점을 1960년대 무렵까지는 자랑하기도 하고, 북한보다 우월한 것으로 설명하기도 했어요.

유엔과 정부 수립

예전에는 10월에 노는 날이 많았어요. 박정희 정권 때 특히 많았어요. 10월 1일 국군의 날도 논 적이 있었어요. 10월 3일 개천절은 지금도 공휴일이지요? 10월 9일 한글날도 그때는 공휴일이었어요. 그런가 하면 10월 24일 유엔의 날도 놀았는데, 지구상에서 유엔의 날을 공휴일로 지정했던 나라는 한국밖에 없지 않나 싶어요.

유엔에 의해서 탄생된 것 자체는 어떤 면에서는 씁쓸한 느낌을 가질 수도 있습니다만, 우리 스스로가 유엔이 아니더라도 국가를 영위해나갈 수 있었으니까 그렇게 생각할 필요가 있겠는가 싶습니다.

해방 이후 한국 문제가 연합국의 결정으로 처리됐던 것은 엄연한 현실로 받아들이지 않을 수 없지요. 미·소 두 나라가 한국을 점령하고 있었으니까요. 연합국이 유일하게 합의를 본 것은 1945년 12월 모스크바에서 열린 미·영·소 3국 외상의 결정이었고, 그 결정에 의해서 미·소공동위원회(미·소공위)가 열렸지요. 그래서 미·소공위가 잘되면 통일정부를 수립할 수 있게 되어 있었습니다만, 1947년에 가면 3월 12일 트루먼 미국 대통령에 의해 트루먼 독트린*이 발표되고 세계적으로 냉전이 가시화되었습니다.

1947년 6월에는 마셜 미국 국무부 장관의 이른바 마셜 플랜* 발표가 있

---

*트루먼 독트린 1947년 3월 12일 트루먼(Truman) 미국 대통령은 의회에서 그리스와 터키의 공산주의 세력의 반란을 진압할 목적으로 양국에 4억 달러의 차관 원조와 미국의 군사 고문 파견을 승인해줄 것을 요구하는 연설을 하였다. 트루먼의 이 연설에는 세계 문제를 처리하는 데 소련과의 협력이 더 이상 유지될 수 없다는 전제가 깔려 있는 것으로, 이로부터 제2차 세계대전 직후 유지되던 미·소의 협력관계가 무너지고 세계는 냉전체제로 돌입했다. 그래서 이 연설의 기조를 트루먼 독트린이라고 부른다.

*마셜 플랜 제2차 세계대전 후, 1947년부터 1951년까지 미국이 서유럽 16개 나라에 행한 대외 원조 계획이다. 정식 명칭은 '유럽 부흥 계획(European Recovery Program, ERP)'이지만, 당시 미국의 국무부 장관이었던 마셜(Marshall)이 처음으로 공식 제안하였기에 '마셜 플랜'이라고 부른다. 소련의 영향력을 차단하기 위한 적극적인 공세로 제안된 이 계획에 대하여 소련이 즉각 반발함으로써 중부와 동부 유럽의 여러 국가에서 우익이 배제된 '인민민주주의 혁명'이 수행되었다.

었어요. 소련을 견제하면서 유럽의 경제 부흥을 추진하려 한 것이었죠. 7월에는 미국이 세계적인 규모로 대소 봉쇄정책 Containment Policy을 펼치게 됨에 따라 미·소 두 나라의 협의를 통해 한국에 통일정부를 수립한다는 것은 불가능하게 되었습니다.

이어서 9월 유엔총회에서 마셜 국무부 장관은 한국 문제를 유엔에서 다뤄줬으면 좋겠다고 제의했고, 물론 소련은 안 된다고 했습니다.

유엔이 처음으로 한 주요 사업 중 하나가 유구한 역사를 가진 국가를 결과적으로 분단국가로 만드는 것이라면, 온당한 일이냐는 지적이 유엔 내부에서도 없었던 것은 아니었어요. 그래서 인도라든가 중국처럼 분단 문제를 안고 있었던 나라에서 문제를 제기했어요. 그러한 점 때문에 미국 대표가 제안한 것은 한반도 전체에 걸쳐 선거를 실시한다는 것이었고, 그 결의안이 1947년 11월 14일 통과가 됐습니다. 즉, 11월 14일에 통과된 결의가 한국 정부 탄생과 밀접한 관계를 갖고 있는 것이지요.

그 선거를 감시하는 임무를 유엔임시위원단한테 맡겼어요. 아홉 나라의 대표들로 구성되었는데, 우크라이나 공화국은 사회주의국가여서 여덟 나라가 1948년 1월 서울에 왔지요.

그러나 한반도 전역에 걸친 선거가 실시되기 어렵다는 것은 명백했습니다. 소련이 한국 문제를 유엔에서 다루는 것 자체를 부정하고 있었단 말예요. 그런 권한이 유엔에 없다는 것이지요. 그런 이상 유엔에서 파견한 임시위원단이 38도선 북쪽으로 들어가는 것을 소련이 허용할 리가 만무했습니다. 그러면 한국은 분단이 되는 거예요.

유엔임시위원단이 한국에 와서 김규식이나 김구, 이런 사람들 얘기를 들어보니까 반드시 통일이 돼야 한다는 거예요. 김규식은 능숙한 영어로 "당신들이 유엔의 11월 14일 결의에 의해서 한국에 온 게 아니냐?"라고 물었고, 유엔임시위원단 대표들은 "그렇다"고 대답을 했어요. "그렇다면 그 임무에 충실해야지 결코 한국을 분단시키는 역할을 당신들이 해서는 안 된다"라고 김규식이 거듭 다짐을 했습니다. 그리고 얼마 후 김규식은 통일독립국가를 세우기 위해 김구와 함께 남북협상을 하러 북으로 떠나게 되지요.

소련이 유엔임시위원단이 38도선 북쪽으로 들어오는 걸 막았기 때문에, 미국은 선거가 가능한 지역에서만이라도 선거를 실시하려고 했어요. 그래서 미국 주도로 1948년 2월 중순부터 유엔소총회에서 한국 문제를 다시 논의했습니다.

그때 호주 대표와 캐나다 대표가 반대를 했어요. 첫째 한국 문제는 유엔총회에서 결정된 사안이기 때문에 그것을 번복하려면 유엔총회를 다시 열어야 하고, 유엔소총회는 격이 다르기 때문에 거기에서 한국 문제를 다룰 수 없다는 것이었어요. 두 번째는 김규식·김구한테 들은 얘기지만 분단이 되면 전쟁이 초래될지도 모르는 큰 재앙이 오기 때문에 분단을 막아야 한다는 주장이었습니다.

그러나 미국은 더 이상 미룰 수 없다고 하여 유엔소총회에서 2월 26일 가능한 지역에서의 선거, 즉 남한만의 단독선거로 정부를 수립하기로 결정하였습니다.

3·1운동 직후부터 보통선거 주장

앞에서 정치학자들이 보통선거로 치러진 1948년 5·10선거가 미국이나 유엔에 의해서 이식된 것이라고 보는 것은 일면적 주장이라고 지적했습니다만, 그러한 주장은 우리 역사에 어둡기 때문에 나온 것입니다. 한국인들이 보통선거를 시행해야 한다고 주장한 것은 꽤 오랜 역사를 가지고 있어요.

우리는 역사의 대부분이 전제군주 치하에 있었습니다. 그렇기 때문에 해방이라는 의미가 남달리 클 수밖에 없었죠. 왕이 오랫동안 지배한 국가였는데도 왕을 버릴 때는 아주 빨리 버렸죠.

동유럽 사회주의 정권이 붕괴되니까 루마니아 같은 나라에서는 예전에 쫓겨난 왕을 복위시키자는 주장이 나오고 그랬는데, 우리는 황제가 물러난 지 10년도 안 되었는데도, 극소수의 왕정 복고를 주창하는 복벽론자를 제외하고는 우리가 국가를 찾으면 왕을 다시 우리 최고주권자, 국가원수로 모시겠다는 주장이 나오지 않았습니다.

다 아시다시피 3·1운동 직후 여러 임시정부가 세워졌는데, 어느 임시정부건 다 공화정을 갖겠다고 했거든요. 신기할 정도로 왕에 대한 기억을 빨리 지워버렸다고 할까, 왕이 필요 없다는 생각을 아주 빨리 갖게 되었습니다.

그러면서 주권재민의 원칙과 보통선거의 원리가 등장하는 것을 볼 수 있습니다. 3·1운동 이전에도 보통선거를 주장했는지는 자료상으로 불분명하지만, 3·1운동 이후에는 분명히 나타납니다.

1919년 4월에 상해에서 대한민국 임시정부가 세워졌을 때 임시헌장이 만들어지거든요. 그 임시헌장에는 제1조에 "대한민국은 민주공화제"라고 돼 있습니다. 그리고 제5조에서 "대한민국의 인민으로 공민 자격이 있는 자는 선거권 및 피선거권이 있음"이라고 돼 있어요. 지금 얘기한 보통선거와 똑같으냐에 대해서는 약간의 논란이 있을 수 있지만, 기본 취지는 그렇다고 할 수 있습니다. 그해 9월 통합임시정부가 출범했을 때도 이 조항은 있었습니다. 그러니까 독립운동가들은 보통선거 실시를 너무나 당연시했다, 그렇게 얘기할 수 있습니다.

사회주의자들은 어떻게 주장했느냐? 1926년에 조선공산당에서 주장한 걸 보면 보통선거 실시를 강조하고 있어요. 단, 인민적 성격이 강한 보통선거 실시와 지방자치가 철저히 잘 보장되는 주권국가, 그래서 부르주아 국가의 문제점을 좀 보완한다, 이렇게 주장하고 있었습니다.

그러나 2년 후인 1928년에는 인민공화국을 세우자고 얘기하고 있어요. 그 사람들 주장에 의하면 인민공화국이 부르주아 민주주의보다 인민적이고, 민주적이라는 겁니다. 1920년대에도 나오지만, 1930년대 들어와서 공산주의자들은 소비에트 정권을 수립하자는 주장을 자주 하는 것을 볼 수 있습니다.

분명히 말할 수 있는 것은 일제강점기에 우익이든 좌익이든, 공산주의자와 민족주의자를 막론하고 모두가 최소한 보통선거를 시행해야 한다고 주장하고 있었다는 겁니다.

해방 후에도 마찬가지였어요. 아무리 보수적인 한민당이라고 하더라도 '보통선거가 우리 몸에 안 맞는다', '영국을 보더라도 보통선거를 실시하는 데 몇백 년 역사가 필요하지 않았느냐?' 이런 주장을 하는 사람들은 없었습니다. 모두가 보통선거 실시를 당연시했는데, 다만 그 강도에서, 다시 말하면 선거 연령 같은 부분에서 차이가 많았습니다.

이 때문에 1948년 5월 10일에 치러질 선거가 보통선거가 아니었다면 큰일 났을 거예요. 유엔이건 미국이건 한국인들의 반대 때문에 보통선거가 아닌 선거는 치를 수 없었을 것입니다. 보통선거의 실시는 외부에서 이식된 것이 아니라, 독립운동의 가장 큰 대의라고 볼 수 있는 자유와 평등이 보통선거의 형태로 살아나게 된 것이다, 그렇게 말할 수 있습니다.

그렇다면 과연 한국인 모두가 그러한 보통선거의 취지에 맞게끔 선거를 할 수 있었느냐? 그 점에는 문제가 있었지요. 이승만 권력이 충분히 개입할 수 없었던 1948년 선거와 1950년 선거는 상당히 공정하게 치러졌는데, 오히려 그 이후의 선거에 권력이 많이 개입해 문제가 발생했다고 말하는 것이 사실에 더 맞는 얘기입니다. 보통선거의 취지가 크게 손상되고 퇴색된 것은 나중의 선거에서였으니까요.

우리는 해방 이후에야 비로소 언론·출판·집회·결사의 자유를 처음으로 가질 수 있었습니다. 학교에 가서도 우리말을 자유롭게 쓸 수 있게 되고, 한글로 된 책으로 교육을 받고, 조금 뒤에는 한자를 거의 안 쓰다시피 한글 전용이 이루어집니다. 세종이 한글을 창제한 뒤 5백 년이 지나서 명실 공히 국민문자가 되는 혁명적인 과정을 우리가 해방 직후에 교육 분야에서 가졌는데, 마찬가지로 정치 분야에서도 보통선거 실시라는 놀라운 변화를 맞게 된 것이지요.

5·10선거에 대한 상반된 평가

1948년 5·10선거는 정말 뜻 깊은 것 아니냐? 우리가 정말 뜻 깊게 맞아야 하는 것이 아니었느냐? 그런데 역사학자나 정치학자들이 쓴 글을 보면, 아주 부정적으로 5·10선거를 평가한 경우가 많아요. 그 시기를 연구한 적지 않은 연구자들이 5·10선거에 입후보한 것 자체를 나쁘게 보는 것이지요. 5·10선거를 대하는 태도가 이렇게 달라요.

이게 참 어려운 문제입니다. 이런 점은 분명히 있었어요. 그 시기 국내외에서 수십 년간 독립운동, 민족해방운동에 헌신하고 갖은 희생을 치른 분들이 5·10선거를 흔쾌한 입장에서 맞이하기 힘들었다는 것입니다. 우리는 역사적으로 굉장히 의미 있는 일을 뜻 깊게 맞이하지 못했던 경우가 참 많은데, 이 선거 역시 그렇습니다.

1948년 당시에 애국자가 아니더라도 많은 사람들이 이 선거 자체를 기피했어요. 당시 많이 이용했던 통계를 한번 보도록 하지요. 한국여론학회에서 서울에서 지나가는 사람, '통행인'이라 되어 있는데, 이들한테 조사를 해봤어요. 4월 12일에 했으니 선거하기 한 달 전이네요. 1,262명을 대상으로 조사해봤더니만 선거인 등록을 했느냐고 하니까 934명이 했고, 하지 않았다는 사람이 328명입니다.

5·10선거에서는 선거인등록제도가 실시되었어요. 등록을 해야 투표를 할 수가 있었어요. 그 뒤부턴 없앴죠. 일정한 연령만 되면 다 투표권을 줬어요.

그런데 그 934명 가운데 '자발적으로 내가 등록을 했다', '선거를 하고 싶어서', '5·10선거를 난 좋다고 보기 때문에', '지지를 하기 때문에 했다', 이런 사람은 84명밖에 안 됩니다. 나머지는 강제적으로 등록했다는 거예요.

강제는 여러 방법이 있었어요. 1950년대 초까지는 배급표가 있었어요. 도시에서 쌀 같은 것을 배급했지요. 그러니까 등록을 안 하면 안 되는 것이지요. 그 밖에도 여러 가지로 관권이 많이 개입했습니다.

이 여론조사에 의하면 대부분이 어쩔 수 없어서 등록을 했다는 거예요. 1,262명을 기준으로 보면 어떻게 됩니까? 934명 중 91퍼센트가 억지로 등록했는데, 등록하지 않은 사람 328명까지 합하면 90퍼센트를 훨씬 넘는 한국인이 마지못해서 이 선거에 응했거나 아예 안 하겠다는 식으로 나왔다는 거죠. 수천 년 역사에서 처음으로 찾아온 뜻 깊은 선거가 반쪽짜리가 된 것에 대한 거부반응이라 볼 수 있어요.

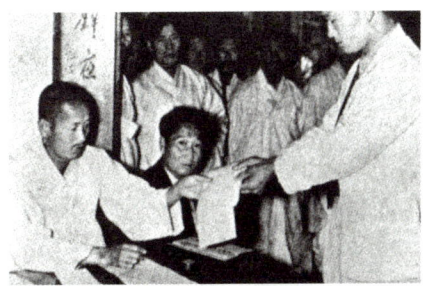
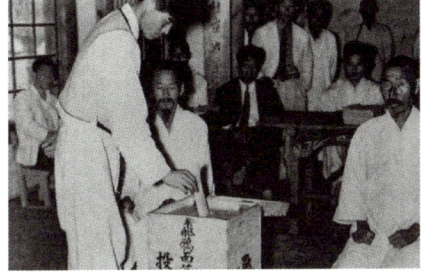

▲ 사상 처음 실시된 보통선거(1948년 5월 10일)
5·10선거는 최초의 보통선거이긴 하지만, 분단 정부가 수립되는 선거여서 좌익은 물론, 김구·김규식 등 민족주의자들이 선거를 거부하고, 서민들의 자발적인 선거 참여가 매우 낮았다는 점에서 아쉬움이 있다.
사진은 투표 장면(좌-상·하)과 투표장으로 향하는 유권자들의 행렬(우)이다.

   5·10선거에 대한 부정적 반응은 김구·김규식처럼 민중한테 사랑과 존경을 받던 분들한테서도 확인이 돼요. 김구·김규식은 분단이 되면 안 된다고 판단했습니다. 왜 안 된다는 것이냐?

   한국은 지구상에서 특이한 역사를 가졌습니다. 단일민족국가를 천 년 이상 경험한 나라입니다. 한 지역에 하나의 국가만 존재했어요. 이런 역사를 가진 나라가 지구상에 거의 없습니다. 일본이 약간 비슷합니다. 제일 가까운 나라를 따진다면 일본이에요. 그러니까 동북아시아 한쪽 귀퉁이에 있는 두 나라에서 이런 현상이 일어났습니다.

   그 이유는 간단히 설명할 수는 없을 것 같아요. 왜 청나라나 원나라가 한국에 군대를 두지 않았느냐? 월남만 해도 여러 번 중국 군대가 주둔했는데.

이처럼 외국의 직접 지배를 받지 않고 단일민족국가로 역사를 가져온 것은 어떻게 보면 정상적인 게 아닙니다. 영국이나 프랑스처럼 여러 민족이 쳐들어오고, 쳐들어와서 다른 종족 또는 민족을 지배하고, 이러는 것이 일반적인 역사지요. 또 민족국가라는 것은 근대의 산물로서, 전근대에 한 지역에서 여러 국가로 갈라져 있는 것은 일반적인 현상이에요.

분단을 반대한 이유

한국은 분단을 겪어보지 못했기 때문에 분단국가가 되는 것을 아주 이상하게 생각한 거예요. 그런 점은 1970년대, 80년대까지 그랬습니다. 단적으로 1980년대까지만 하더라도 한국인의 80~90퍼센트가 통일이 되어야 한다고 보았어요. 그 뒤 분단체제에서 자란 젊은 세대가 커가면서 다른 주장이 나오는 것이지요. 젊은 세대는 "독일처럼 통일해가지고 더 가난하게 사는 것은 문제 아니냐?" 이래서 반대한다고 합니다만, 그 이전 세대까지는 자동적으로 통일해야 한다는 생각을 가졌어요.

한국인이 38선을 오가는 것이 어려워지기 시작한 것은 1945년 말경부터입니다. 그 뒤부터는 몰래 38선을 넘게 되거든요. 그런데도 사람들은 분단이 되리라고 생각하지 않았어요. 마지막 순간에 분단이 코앞에 닥치니까 그때서야 분단이 되면 안 된다고 생각한 거예요.

분단이 되어서는 안 된다는 점은 경제 문제 때문에도 있었어요. 남과 북이 합쳐야만 경제적으로 잘살 수 있다는 말도 꽤 오랫동안 한국인한테 호소력이 있었어요. 이것이 깨지기 시작한 것이 1970년대 무렵부터일 겁니다. 그러다 최근에 와서 조금씩 또 얘기되고 있습니다. 그전에는 남과 북이 경제적으로 잘살려면 통일돼야 한다고 믿는 사람이 많았어요. 장면 민주당 정부 때 통일운동의 주된 내용 중에 하나가 '남의 쌀, 북의 전기'였는데, 그 구호가 단적으로 얘기해주지요.

남과 북의 지하자원 분포나 일제의 경제적 지배정책으로 남쪽은 식료품·경공업 중심이고, 북쪽은 중화학·금속공업 중심으로 배치됐기 때문에도 하나의 국가를 갖지 않으면 안 된다는 것이 두 번째 큰 이유였습니다.

그렇지만 1948년에 많이 나온 얘기는 사실 그게 아니었어요. 당장 목전에 닥친 위험이 있었던 거예요. 거슬러가면 1946년까지 갈 수도 있습니다만, 분단정부가 들어서면 전쟁이 일어나는 줄 안 거예요. 그 전쟁은 내전 같은 국제전, 외전外戰 같은 동족상잔의 전쟁이라는 거예요. 지금 극우와 극좌가 미국과 소련을 등에 업고 서로 전쟁을 일으키려고 한다는 겁니다. 그런 엄청난 재앙이 다가오는데, 이걸 막아야 한다는 것이지요.

그러니까 김구·김규식 두 분이 북으로 가셔서 제발 통일이 되도록 해주십시오, 이것이 그 당시에 많은 사람들이 바라는 바였어요. 그 두 김이 북으로 안 갈 수 있습니까? 평생 독립운동을, 민족을 위해 살았다는 분들이? 갈 수밖에 없었습니다.

이러한 상황에서 5·10선거가 치러졌기 때문에 한편으로 보면 대단히 영광스러운 선거임에도 불구하고 그렇게 되지 못하고 불길하고 답답한 선거가 되고 말았어요.

그러나 나는 5·10선거에 대해서 어느 한쪽으로 치우쳐서는 안 되고 두 가지 점을 다 강조하는 것이 좋다고 봅니다. 보통선거를 실시한 것 자체는 높이 평가해야 한다고 봐요. 물론 그것과 동시에 분단된 정부를 수립하는 선거라는 점은 우리 역사의 불행이라고 생각하지 않을 수 없습니다.

보수세력은 왜 보통선거를 반대하지 않았나

보수세력인 지주·부르주아 세력이 왜 영국처럼 또는 다른 부르주아 국가처럼 보통선거를 반대하지 않았느냐? 보통선거 실시로 노동자·농민한테 한 표씩 준다면 그 사람들 숫자가 훨씬 많단 말이에요. 그러면 자기들이 불리하다고 생각할 거 아니냐? 쉽게 생각하면 그렇죠. 그래서 사실은 남조선과도입법의원에서 가장 논란이 많고, 활발히 토론한 것이 친일파 문제와 이 보통선거 문제였습니다.

입법의원에서 보통선거법을 통과시키는 데, 한민당·이승만 세력은 보통선거를 반대하지 않는 대신 선거권과 피선거권을 가질 수 있는 연령을 높이려고 매우 노력했습니다. 그러다가 선거권은 23세, 피선거권은 25세로 낙착되고 말았어요.

5·10선거에서 이 문제를 담당한 사람은 유엔임시위원단의 프랑스 대표였어요. 그 사람이 들어보니까 한민당·이승만 쪽에서 선거권자와 피선거권자의 연령을 높이려고 하거든요. 나이 먹은 사람은 보수적이고, 젊은 사람은 진보적인데, 특히 우리나라 사람은 그러한 경향이 더 심했잖아요.

선거 연령을 높이자는 주장에 그것은 보통선거 취지에 어긋난다고 그 사람은 설명했어요. 그리고 지금 다른 정치세력들은 20세를 주장하고 있는데 말이 안 되지 않느냐, 그래서 간신히 타협을 본 것이 21세입니다.

여러분들은 대개 20세부터 선거하는 것으로 아실 텐데, 우리가 언제부터 20세로 선거하기 시작했어요? 기억나는 분 있어요? 얼마 전에 자료를 보니까 1960년 3·15부정선거부터 20세였어요. 지금은 19세 아닙니까? 얼마 전에 그렇게 되었지요.

5·10선거에서는 21세 이상이 선거권을 가졌는데, 친일파 중 지위가 높

앉던 자들은 선거권을 박탈했어요. 일제로부터 공작·후작 등 작위를 받은 자, 소위 제국국회의원이라고 해서 몇 명 있었는데, 이들을 제외시켰어요. 피선거권은 더 제한을 했습니다. 일정한 직위 이상을 가진 관리들이나 경찰들, 악질적인 친일파에 해당되는 사람들이지요.

여러분들은 지금까지 내가 말한 것을 들어보면 이런 생각을 할 거예요. 역사적으로 처음 치러지는 자랑스런 보통선거 아니냐. 문제는 조국이 분단된다는 점 때문에 그 의미가 많이 훼손되고 있다. 그렇다면 그 훼손을 최소화하기 위해서, 또 새로 세워지는 대한민국의 정당성·정통성을 최대한 확보하고, 확대하기 위해서는 한 사람이라도 더 많이 선거에 참여하도록 이 선거를 주도적으로 이끌어간 미군정이나 한민당·이승만 측에서 노력했어야 할 것 아니냐.

김구·김규식은 민족적 대의에 입각해서 이 선거를 거부했지만, 그 밑에 있던 사람들이 모두 다 이 선거를 거부한 건 아니에요. 선거라는 게, 앞으로 몇 번 더 얘기하겠습니다만 아주 미묘한 것이거든요. 이 선거에도 김구·김규식을 따랐던 사람들이 일부 지방에서 무소속으로 출마했어요.

그러면 그런 사람들을 "잘한다. 잘한다" 하면서 우리의 정부 수립 역량을 최대한 강화시키는 게 당연하다고 여러분들은 생각을 할 것입니다. 그런데 그렇지 않았어요. 이승만·한민당은 여러 차례 회의를 열고 위원회 같은 것도 발족시키면서 "이질적인 세력, 회색분자, 이리 갔다 저리 갔다 하는 빨갱이 냄새가 나는 자들이 이 선거에 많이 참여하려고 하는데, 이런 자들이 당선되지 못하도록 막아야 한다"라고 주장한 거예요.

이와 같은 모략선전으로 김구·김규식 계열의 인사들을 어떻게 해서든지 배제하려고 했어요. 한민당이나 이승만을 추종하는 대한독립촉성국민회(독촉국민회)* 사람들이 당선되도록 해야 한다는 거예요. 그래서 "후보도 난립 시키지 말고 되도록 한 명씩 내자" 이렇게까지 결정하고 그랬어요.

하여튼 5·10선거에서 이승만 측은 너무 옹졸했다는 것을 연구하면서 많이 느꼈습니다. 이렇게 옹졸해서 어떻게 훌륭한 새 국가를 창조할 수 있겠느냐는 생각을 떨쳐버리지 못했어요.

첫 선거의 놀라운 결과

1948년 5·10선거로 선출된 제헌국회 의원의 임기는 2년이었습니다. 왜냐하면 이 사람들의 주 임무는 헌법을 만드는 거예요. 이름이 제헌국회 아닙니까. 대통령과 부통령은 이 사람들이 뽑는 건데도 4년을 하게 했어요. 그래서 미묘한 것들이 있었지요.

이제 5·10선거가 어떻게 치러졌나 살펴보지요. 유권자 813만여 명 중에 784만여 명이 등록을 했고, 그 784만 명 중 748만여 명이 투표해서 전체 유권자의 92퍼센트가 투표한 것으로 정부 통계에 나와 있습니다.

이 선거에서는 제주도의 세 개 선거구 중에서 두 곳이 무효가 되었어요. 두 선거구만 미군정이 나중에 선거를 다시 하기로 했어요. 제주도에서는 4월 3일 단독선거 반대를 외치는 무장봉기가 일어나서 무장대 등 반대세력에 의해서 선거를 치르지 못하게 됐지요.

이 선거에서는 국회의원 200명을 뽑게 돼 있었지만, 국회의원 좌석은 300개를 만들어놨어요. 나머지 100좌석은 북쪽이 '자유선거'를 할 수 있을 때

---

*대한독립촉성국민회(독촉국민회) 1945년 모스크바 삼상회의 결정안을 계기로 기존의 반탁운동단체였던 이승만 중심의 독립촉성중앙협의회와 김구 중심의 신탁통치반대국민총동원중앙위원회가 통합하여 1946년 2월에 발족한 우익의 정치협의체이다. 반탁운동과 미·소공동위원회 반대, 좌익운동 봉쇄 등을 목표로 활동하였다.

1948년 5·10선거 (제헌국회)

1948년 5·10선거는 성별과 신앙을 묻지 않고 21세 이상의 성인에게 동등한 투표권이 주어진 남한 역사상 최초의 보통선거였다. 유엔소총회 결의에 의해 치러진 선거이긴 하지만, 1919년 상해임시정부가 수립될 때부터 독립운동단체들이 지향해온 보통선거를 실현한 최초의 선거로, 프랑스·일본도 제2차 세계대전 종전 이후에야 보통선거를 실시했다는 점에서 알 수 있듯이 자랑스러워할 만한 것이었다. 당선자들에 의해 구성된 '제헌국회'는 7월 17일 제헌헌법을 공포했으며, 7월 20일 대통령에 이승만, 부통령에 이시영을 선출해 24일 취임식을 가졌다. 8월 15일 대한민국 정부 수립이 공포되었다.

한편, 북은 남한과 다른 방식으로 정부를 수립했다. 북은 남한에서 '지하선거'로 선출된 대의원 360명과 북에서 선출한 대의원 212명으로 최고인민회의를 구성하고, 9월 8일 헌법을 채택했으며, 9월 9일 김일성을 수상으로 한 내각을 구성했다. 국호는 조선민주주의인민공화국으로 정하고, 독자적인 국기와 국가를 새로 제정했다.

선출해서 국회의사당에 오면 앉도록 하겠다는 취지였습니다. 여러분들이 당시 의사당 사진을 보면 한쪽으로 3분의 1이 텅 비어 있는 것을 볼 수 있습니다. 두 선거구가 무효여서 제헌국회 의원은 처음에는 198명이었어요.

198명이 어느 정당에서 당선되었느냐? 첫 번째 선거부터 놀라운 결과가 나왔습니다. 한민당은 미군정의 여당으로서 '나는 새도 떨어뜨린다'라고 할 정도였지요. 막강했지요. 미군정 경찰과 관료가 한민당과 아주 밀접한 관계를 갖고 있었어요. 미군정이 적극적으로 육성해주고 보호해주었지요. 그런데 이 한민당이 우루루 떨어진 겁니다.

한민당은 이 선거에 승리를 장담하면서 나섰지만 내심으로는 불안해했습니다. 여론이 나빴어요. 이 때문에 한민당 당원 중에 상당수는 한민당으로 나오면 떨어질까 봐 무소속으로 나온 거예요. 통계에 따라 차이는 납니다만, 한민당으로 나와서 당선된 사람이 29명 또는 28명으로 되어 있습니다. 독촉국민회는 55명, 대체로 이승만 계열인데, 다 그런 건 아니에요. 대한청년회는 대청이라 그랬지요. 12명입니다. 그리고 무소속이 85명이나 됐습니다.

전쟁 이전과 이후가 크게 달랐어요. 전쟁이 날 때까지는 한국인들 의식은 민족주의적이라고 할까요. 이승만 쪽에서 반공의식을 심으려고 노력했습니다만, 그렇게 되지 않았어요. 그 점은 정부 수립 이후에도 비슷했어요. 그렇게 좌익을 잡아가둬 감옥소가 좌익 수형자로 넘쳐흘렀지만, 민중들은 독립운동을 한 사람을 존경했어요. 우리 역사를 위해 헌신한 사람을 존경했고, 반민족행위를 한 친일파·지주·부르주아, 이런 세력들을 좋아하지 않았어요.

처음 치른 보통선거이고, 그전에 민주주의 훈련을 받을 기회가 없었는데도 불구하고, 5·10선거는 지금 봐도 "이 정도 선거면 괜찮다"라고 얘기할 만한 선거입니다. 참, 역사라는 것이 마음대로 되는 것이 아니지요. 이승만·한민당 마음대로 되는 게 아니었습니다.

제헌국회 의원 198명은 놀라울 정도로 세 파로 딱 삼등분돼 있었어요. 한민당이 아까 만만치 않다고 했지요? 무소속으로 당선된 의원 등을 끌어들여 한 70석 내외를 차지했어요. 제일 많았어요. 그 다음에 이승만 지지세력이라고 볼 수 있는 독촉국민회를 중심으로 한 세력, 이게 대체로 60석에서 70석을 차지했어요. 대체로 김구·김규식과 입장이 비슷했던 사람들, 민족주의 입장에 선 사람들, 이런 무소속이 60~70명이었습니다.

그런데 한민당이 이승만과 싸우면, 소위 권력 다툼을 하면 누가 우세할 수 있느냐? 바로 이 무소속 그룹이었지요. 왜냐하면 이들은 해방 직후의 민족적 명분을 쥐고 있어서 아주 당당할 수가 있었어요. 제헌국회에 출현한 소장파 전성시대가 그래서 나타나게 되는 겁니다.

나라 이름 짓기

1948년 5월 31일 국회를 소집하니까 제일 고령자가 이승만이에요. 이승만이 1875년생으로 되어 있으니까, 73세네요? 실제 나이는 더 많다는 얘기도 있습니다만, 제일 고령자여서 자동적으로 임시의장을 맡았고, 의장 선거를 했더니만 또 이승만이 선임되었어요. 부의장에는 독촉국민회의 신익희하고, 한민당의 김동원, 소설가 김동인의 형이지요, 이 두 사람이 됐어요.

그 다음에는 나라 이름을 뭘로 할 것이냐? 조봉암 같은 사람은 "'고려'라는 이름으로 하자. '한'이라는 이름은 우리가 불우할 때 불렀던 이름 아니냐. 나라가 힘이 없었을 때 쓴 이름이니까, 지금 전도가 양양한 새로운 나라를 세우려고 하는데, 그 이름을 쓸 필요가 뭐 있냐" 이렇게 강력히 주장했어요.

이 문제도 헌법기초위원회에서 투표를 해보니까 대한민국 임시정부를 이어받아서 한으로 해야 한다가 17표, 고려로 해야 한다는 주장이 7표, 조선으로 해야 한다는 게 2표였어요.

우리는 고려·조선·한이 우리 역사에서 어떻게 사용되었는지, 특히 한 말부터 일제 시기 독립운동에서 어떻게 사용되었는지, 일본·만주·시베리아·중국에서는 우리를 뭐라고 부르는지에 대해서 너무 무지해요. 그래도 되는 것인가요? 최소한 국가 이름·국가·국기에 대해서는 기본적인 지식을 갖고 있어야 하지 않겠어요.

정부 수립 문제와 관련이 있으니까 여러분들도 아시는 큰 줄기만 간략히 언급하겠습니다.

우리나라는 이름이 세 개가 있었어요. 먼 옛적에 요하 중류에서부터 한반도 서북부까지 걸쳐 있었던 지역을 조선이라고 불렀고, 그 지역에 있었던 나라를 또 조선이라고 했는데, 우리는 그것을 고조선이라고 역사책에서 가르치고 있습니다. 이성계가 나라를 세울 때도 우리 역사에 처음 나오는 옛날 그 조선을 이어받자는 뜻으로 조선이라고 국호를 정했지요.

고려도 우리 역사에서 대단했습니다. 조선 다음으로 예맥족이 세운 나라가 부여입니다만 부여는 힘이 없었고, 역시 고구려지요. 고구려는 고려라고도 불렀어요. 나중에 태조 왕건이 후삼국을 통일하면서 북진정책을 쓰는데, 고구려의 기상을 이어받자고 해서 고려라는 나라를 세웠잖아요. 그 나라가 무려 400년 이상을 가거든요.

한도 뜻이 깊은 이름이에요. 우리를 가리키는 또 다른 말이 삼한입니다. 그런데 삼한은 일본에서 한반도 남쪽을 가리키는 말이 아니냐, 이렇게 생각하는 사람이 있긴 있어요. 앞으로 통일이 되면 나라 이름을 뭘로 하고, 국기는 뭘로 하느냐? 지금은 체육대회에서는 한반도기를 앞세우고 남과 북이 같이 입장하고 있습니다만, 제헌국회에서처럼 우리도 여러 가지를 깊이 생각해두어야겠습니다. 역사학자들이 중심이 되어 충분히 논의할 필요가 있습니다. 지난 역사를 존중하면서 이성적으로 허심탄회하게 얘기를 해야지 감정 가지고 싸울 문제는 아니라는 생각이 드네요.

당연한 일이지만 국회 본회의에서는 압도적인 다수로 국호가 대한민국이 됐습니다.

하루아침에 대통령중심제로 바꿔

그 다음에는 헌법 제정이었습니다. 처음에 대통령중심제는 그다지 거론이 안 됐어요. 대체로 내각책임제가 당연시됐어요. 재미있는 현상입니다만, 1960년까지는 내각책임제가 곧 민주주의이고, 대통령중심제는 독재정치라는 사고를 강하게 갖고 있었어요.

　민주당은 1955년 창당 때부터 내각책임제를 주장했는데, 책임정치는 내각책임제를 해야 이루어진다고 생각했어요. 그때는 내각책임제를 하면 민주주의가 되는 걸로 알았어요. 이승만 독재에 대한 반감이 많이 작용했기 때문에 그랬지만, 그것보다 더 중요한 건 그 당시 세계적으로 내각책임제 국가가 많았습니다. 유럽이 거의 다 내각제였고, 프랑스도 그 당시는 내각책임제였어요. 일본도 물론 내각책임제였어요. 대통령중심제를 채택하고 있는 나라는 별로 없었어요.

　이 때문에 헌법을 기초할 때 내각책임제로 했는데, 이승만이 한민당한테 통고를 했어요. "내각책임제 하면 나 대통령 안 한다"라고. 한민당으로서는 이승만을 대통령으로 허수아비 비슷하게 세워놓고 자기들이 실권을 쥐려고 했어요. 이제 와서 생각해보면 호랑이 앞에서 원숭이가 힘자랑하려고 한 격이지요.

　이승만이 대통령중심제로 헌법을 만들지 않으면 대통령을 안 한다는 거예요. 그런데 한민당에서는 다른 사람을 세울 수가 없었어요. 어쩔 수 없었지요. 한민당 중진 서상일이 헌법기초위원장이었는데, 나중에 그가 회고한 바에 의하면 하룻밤 사이에 헌법을 바꿨습니다. 이 때문에 헌법에는 내각책임제 요소가 많이 남게 되었습니다.

　국무총리도 국회의 승인을 받아야 했고, 또 국무원중심제였습니다. 국무원은 심의기구가 아니라 의결기구예요. 대통령은 국무원 의장, 국무총리는 부의장, 장관들은 국무위원인 겁니다. 원리대로 말한다면 다수가 의결을 해버리면 대통령도 따라가야 하지만, 이승만 대통령은 자기 말을 잘 들을 사람으로 국무위원을 임명했기 때문에 그런 문제가 생길 리는 없었습니다.

▲ 1948년 5월 31일 제헌국회 개회식 광경
제헌국회는 대한민국을 국호로 정하고, 정치체제로는 대다수 국회의원들이 내각책임제를 선호했음에도 불구하고 논란 끝에 이승만의 주장으로 대통령중심제를 채택했다. 7월 17일에 제헌헌법을 공포하고, 7월 20일에는 대통령에 이승만, 부통령에 이시영을 선출했다.

국회의원이 국무위원을 겸할 수 있었습니다. 이와 같이 제헌헌법에는 내각책임제 요소가 강했어요.

헌법 제정은 7월 12일에 완료해서, 7월 17일에 공포했습니다.

그 다음에는 대통령 선거예요. 일부에서 한국에 와 있던 서재필을 옹립하려고 했지만, 서재필은 안 하겠다고 떠나버렸어요. 압도적인 다수표로 이승만이 대통령이 됐어요. 소수만이 김구를 찍었지요.

다음은 부통령 선거였습니다. 그때 이승만이 이상한 소리를 했어요. "부통령에는 북한의 조만식 선생을 모셨으면 좋겠습니다." 이랬단 말이에요. 말도 안 되는 거지요. 북쪽에 있어서 남쪽에 내려올 수 없는 사람을 어떻게 부통령으로 세웁니까? 북에 있는 분을 존중하기 때문이라고 해석할 수도 있습니다만, 그보다는 이승만이 부통령이나 국무총리를 아무 필요 없는 존재로 생각했기 때문이에요. 내가 모든 것을 다 알아서 할 텐데 무슨 필요가 있느냐? 이승만은 부통령은 쓸데없는, 거치적거리는 치장물이라고 생각하고 있었어요.

장관도 대통령이 마음대로 지시를 내리면 된다고 생각했지요. 국무위원 회의록 같은 걸 보면, 대통령이 '분부'를 하는 거예요. 분부를 내리면 그에 대해서 국무위원들은 공손하게 '받잡는' 겁니다. 받드는 거예요. 이승만은 장관이 독자적으로 정책을 수행하는 자리라는 생각을 안 했어요.

초대 부통령 선출 이야기를 계속하지요. 한민당에서는 독립운동 원로 이시영을 세울 수밖에 없다고 생각했고, 무소속 그룹은 김구를 세워야 한다고 나왔어요. 1차 투표에서는 어느 누구도 3분의 2를 획득하지 못했어요. 김구가 65표인가 나왔어요. 2차 투표에 가서 이시영이 선출되었습니다. 이승만보다도 나이가 많았고, 대한민국에서 제일 키가 작은 분 중 한 분이었는데, 꼬장꼬장한 분이었어요. 이승만은 대통령 하면서 골치가 아팠습니다.

그 다음에 국무총리가 남았습니다. 이승만은 뜻밖에도 국무총리에 이윤영 목사를 지명했어요. 북쪽에서 내려온 사람이지요. 압도적인 표차로 부결이 돼버렸어요. 무소속 그룹은 임시정부 외교부장이었던 조소앙을 지지했어요. 조소앙은 정치적인 능력이 뛰어났고, 이론에도 밝아 삼균주의*를 주창하였습니다. 한민당은 은근히 김성수를 밀었어요.

그렇지만 이승만은 조선민족청년단*의 이범석을 지명했습니다. 한민당은 이제는 안 되겠다 싶어서 장관이나 많이 달라 하자고 마음을 바꾸었어요. 무소속 그룹에서는 첫 번째 국무총리가 군인이 된다는 건 불길하다고 반대했어요. 그쪽에서 비토해서 이범석이 110표로 국무총리 승인을 받았습니다.

장관 임명 문제로 한민당은 분통이 터졌어요. 한민당에서는 김도연이 재무부 장관이 된 것 외에는 없다시피 했고, 나머지는 대개 이승만 측근이나 이승만을 편드는 사람들이었어요. 이승만의 말을 잘 들을 사람으로 내각이 구성되었는데, 아주 특이한 존재가 조봉암입니다. 조봉암 얘기는 뒤에서 하도록 하지요. 이 사람을 농림부 장관에 앉혀놨어요. 그게 당시에 화제가 됐어요.

행정부 조직은 이렇게 끝났고, 국회의장은 이승만이 대통령이 됐으니까 신익희가 의장이 되고, 남은 부의장 한 자리를 놓고 무소속 그룹과 한민당이 싸웠는데, 무소속 그룹이 민 김약수가 선출되었습니다.

대법원장은 참 좋은 사람을 세웠어요. 우리가 1960년대까지는 그래도 사법부가 살아 있다는 얘기를 했습니다. 사법부 파동이 1971년에 일어납니

---

*삼균주의 조소앙이 1930년대 초 손문의 삼민주의와 사회주의 영향을 받아 제창한 이념으로, 한국독립당(한독당)과 한독당이 이끈 상해 대한민국 임시정부의 기본 강령이 되었다. 한독당은 당의(黨義)에서 "정치 · 경제 · 교육의 균등을 기초로 하여 신민주국을 건설하여 국민 각개의 균등생활을 확보하고, 밖으로는 족(族)과 족, 국(國)과 국의 평등을 실현하고, 나아가 세계 일가의 진로로 향한다"라고 천명하였다. 삼균주의는 개인과 개인, 민족과 민족, 국가와 국가 사이의 완전한 균등을 실현하려면 정치적 · 경제적 · 교육적 균등을 이루어야 하고, 이를 위해 개인 사이의 균등은 정치 · 경제 · 교육의 균등으로, 민족 사이의 균등은 민족자결로, 국가 사이의 균등은 식민정책과 자본제국주의를 부정하고 침략전쟁을 막아야 이룰 수 있다고 했다.

*조선민족청년단(족청) 1946년 10월 9일 이범석이 중심이 되어 결성한 우익 청년단체로, 미군정의 지원에 힘입어 창립 2주년(1948년) 만에 자칭 120만 단원을 이끌던 거대 조직이었다. 처음에는 민족정신의 전통을 계승하여 새 나라의 역군으로 청년을 양성하는 것이 목적이었으나 정부 수립 후 정치운동에 가담하다가, 1949년에 해산되어 대한청년단에 흡수되었다. 족청계는 자유당 창당에 주도적으로 참여했다.

다만 그때부터 사법부가 대통령의 의중대로 움직이는 기구로 전락했다는 비난을 받게 됩니다.

초대 대법원장이 된 김병로는 이인 법무부 장관이 추천했는데, 법조계 최고인물을 천거한 것이었습니다. 이승만이 자기를 그렇게 비판할 줄 모르고 김병로를 앉힌 것이었지만, 참 다행이었습니다. 사법부 수호를 위해서 애를 많이 쓴 분입니다.

소장파 전성시대

대통령과 부통령은 선출된 직후부터 직무를 수행하고 취임식도 이미 다 가졌지만, 정부 수립 공포는 8월 15일에 했어요. 우리 정부가 언제부터 기능을 했느냐 하는 것은 사실 상당히 중요한 문제로, 특히 발췌개헌을 할 때 논쟁이 되었는데, 그때 국회에서는 7월 21일 대통령이 취임한 날부터 우리 정부가 선 걸로 봐야 한다는 주장이 많았어요. 여러분들은 8월 15일로 알고 있지요?

1948년 5·10선거로 구성된 제헌국회에서 빼놓을 수 없는 것이 앞에서 언급한 소장파 전성시대입니다. 대체로 1948년 12월에서 1949년 6월까지를 그 시기라고 얘기하고 있어요.

이 시기에 왜 소장파 전성시대가 가능했느냐? 아까 얘기했지요. 이승만과 한민당 두 세력이 싸우면, 민족적 대의를 위해 싸웠던 무소속 그룹의 후신인 소장파가 국회의 주도권을 잡을 수 있었다고.

당시에는 민족적 여망이 "친일파는 처단해야 한다", "토지개혁을 해야 한다"라는 것이었는데, 소장파가 이에 앞장섰거든요. 여론을 등에 업고 소장파가 계속 법안을 제출한 거예요. 정부 수립 직전부터 국회에서는 친일파를 처단하기 위한 작업에 들어갔고, 번개같이 '반민족행위처벌법'을 통과시켰어요.

그때쯤 되어서는 친일파 세력이 이미 너무 커져 있었고, 이승만 세력이 그들과 손을 잡고 있어서 친일파 처단이 대단히 어려웠지만, 그래도 1949년 초까지는 의욕적으로 했습니다. 워낙 이승만 정권의 방해공작이 집요해 결국 유야무야되고 말았습니다만.

5·10선거에서 후보자들이 가장 많이 내세운 공약 중 하나가 토지개혁이었고, 국회의원들은 상당히 농민 중심의 농지개혁법을 만들었어요. 이승만 정권이 그것을 시행하지 않고, 농민의 부담을 늘린 개정안을 소장파를 거세한 후에 통과시켜 실시했는데, 그것도 농민 부담이 그다지 크지는 않았어요. 지방자치법도 민주적으로 만들었는데, 이승만 정권이 몇 년 동안 아예 시행을 하지 않았습니다.

소장파 전성시대에 제헌국회가 일을 많이 했습니다. 국회 프락치 사건*이 나기 전까지는 그렇게 무력하기만 한 것이 아니었습니다. 우리는 그 점을 긍정적으로 평가해야지 일각에서처럼 무조건 비판만 하는 것은 잘못이라고 생각합니다.

제헌국회 의원들은 자기들이 국가의 중요한 임무를 맡은 사람이라는 사명감을 가졌습니다. 그래서 한민당 소속 의원조차도 상당수가 친일파 처벌에 동조했던 겁니다. 재미있는 현상이지요.

---

*국회 프락치 사건 제2대 국회 소장파 의원 지도자들이 남로당 프락치 등으로 재판에 회부된 사건으로, 1949년 5월 20일 이문원 등 세 명의 현역 의원 구속을 시작으로 모두 15명의 국회의원이 국회 프락치 사건에 연루되어 구속되었다. 소장파 의원들은 반민족행위처벌법과 농지개혁법 제정에 주도적인 역할을 했을 뿐만 아니라, 국가보안법 제정에 반대하며 평화통일과 미군 철수를 주장했다. 이러한 활동에 위협을 느낀 이승만 정권은 소장파 의원들이 남로당에 포섭되어 미군 철수 등 반국가적 행위를 했다는 이유로 체포하기에 이르는데, 이 사건 이후 활발히 활동하던 국회는 바싹 움츠러들어 위기를 맞게 되었다.

북한의 선거는 간단하게만 얘기하겠습니다. 북은 남북 전체에 걸쳐서 선거가 실시됐다는 그런 인상을 주려고 했어요. 그래서 남쪽은 지하선거를 치루고, 북쪽은 1948년 8월 25일 5만 명당 한 명을 뽑는 소선거구제로 남한과 비슷하게 대의원을 선출했습니다. 지하선거 형식으로 남쪽 대표 360명, 북쪽의 212명, 합쳐서 572명을 뽑았습니다.

572명으로 최고인민회의를 구성하고, 최고인민회의를 최고주권기관으로 헌법에 명시했습니다. 그렇지만 대의원이 많아서 20명 내외로 상임위원을 두었는데, 실제 권한은 여기에 있었어요. 북의 국가원수를 누구로 알고 있으세요? 김일성으로 알고 있는 사람이 적지 않을 테지만, 상임위원회 위원장 김두봉이 국가원수였습니다. 최고인민회의 의장은 허헌이고, 내각 수상이 김일성이었습니다.

김구가 암살당한 까닭

이제 1950년 5·30선거를 말씀드리지요. 여러 학자들이 5·10선거는 부정적으로 보면서 5·30선거는 긍정적으로 보는 경향을 보였습니다. 학자들만이 아니라 이 시기에 국회의원에 출마한 사람들, 정계에서 활동을 했던 사람들도 "5·30선거는 다른 선거와는 다르다. 중간파 민족주의자라고도 불렸고, 협상파라고도 불렸던 민족주의자들이 한민당·이승만 세력을 곤경에 몰아넣은 선거다"라고 말했지요. 그 사람들이 써놓은 증언이나 회고록을 보면 이렇게 돼 있어요.

이 선거를 그렇게만 볼 수 있느냐? 여기에 이의를 다는 연구자도 있습니다만, 중도파 정치세력의 '제도권 정치' 등장은 의미 있게 보아야 할 부분입니다.

앞에서 5·10선거에 김구·김규식·조소앙 등 중도파 민족주의자 거두들이 참여하지 않았다고 말했지요. 그렇지만 정부가 수립될 무렵 이미 조소앙은 적극적으로 대한민국에 참여하겠다고 밝혔고, 다른 사람들도 유엔이 1948년 12월 12일 대한민국 정부를 선거가 치러진 지역에서 유일 합법정부라고 승인한 것이 하나의 계기가 되어, 이제는 선거에 우리가 참여를 해야 하지 않겠느냐는 분위기가 생겨나게 됩니다.

1948년 연말, 1949년 연초에 김규식의 활동이 눈에 띕니다만, 그때 '3영수 합작설'이 나옵니다. 해방 직후부터 이승만·김구·김규식을 우익 3영수라고 불렀는데, 다시 우익 3영수가 합작해야 한다는 것이지요. 이런 주장은 이승만 쪽이 아니라 중도파 민족주의자들이 현실 정치권에 진입하기 위해 내세운 명분이었어요.

그러다가 김구가 1949년 6월 26일 안두희라는 포병 소위한테 불의의 죽음을 당하게 되는데, 사실은 그 직전에 김규식 등의 정치 참여 얘기가 정가에 거론되고 있었고, 김구도 다음 해에 치러지는 선거에 중도파 민족주의자들의 참여를 반대하지 않을 것이라는 의사를 아주 조심스럽게 비치고 있었습니다.

그것은 이승만한테 큰 위협이 되었습니다. 당장에 국회에서 소장파가 저렇게 강력한데, 그래서 한민당·이승만이 당하고 있는 판인데, 다음 선거에서 김구·김규식 쪽이 국회로 들어와서 영향력을 행사해버리면 이건 간단한 문제가 아니었거든요.

무엇보다도 대통령 문제가 있었죠. 아까 부통령 선거에서 어쨌든 김구가 2위를 했다고 말했습니다만, 김구·김규식·이승만을 3영수라고 해서 중요 지도자로 꼽았거든요. 이승만에 대항할 수 있는 강력한 인물이 결국 두 사

1950년 5·30선거

1950년 5월 30일에 치러진 제2대 국회의원 선거는 5·10선거에 불참했던 중도파 민족주의자들이 대거 출마하여 비상한 관심을 모았다. 보수·진보의 보혁대결 구도를 이루며 중도파 민족주의자들이 바람을 일으키자, 이승만 정권은 그들을 투옥하는 등 온갖 방법을 동원해 탄압했다. 그럼에도 불구하고 서울에서는 조소앙이 조병옥을 누르고 전국 최다득표로 당선되었고, 무소속이 과반수를 넘는 126석을 차지했다. 한민당을 계승한 민국당은 참패했다. 제2대 국회는 문을 연 지 얼마 되지 않아 전쟁이 발발해 중도파 정치인들이 납북되는 등 어려움을 겪었지만, 전쟁 중 피해대중의 입장에서 그들을 대변하는 역할을 많이 했다.

람이라고 보고 있었지요. 그것이 김구가 암살당한 큰 요인 중에 하나라고 나는 논문이나 책에서 주장을 해왔습니다.

보수와 진보의 대결

중도파 민족주의자들은 1950년 5·30선거에 김규식·조완구·엄항섭 등을 제외하고 여러 사람이 입후보했습니다. 이 선거를 우리나라에서는 보기 드물게 보수·진보의 보혁대결이라고 하기도 해요. 한민당과 이승만 추종자들이 보수 또는 친일을 대표했고, 중도파 민족주의자들이 통일 문제 등 민족주의적이고 진보적인 입장을 대표했어요.

그런데 재미난 것은 이 선거에서는 정책을 내놓고 싸우기보다 유권자들이 인물을 가지고 그러한 구별을 했습니다. 중도파 민족주의자들이 강세를 보인 서울과 부산에서는 그러한 성격이 특히 강했지요.

1980년대까지는 선거 주무 장관인 내무부 장관이 선거에 경찰을 동원하는 등 중요한 역할을 많이 해서 누가 내무부 장관이 되느냐가 관심을 끌었는데, 이 선거에서 이승만 대통령은 승려 출신의 측근 백성욱을 내무부 장관에 앉혔어요.

그는 취임하자 바로 한민당계의 경찰 간부를 갈아치우고 민국당의 서상일 등 1950년대 초에 내각책임제 개헌을 하려고 했던 사람들을 당선되지 못하도록 했어요. 민국당은 한민당이 독촉국민회 측의 신익희와 함께 만든 당으로 한민당의 후신으로 얘기하지요.

그러나 역시 이승만 대통령이 집중적으로 공격한 건 중도파 민족주의자들이었습니다. 그들을 당선시켜선 안 된다는 겁니다. 이승만은 "공산당이 국회에 침투하기 위해 물심양면으로 노력하고 있다"라고 주장하고, "그들의 동정자나 정부 반대자를 국회의원으로 당선시켜서는 안 된다"라고 경고했습니다. 그러고 보니까 이승만이 색깔로 반대세력을 공격한 원조가 되네요.

이 대통령은 방송을 통해서뿐만 아니라, 전국 각지를 순회하면서 "중도파를 당선시켜서는 안 된다"라고 강조했어요. 심지어 부산에 가서는 "반정부를 일삼는 또는 그러한 경력을 가진 인사들에게는 투표를 고려"해야 할 뿐만 아니라, "그러한 불순세력이 국회에 오면 그런 자는 선거인이 소환하도록 해야 한다"라고 주장했어요. 무서운 공갈이었지요. 헌법에도 없는 국회의원 소환을 주장한 겁니다. 후일 실제로 부산 정치 파동에서 정치깡패들을 동원해 정적들을 소환하자는 운동을 벌이기도 하지요.

부산에서는 이승만이 연설하기 전에 협박 삐라가 연일 돌았어요. 벽보도 붙고요. "빨갱이들아! 너희들의 배후의 총탄을 알라", "공산당 주구를 박멸하라" 등이었는데, 입후보자의 정견 발표회에서도 똑같은 협박을 했어요.

중도파 후보들은 관헌의 방해공작 때문에 움직일 수가 없었어요. 그러다가 부산 지역에서 인기가 좋은 대한민국 임시정부 국무위원이었던 장건상 등 몇 사람이 구속되었습니다.

"중도파가 프락치와 내통했다"

서울에서도 중도파 입후보자는 엄청 시달렸습니다. 1950년 5월 19일 이승만은 기자들에게 "중간파들과 내통하고 있던 남로당 프락치 총검거 사건에 착수한 지가 이미 오래되었다. 중간당에 침투한 100명의 남로당 프락치를 검거 중에 있다"라고 공공연히 말했어요. 후일 1967년 6·8선거 때에 박정희 정권은 망국적 부정선거를 규탄하는 시위가 잇달아 발생하자 동백림 사건을 터뜨려 분위기를 바꾸려고 했는데, 이승만은 아예 선거 중에 "중도파가 프락치와 내통했다"고 발표한 것입니다.

5월 25일 서울지검에서는 군·검·경 합동수사진이 적발한 '북로당 남반부 정치위원회 사건', 일명 '성시백 사건'이라는 것을 발표했어요. 성시백이 서울 지역에서 입후보한 협상파들을 포섭 대상자로 해서 1만 4,800달러를 선거 비용으로 주려고 했다는 거예요. 도대체 포섭 '대상자'라는 것은 무슨 말이고, '주려고 했다'는 것은 또 무슨 말이에요? 포섭했으면 했다고 하고, 돈을 줬으면 줬다고 해야 할 것 아닙니까? 그 뒤에도 이들 입후보자들이 프락치 문제와 관련해 불구속으로 취조받고 있다는 등 사실과 다른 보도를 했어요. 불순한 의도를 가지고 계속 터뜨린 것이지요.

성북구는 조소앙과 미군정 시절 경무부장으로 세도가 당당했던 한민당의 조병옥이 대결해 특히 세인의 주목을 받았어요. 조소앙의 선거운동원은 한때 83명이나 성북경찰서에 구금되는 등 탄압을 받았어요. 테러도 일어났고요. 그래서 나중에는 노인들만이 선거운동에 참여해 기호표나 선전문을 돌렸다고 합니다.

조병옥에 대해서는 너무나도 다른 상반된 이미지가 있어요. 민주당 대통령 후보였던 조병옥이 치료를 받으러 미국에 건너가 1960년 2월 15일에

▲ 1950년 5·30선거 개표 광경
1948년 5·10선거에 불참한 중도파들이 대거 선거에 참여하여 큰 관심을 모았다. 사진은 개표가 한창 진행 중인 서울 종로구 개표소 모습이다.

사망했을 때 민주주의의 영웅으로 떠받들여졌죠. 학생들이나 일반 사람들이 유행가 곡에 맞춰 슬픈 노래도 많이 불렀습니다. 조병옥은 복잡하게 해석할 수 있어요. 단순하지 않습니다.

그런데 5·30선거 마지막 날인 5월 29일 늦게 "조소앙이 공산당의 자금을 받아쓴 것이 탄로나 투표일을 하루 앞두고 월북했다"라는 벽보와 삐라가 나돌았어요. 조소앙은 그 다음 날 새벽에 지프에 확성기를 달고 돌아다니면서 "내가 여기 있다" 그러면서 돌아다녔습니다.

미군정에서 민정 장관을 지낸 안재홍은 고향인 경기도 평택에서 출마했는데, 이 지역에서도 28일 "안재홍 후보가 모종의 사건에 연루되어 지금

수사당국에 체포·구금되어 있기 때문에 그에게 투표해봤자 소용없다"라는 흑색선전이 떠돌았어요. 대한민국 임시정부 의정원 의장이었던 김붕준 선거구에서는 후보를 사퇴했다는 소문을 퍼뜨렸고, 과도입법의원 부의장이었던 최동오도 심한 곤욕을 치렀습니다.

"그런 시대가 있었어요"

그런데 뚜껑을 열어보니까 놀라운 결과가 나왔다고 여러 증언이나 회고록에 나와 있습니다. 전국 최다득표가 조소앙이 됐고, 장건상·김칠성은 옥중에서 당선되었는데, 장건상도 대단히 많은 표를 얻었어요. 전국에서 3등인가 4등을 한 거예요. 그 밖에 중도파 민족주의자로 안재홍·원세훈·윤기섭·오하영·여운홍·조시원 등이 당선되었고, 초대 농림부 장관이었던 조봉암도 성향이 비슷한데 또다시 당선되었어요.

내가 서북청년회* 회장을 지낸 선우기성한테 들은 얘기인데, 그 사람이 서대문에 출마해서 윤기섭과 붙게 되었어요. 그런데 윤 후보는 선거운동을 안 하고 모내기하는 농민과 함께 일을 했다고 그래요. 당시 서북청년회 회장이 얼마나 무서웠습니까? 하지만 "나를 안 찍고 말이야, 다 윤기섭이를 찍더라고. 그런 시대가 있었어요"라고 말하더라고요. 평생에 걸쳐 독립운동을 하고 민중 편에 섰던 분들을 존경하던 그러한 시대가 우리나라에도 있었던 겁니다.

이 선거에서 민국당은 그야말로 추풍낙엽이 되어 서상일·김동원·조병

---

*서북청년회(서청) 평안청년회, 대한혁신청년회, 함북청년회, 황해회청년부, 북선청년회, 양호단 등 이북 출신의 청년단체가 통합되어 1946년 11월 30일 결성된 극우반공성향의 청년단체. 서청은 지방에 대원을 파견하여 테러 행위를 감행했는데, 특히 제주 4·3항쟁에서의 무자비한 행동으로 악명을 떨쳤다.

옥 등 거물들이 다 떨어졌어요. 이승만을 지지하던 대한국민당도 마찬가지였습니다. 초대 내무부 장관 윤치영, 초대 법무부 장관이었던 이인 등 간부들이 다 떨어졌어요. 민국당과 국민당은 겨우 각각 24석밖에 차지하지 못했어요.

1950년 5·30선거에서는 210석 가운데 무소속에서 126명이나 당선된 것도 주목할 만한 일이었습니다. 무소속 당선자들에 대해서는 학자들이 서로 다른 얘기를 하는데, 친일행위자들에 대한 평가 때문이지요.

5·30선거에서 무소속으로 당선된 친일행위자 중에는 해방 후에 양심대로 살고 좋은 정치를 해보겠다, 의회민주주의를 구현하겠다는 의원들이 꽤 여러 명 있었습니다. 예컨대 윤길중은 일제 때 군수였지만 능력도 있고 합리적이었어요. 조봉암이 대통령에 나왔을 때 선거사무장을 맡았고, 역시 조봉암과 함께 진보당을 만들었지요. 1961년 5·16쿠데타가 날 때까지는 평이 좋았습니다. 나중에 전두환·신군부의 민정당에 들어가서 국회부의장을 해서 욕을 얻어먹습니다만.

중도파가 위력이 있다는 것은 국회의장단 선거에서 드러났어요. 국회의장에 민국당의 신익희가 선출되었지만, 조소앙이 차점자였어요. 부의장 선거에서는 장택상과 조봉암이 선출되었는데, 조봉암은 중도파와 노선이 비슷했습니다.

새 국회가 문을 연 지 며칠 되지 않은 6월 25일에 전쟁만 발발하지 않았더라면, 이승만 독재가 상당히 견제가 되고, 의회민주정치도 어느 정도 자리를 잡을 수 있었을 겁니다. 제2대 국회에서 부의장인 조봉암의 인기가 좋았습니다만, 조소앙이나 안재홍 등 중도파들도 명망이 높고 인기가 좋았어요. 정치력도 있어서 이승만이 함부로 하기가 어려운 사람들이었어요. 이들이 무소속 의원들과 손을 잡고 일을 했더라면, 우리나라의 정치판도나 정치성향이 상당히 달라졌을 겁니다.

전쟁이 발발해 중도파 정치인들이 거의 다 납북되고 만 것은 한국 정치의 큰 손실이었습니다. 전쟁으로 극우반공주의가 강력히 작동하게 되고, 그것을 기반으로 이승만 독재가 강화되잖아요.

제2대 국회의원들은 인물들이 많다는 말을 들었습니다만, 중도파 정치인들이 납북되었음에도 불구하고 국회를 '민의의 전당'으로 상당히 잘 이끌어갔어요. 피해대중의 입장에서 일을 많이 했습니다.

전쟁 때 굉장히 억울한 사람들이 많았는데, 국회에서 그 억울한 사람을 대변하는 역할을 맡아서 했습니다. 국회의원들은 부역자들에 대한 비인간적 인권 유린에 제동을 걸기 위해 부역행위특별처리법과 사형私刑금지법을 제정했어요. 그 과정에서 이승만 정권이 여러 차례 거부권을 행사해서 이 정권과 계속 싸웠지요. 또 이 대통령이 6월 28일 임시수도 부산에서 발동한 비상사태하의 범죄 처벌에 관한 특별조치령이 너무 가혹했기 때문에 개정법률안을 제출해서 싸웠어요.

거창 양민학살 사건, 국민방위군 사건에 대해서도 이승만 정권을 호되게 비판하면서 잘못된 것, 억울한 것을 민권 차원에서 바로잡으려고 했습니다.

1강을 마치며

오늘은 5·10선거와 관련해서 해야 할 얘기들이 많다 보니까 시간이 많이 지났습니다. 남은 시간이 얼마 안 되지만 토론을 하지요. 궁금한 게 있으면 말씀 좀 하세요. 무엇이든 상관없어요. 근현대사와 관련된 것으로요.

● 요즘 선거운동을 보면 언론이나 인터넷 매체의 역할이 굉장히 큰데, 거의 절대적인 영향력을 발휘한다고 볼 수 있는데, 그 당시 선거에서 언론의 영향력이라든가 역할은 어땠는지요?

지금 매체는 그야말로 무서운 속도로 발전하고 있어서, 몇 년 전부터는 세대 간 갈등까지 생겨 지난 대통령 선거에서 나이 먹은 층이 지지하는 사람이 떨어지고, 젊은 사람이 지지하는 후보가 된 것도 매체혁명 때문이라고 주장한 사람도 있습니다만, 옛날에는 선거에 관해서 보도하는 게 많지 않았어요. KBS방송도 제대로 방송한 게 없는데, 그 당시엔 뉴스도 많이 하지 않았어요. 그러니까 중요 매체로는 신문밖에 없었습니다.

신문도 오늘날의 신문하고는 판이하게 달라요. 1950년대 초반까지만 하더라도 2면 또는 4면 정도밖에 안 되었고, 중반에 오면 조간·석간으로 두 번 내기도 했지만, 어느 것이나 4면이었어요. 지방취재라는 것도 거의 없었어요. 내가 알기로는 1950년대에서 1960년대까지는 동아일보가 제일 영향력 있는 신문이었는데, 동아일보 편집국 기자가 그렇게 많지 않았어요. 1970년대 중반에 동아일보 사태로 잘려나간 분들이 120명인가로 기억하고 있는데, 1950년대 중반엔 전체 편집국 기자가 20~30명쯤 됐다는 얘기를 들었어요.

따라서 선거 같은 큰일을 제대로 취재하기가 어려웠습니다. 이 때문에 몇 사람 대표 기자를 중앙에서 내려보내는 거예요. 그때는 주로 몇 사람이 뛰어다녔어요. 1956~58년으로 올수록 조금씩 상세해지고, 1960년 3·15선거쯤 되면 그전 선거와 보도 태도가 달라집니다만, 그때까지만 해도 몇몇 기자가 뛰고 달리고 했지요. 조선일보, 한국일보는 아무개, 아무개 기자.

동아일보, 경향신문은 아무개, 아무개 기자. 이런 식으로 몇 사람밖에 없었어요.

제대로 보도가 됐겠느냐. 그래서 한계가 아주 많았습니다. 그러나 동아·조선·경향·한국 등 이른바 4대 신문의 영향력은 대단했어요. 모두 야당 성향이었는데, 당시 사람들이 이들 신문밖에 의지할 데가 없었고, 야당도 신문에 의존해서 여당을 공격한다고 했거든요.

질문이 안 나오니까 오늘 얘기 가운데 한 가지 빠뜨린 것을 추가하지요. 우리나라 선거에선 씨족투표라고 할까, 어느 지역에 가면 광산 김씨, 경주 김씨가 많이 사는 데가 있고, 어느 지역에 가면 전주 이씨, 경주 이씨가 많이 사는 데가 있고 한데, 그 경우 지역 몰표가 나오기도 했어요. 이러한 선거는 1970·80년대까지 나타납니다. 어느 지역은 몇 개의 큰 씨족표가 경쟁을 하기도 했어요. 이러한 현상은 5·10선거나 5·30선거에서 꽤 많이 나타났습니다.

1951
- 3월 국민방위군 사건
- <u>5월 16일</u> 제2대 부통령 선거
  (국회 선출, 부통령 김성수)

1952
- 4~5월 지방의회 선거
- 5월 26일 국회 통근버스 헌병대에 연행(부산 정치파동 시작)
- 7월 4일 발췌개헌안 통과
- <u>8월 5일</u> 제2대 대통령 및 제3대 부통령 선거
  (최초의 정부통령 직선제, 대통령 이승만·부통령 함태영)

1953
- 7월 27일 휴전 협정 조인

1954
- 5월 20일 민의원 총선거
- 10월 뉴델리 밀회 사건
- 1월 29일 사사오입개헌

1956
- <u>5월 15일</u> 제3대 대통령 및 제4대 부통령 선거
  (대통령 이승만·부통령 장면)
- 9월 28일 장면 부통령 저격 사건

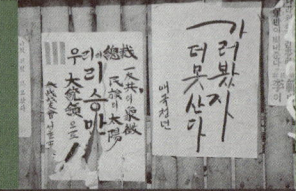

1958
- 1월 진보당 사건
- 5월 2일 국회의원 선거
- 12월 24일 신국가보안법 파동(24파동)

2강

이승만, 자신이 쳐놓은 직선제 덫에 걸리다
— 1956년 5·15선거와 1960년 3·15부정선거

1959
- 4월 30일 경향신문 폐간
- 7월 31일 조봉암 사형

1960
- 2월 28일 부정선거반대 대구 학생시위
- 3월 15일 제4대 대통령 및 제5대 부통령 선거(무효된 선거)
- 4월 19일 4·19혁명

- 4월 26일 이승만 하야
- 4월 28일 허정 과도정부 출범
- 6월 15일 내각책임제 개헌안 국회 통과

- 7월 29일 제5대 민의원·참의원 국회의원 선거
- 8월 23일 장면 정부 출범(제2공화국)
- 12월 지방자치 선거

2강 │ 이승만, 자신이 쳐놓은 직선제 덫에 걸리다

이승만이 직선제를 고집한 이유

1952년 8월 5일 치러진 선거는 우리나라 최초의 정부통령 직접선거였습니다. 문제는 정부통령 직선제로 개헌을 하는 과정에서 이승만이 악명 높은 부산 정치 파동을 일으켜 헌법을 유린하는 행위를 저질렀다는 점에 있습니다. 또 하나, 이 선거는 우리나라에서 치러진 선거 중 도대체 그 실체를 알 수가 없는 이상한 선거라는 점입니다. 이해하기 어려운 투표 결과가 나왔거든요.

그럼에도 불구하고 1956년부터 정부통령 직선제 또는 대통령 직선제는 민의의 향방을 아는 데 대단히 유용합니다. 그래서 박정희는 나중에, 전두환·신군부는 처음부터 이 직선제를 폐지해버렸고, 그에 따라서 민주화운동이 직선제 헌법 개헌과 직결되어 전개되었습니다. 1987년 6월민주항쟁의 주된 구호가 직선제 쟁취였잖아요.

이승만 대통령이 발췌개헌을 강행해 정부통령 선거를 직선제로 한 이유는 아주 간단합니다. 헌법에 의하면 정부통령은 1948년의 경우처럼 국회에서 선출하게 되어 있었는데, 이승만이 국회에서 당선될 가능성이 희박했던 것이지요.

앞에서 말씀드린 대로 1950년 5·30선거에서 무소속이 많이 당선되었고, 이들 중 상당수가 무소속구락부를 만들었어요. 이것이 1950년 11월에 공화구락부로 이름이 바뀌고 나중에 공화민정회가 됩니다만, 전쟁 기간에 공화구락부를 중심으로 민권을 수호하기 위한 활동이 활발히 전개되었습니다. 특히 거창 양민학살 사건*과 국민방위군 사건*으로 국회와 정부는 첨예하게 맞섰어요.

그러던 중 이시영 부통령이 국민방위군 사건 처리에 분노해서 부통령직을 사임했는데, 그 후임에 이승만이 민 이갑성이 떨어지고 민국당과 공화구락부계에서 지지한 김성수가 부통령에 선출되었습니다. 김성수는 이 시기에 이승만에 대해 대단히 비판적이었어요.

국회와의 관계를 볼 때 이승만은 국회에서 선출되기는 어렵다고 느꼈어요. 뿐만 아니라 국회의 다수파는 내각책임제로 기울어 있었습니다.

그래서 이 대통령은 무슨 방법을 써서라도 대통령을 직선제로 뽑는 개헌을 해야겠다고 결심했습니다. 그리고 그 개헌을 추진해나갈 정당이 필요하다고 생각했던 거예요. 이 때문에 1951년 8월 15일 담화에서 정당을 만들어야 한다고 역설했습니다.

143 대 19로 부결된 이유

이 시기 정당은 세 곳에서 추진했어요. 국회의 다수파인 공화민정회는 정

---

*거창 양민학살 사건 1951년 2월 빨치산 토벌을 맡은 11사단(사단장 최덕신)에 의해 경남 거창 주민들이 집단으로 학살된 사건. 공비 토벌을 위해 주둔해 있던 국군은 주민들을 공비로 몰아서 열 살도 안 되는 어린아이 313명을 비롯하여 무려 719명을 무차별적으로 학살하였다. 이 사건은 국회에서 진상 조사에 나서는 등 정치 문제로 비화되었다.

*국민방위군 사건 1951년 1·4후퇴 때 중국군이 물밀듯이 내려오자 정부는 청장년들을 국민방위군으로 편성해 남쪽으로 이동시켰는데, 이동하는 과정에서 수많은 청장년들이 추위와 굶주림으로 죽었다. 설상가상으로 국민방위군 사령부 간부들이 장병들에게 지급될 군수물자와 군량미를 대대적으로 착복해 피해는 더욱 심각해졌다. 이 사건으로 신성모 국방부 장관이 물러났고, 이시영 부통령은 사임서에서 국민의 의혹을 풀기 위한 국회의 적극적인 조치를 촉구하였다. 국회는 1951년 4월 30일 국민방위군의 해체를 결의하였고, 관련된 국민방위군 간부들은 군법회의에 회부되었다.

당을 만들어 내각책임제로 개헌을 해서 의회민주주의를 구현하려고 했어요. 이승만과 조봉암도 정당을 만들려고 했지요.

조봉암이 추진한 신당은 이른바 '대남간첩단 사건'*으로 깨져버렸어요. 신당준비사무국 책임자 이영근 등이 체포되었거든요. 이승만의 신당과 공화민정회 측의 신당은 1951년 12월에 각각 발당해서 하나는 '원외자유당', 다른 하나는 '원내자유당'으로 불렸습니다. 이승만 측에서 원내 신당 명칭을 도용했기 때문에 두 정당이 모두 다 자유당이라는 이름을 가진 것이지요.

왜 이승만당을 원외자유당이라고 했는가? 이 당은 민족청년단의 이범석이 앞장서서 만들었는데, 국민회·대한노총·부인회·농민회·청년단 등이 이 당에 가담했지만, 국회의원은 1명 혹은 자료에 따라서는 2명뿐이었어요. 이 당이 바로 우리가 알고 있는 자유당입니다.

이승만은 정당을 조직하면서 직선제 개헌안을 국회에 제출했습니다. 그래서 1952년 1월 18일에 표결을 했어요. 그랬더니만 지구상에서 대통령이 내놓은, 그것도 대통령중심제 국가에서 대통령이 내놓은 헌법 개정안이 그런 식으로 될 수가 있느냐 싶을 정도로 놀라운 결과가 나왔어요. 163명의 의원 중에 가표는 19표에 불과하고, 부표가 143표나 나와버렸어요. 기권이 1표 있었죠. 놀라운 일이었어요.

어째서 이런 표결이 나왔느냐에 대해서 정치학자들 사이에 의견이 갈라

---

* **대남간첩단 사건** 조봉암은 국회부의장 당시 비서였던 이영근을 '신당준비사무국'의 책임자로 하여 여러 세력을 포섭해갔다. 조봉암의 신당 구상은 상당히 규모가 있었고, 조직이나 표방논리에서 짜임새가 갖추어졌다는 평가를 받았으나, 창당 작업은 불발로 끝났다. 이승만 정권의 탄압으로 신당 조직의 기반이었던 농민회의가 무력화되고, 이른바 '대남간첩단 사건'이 터졌기 때문이다. 1951년 12월 초 신당준비사무국 책임자 이영근이 체포된 데 이어 관계자 50여 명이 육군특무대에 연행되고, 9명이 기소되었다. 당시 이영근 등 3명은 사형, 3명은 무기, 나머지 피고들에게는 5~10년의 중형이 구형되었으나, 부산지방법원에서 전원 무죄 판결을 받았다.

져 있습니다. 일부는 국회의원들이 대통령을 뽑는 것은 굉장한 이권이어서 그 권한을 놓지 않으려고 했기 때문에 이런 현상이 일어났다고 설명을 하고 있습니다.

그러나 그것은 그 당시 국회가 어떻게 분포되어 있는가를 알지 못한 데서 나온 주장이에요. 처음부터 반이승만파가 국회의 다수파를 차지하고 있었다는 것을 제대로 이해하지 못한 데서 그런 주장이 나왔다고 봅니다. 내각책임제를 주요 정책으로 내세운 원내자유당은 결당했을 때 100명 정도나 되는 의원이 있었고, 민국당이 힘을 합쳐 부결시켜버린 거예요.

이들은 "대통령중심제나 직선제가 불가하다. 내각책임제만이 민주주의를 실현시킬 수 있다"라고 주장했는데, 다른 이유 때문에도 대통령 직선은 현재의 상황에서는 불가능하다고 생각했어요. 우리가 1980년대 민주화운동 때 '독재 타도', '직선제 쟁취' 구호를 외치고 그랬는데, 그것과 반대되는 현상이 나타난 거죠.

왜 그런가 하면 당시는 전시체제였어요. 포화가 전선에서 끊이지 않고 일어나고 지리산 같은 데선 아직까지 빨치산이 위세가 있는데, 어떻게 전국적 규모의 선거를 치를 수 있느냐는 것이지요. 그렇기 때문에 뒤에 치러진 지방자치 선거에서도 서울·강원도·경기도는 선거를 못했어요. 세 지역에서 선거를 치르지 못한 것에 대해 이승만 정부는 전투지구에 들어간다는 이유를 제시했어요. 그리고 그때까지 지방자치 선거를 하지 않은 이유도 바로 전시체제라고 이승만 정부가 주장했던 겁니다.

그 다음에 "선거를 하면 경찰관과 관권이 선거를 하게 마련이다. 유권자가 선거를 하는 게 아니라 그쪽에서 선거를 하면 그게 무슨 선거냐" 이렇게 반대파 세력은 비판을 했어요.

그렇지만 역시 제일 큰 이유는 앞에서 얘기한 것처럼 전 세계적으로 대통령 직선제를 채택한 나라가 거의 없었다는 점이에요. 그 당시 국회 속기록에 의하면 한 나라가 대통령 직선제를 채택한 걸로 나와 있어요. 어느 나라겠어요? 필리핀이지요. 그 나라는 지금도 대통령 직선제예요.

미국은 아주 선거가 복잡하게 돼 있는 나라입니다. 2000년 대선에서 고어가 표가 많이 나왔는데도 부시가 대통령이 되는 기현상이 나타났잖아요. 직선제면 고어가 대통령이 되어야지요. 프랑스도 그 당시는 대통령 직선제가 아니었어요.

그런 분위기 때문에 그와 같이 압도적인 표 차이로 부결된 것입니다.

요즈음 정치 9단이니 10단이니 하는 말이 나도는데, 그렇게 따지면 이승만이나 조봉암은 11단쯤 될 거예요. 정치 11단이 되는 이승만이 이런 사정을 모르고 국회에 개헌안을 내놓은 게 아니었어요.

막 오른 부산 정치 파동

즉각 서북청년회 부단장 출신으로 일본에 가 있던 문봉재를 부르고, 심복 중의 심복인 양우정 의원을 불렀어요. 그때는 전쟁 중이었으니까 부산이 1,000일 정도 임시수도였어요.

그 부산에 백골단·땃벌떼·민중자결단 등의 벽보가 붙기 시작했어요. 시위도 나타났어요. 땃벌떼는 나는 본 적이 없는 것 같은데, 땃벌떼라는 벌이 있대요. 그 벌에 쏘이면 고약하대요. 그래 가지고 "국회는 자폭하라"는 등 협박하는데, 이것들이 부산을 휩쓴 민의부대라는 것이었어요. 해괴망측한 이름들인데, 쉽게 말해서 정치깡패 아니겠어요?

이승만 대통령은 이것만 가지고는 안 된다고 생각했어요. "국회의원 못

▲ 국회 해산을 요구하는 지방의회 의원들(1952년 6월 24일)
우리나라 지방자치법은 이미 1949년에 제정되었지만, 그 법에 의거한 첫 선거는 1952년 부산 피난 시절에 실시되었다. 전쟁으로 서울·경기·강원 지역은 제외되었다. 이 선거에서 당선된 사람들은 대부분 자유당 쪽 사람들로, 부산 정치 파동 때 이승만 정부 편에 서서 국회를 압박하는 역할을 하기도 했다.

지않은 진짜 민의부대를 동원시킬 필요가 있다. 국회의원 너희들만 백성이 선거해서 민의를 대변하는 것이 아니다" 이거예요. 그래서 역사상 처음으로 지방자치 선거가 실시됩니다.

지방자치 선거법은 벌써 1949년에 통과가 되어 있었어요. 소장파들이 중심이 돼서 통과를 시켜놨는데, 이승만이라는 사람은 이상한 사람이에요. 국법을 통과시켰으면 실시를 해야 하는데, 실시를 안 한 거예요. 그래도 되는 건가 봐요. 이승만은 통과된 법안을 여러 개 실시하지 않았습니다.

이승만 정부는 두 차례에 걸쳐 지방자치 선거를 하게 돼요. 시·읍·면 의원을 선거한 4월 25일과 도의원을 뽑는 5월 10일 선거였어요. 5월 10일 선거에서는 서울시 의원, 경기도와 강원도 도의원 선거는 안 했습니다.

이 선거에서 당선된 사람들은 압도적으로 자유당 쪽 사람들입니다. 한마디로 관권을 등에 업고 당선된 거라고 볼 수가 있어요.

이제 이들 지방의회 의원들이 나서는 거예요. 부산에 와서 국회의원들한테 "너희들만 백성이 뽑았냐? 우리도 백성이 뽑은 거다" 이러면서 머리에다 수건을 질끈 동여매고 국회가 있는 경남 도청 사무실을 포위해서 막 소리 지르고 그랬습니다.

5월 24일 이범석이 내무부 장관에 임명되고, 다음 날 부산 일원에 계엄령이 선포되었어요. 5월 26일경부터 부산 정치 파동이 본격화됩니다. 그전까지는 예비 파동이었지요.

계엄령이 선포되자마자 다음 날 출근하는데, 국회의원들이 겁이 나는 거예요. 그전에는 개인별로 국회에 나갔는데, 그날은 출근 버스를 타고 갔어요. 자료마다 다 다르게 나오는데, 버스에 탄 인원이 50명이 좀 안 되는 것 같아요. 헌병차가 오더니만 버스를 불끈 크레인으로 끌어 올려가지고는 헌병대로 끌고 가버렸어요. 국회의원들이 그 버스에 앉아 있는데, 한 장교가 나오더니 명단을 부르기 시작하는 거예요. "이 자들은 나와라!" 몇 명이 나오자 바로 체포했어요. 나중에 체포된 의원까지 합해서 10명이 국제공산당 간첩 사건으로 구속되었어요. 그 사람들은 이승만 못지않게 반공적인 사람들이었는데, 간첩 사건으로 감방에 가게 된 거죠.

기립표결로 발췌개헌

원내자유당 의원들이 많았습니다만, 한 50명 정도 되는 국회의원들이 부산 시내에서 도피하고 있는 가운데, 6월 내내 여러 종류의 민의부대에 의해 국회가 포위당해 있었어요. 발췌개헌안이 이때 등장하는데, 그때까지 내각책임제 개헌안과 대통령 직선제 개헌안이 국회에 상정된 상태였어요. 그런 와중에 발췌개헌안이 새로 제출된 것이지요.

발췌개헌안을 누가 고안해냈느냐도 논쟁이 있었는데, 장면 대신에 국무총리가 된 장택상의 꾀라는 견해가 대체로 통용되었습니다. 여러 자료를 종합해서 보면 미국 측 의견이라고 볼 수 있습니다. 미국이 전쟁 중인데 이렇게 가다가는 안 되겠다. 그래서 조정안으로 양쪽 개헌안을 타협시켜라. 이렇게 시사를 했고, 그 머리 좋은 장택상이 그걸 받은 것이 아니었겠느냐. 그래서 두 개의 개헌안을 발췌했다 해서 발췌개헌안이잖아요.

이걸 통과시키려면 국회 재적의원 3분의 2가 있어야 하는데, 국회의원 숫자가 모자랐어요. 그래서 의사당에 있는 국회의원들의 출입을 통제하고, 도피한 국회의원들한테도 "이제 체포 안 할 테니까 다 들어와라" 그러면서 국제공산당간첩 사건으로 체포한 사람들까지 다 석방시켜버렸어요. 투표를 해야 하니까. 기가 막힌 나라죠.

1952년 8·5정부통령 선거

발췌개헌안이 통과된 지 한 달 후인 8월 5일 최초의 정부통령 직접선거가 실시되었다. 그런데 뜻밖에도 이승만이 대통령 후보로 출마하지 않겠다고 선언했다. 그러자 기다렸다는 듯이 민중자결단, 지방의회의원 등에 의해 이승만의 재출마를 탄원하는 민의 소동이 벌어졌다. 이는 사실상 사전 선거운동이나 다름없었다. 이승만은 기이한 방법으로 불출마 선언을 번복하고는 제일 먼저 대통령 후보 등록을 하였다. 부통령 후보 선택 또한 파행적이었다. 이른바 원외자유당에서 이승만을 대통령 후보로, 이범석을 부통령 후보로 지명하였으나, 이승만은 함태영을 부통령 후보로 출마시켜 그를 지원하였다. 한편, 국회부의장 조봉암이 대통령 후보로 나서자 이를 견제하기 위해 민국당은 재빨리 이시영으로 하여금 후보 등록을 하게 했다. 조봉암은 테러와 갖가지 방해로 선거운동을 제대로 할 수가 없었다.

8·5선거는 전시 중인 데다가 선거 일정도 짧아서 선거운동은 거의 볼 수 없었고, 정책대결의 모습도 찾아보기 어려웠다. 이 선거는 경찰이 노골적으로 개입한 첫 번째 선거로 기록되었다. 유권자들이 이름도 들어본 적 없는 함태영이 이범석을 무려 112만여 표 차이로 누르고 부통령에 당선된 것이다. 대통령은 예상대로 이승만이 당선되었다. 그러나 민국당의 방해공작에도 불구하고 조봉암이 근소한 차이로 초대 부통령 이시영을 누르고 2위를 한 것은 특기할 만한 일이었다.

7월 4일 드디어 표결에 붙였어요. 세 명이 기립하지 않았는데, 그 이름을 지금까지도 몰라요. 어째서 모르는지 그것도 신기한데, 세 명만 앉아 있었어요. 헌법안을 통과시키는 데 기립표결은 불법으로 봐야 할 겁니다. 그 당시 그러한 주장이 있었습니다. 중대한 사안은 비밀투표로 해야 하는 건데, 기립하라고 한 거예요. 또 개헌안 공고 기간이 30일이 되어야 하는데, 그 기간도 지키지 않았어요. 이것도 불법이지요.

민의를 빙자한 사전 선거운동

그러면서 치러진 선거가 1952년 8·5정부통령 선거입니다. 우리나라 역사상 처음으로 치러진 대통령·부통령 직접선거예요. 역사상 처음으로 치러진 선거인데 어이없다고 할 만한 여러 가지 현상이 일어났어요.

첫 번째는 이승만과 부통령 후보의 관계입니다. 앞에서 보았죠? 이승만이 부통령을 어떻게 생각했는지. 8·5선거에서 자연히 부통령 후보는 원외자유당에서 이승만의 러닝메이트로 지명한 사람이 되어야지요. 당수인 이승만과 부당수인 이범석을 원외자유당에서 대통령과 부통령 후보로 지명을 했으면, 이승만은 거기 따라가야 하는 거예요. 그런데 역시 이승만답게 그렇게 하지 않았어요.

함태영이란 노인네가 있었어요. 심계원장審計院長이었는데, 지금 감사원장에 해당되지요. 이 사람한테 뒤컨에서 살짝이 나오라고 한 거예요. 함태영은 "말도 안 된다. 나 같은 늙은이가……. 더군다나 나는 돈도 없고 아무것도 없는데……" 하니까, "염려 말라. 다 준비가 돼 있다"라고 한 거예요. 그래서 이승만보다 나이가 더 많은 함태영이 무소속으로 나왔지요. 자유당 부통령 후보는 이범석이었는데.

부산 정치 파동에서 내무부 장관으로 악명을 떨쳤던 이범석이지만, 선거운동을 할 수가 없었어요. 도처에서 방해를 받은 거예요. 아이러니컬한 현상을 보게 된 거죠. 그래서 이범석이 아주 분노에 찬 글을 쓰고 그랬어요. 왜 분노를 했는지 나는 이해가 잘 안 돼요. 자기가 한 짓이 있는데.

더 기가 막힌 일이 그 다음에 일어났습니다. 부산 정치 파동에서 이승만이 한 일을 보면 무슨 짓을 해서라도 자신이 대통령이 되겠다는 것 아니냐 말이에요. 그래서 발췌개헌까지 한 것 아닙니까?

그런데 그 이승만이 대통령에 안 나오겠다는 거예요. 그러면 국민들이 가만있으면 안 되죠. 그런 훌륭한 분이 안 나오면 안 되는 거니까. 열화와 같이 "대통령께서 꼭 나오셔야 합니다"라고 민의 소동을 벌였어요. 이승만은 우민愚民정치를 했다고들 말합니다만, 한국인을 깔봐도 너무 깔본 거예요.

각지에서 수백만 명이 동원되었습니다. 대통령 후보 등록 직전에 비서가 진해 별장으로 달려갔어요. "각하 등록해야 할 시간이 다 돼가는데……. 저렇게 민의는 나오라고 하고 있지 않습니까?" 그러니까 이승만이 "민의가 그렇다면 내가 민의를 안 따를 수는 없고 그러니까 난 자네한테 도장만 빌려주겠네" 했대요. 도장 찍으면 등록이 되는 거니까. 이렇게 그것도 첫 번째로 등록을 했어요.

이승만은 자기 혼자 나오기를 바랐어요. 그런데 직선제를 바랐던 또 한 사람이 있었어요. 조봉암이었어요. 국회부의장으로 아주 탁월한 정치 수완을 다수의 국회의원들한테 인정받고 있었던, 그래서 전시戰時국회를 잘 이끌어갔다는 평을 들었지요. 사회를 잘 보았고, 법안을 설명하는 데 뛰어났다고 얘기들 해요.

조봉암이 대통령에 나오고 싶었지만, 우리 사회에서는 바로 나가겠다고 할 수는 없잖아요? 그래서 제일 원로인 이시영을 찾아갔어요. 제대로 움직이지도 못하는 분이셨는데……. "선생께서 나오셔야겠습니다" 하니까, "난 늙었어. 자네같이 젊은 사람들이 나가야지……" 했대요. 당연히 그렇게 얘기하지 않겠어요? 신익희한테도 찾아갔더니만 신익희는 겁이 나서 못 나오겠다는 거예요.

조봉암한테는 잘됐잖아요. 할 수 없이 두 사람을 찾아간 건데, 그렇게 얘기하니까 바로 대통령 후보로 나와버렸죠. 그랬더니만 민국당이 발칵 뒤집어졌어요. 조봉암과 한민당은 보통 사이가 나빴던 게 아닙니다. 시간이 없어서 구체적인 예는 하나하나 들 수 없지만, 토지개혁 임무를 맡았던 초대 농림부 장관이자, 공산주의자로 유명했던 조봉암이 지주·부르주아를 대표하는 한민당 후신인 민국당과 사이가 좋았을 리가 없지요.

민국당에선 가만히 보니까 조봉암 혼자 대통령 후보로 나오면, 조봉암이 야당을 대표할 것이고, 인기가 대단할 가능성이 있단 말이에요. 그래서 이시영을 찾아가서 막무가내로 나오라고 한 거예요. 그래서 그 노인네가 나왔죠. 또 한 명 더 나왔어요. 한말부터 이승만과 둘도 없는 동지였던 신흥우였지요. 그러나 이때는 두 사람 사이가 완전히 틀어져 앙숙이었어요.

부통령은 일곱 명이나 나왔는데, 민국당의 조병옥 빼놓고는 다 이승만을 지지한다는 거예요. 이것도 비정상적이지요.

유권자가 모르는 인물이 부통령이 된 나라

선거운동 기간은 열흘밖에 없었어요. 자유당과 전국애국정당사회단체연합회는 "우리 민족의 최고영도자이신 이 박사를 대통령으로 다 같이 투표합시다!"라는 표어를 내세웠고, 조봉암은 "우리는 이대로 더 4년을 갈 수 없다!"라는 구호를 외치며 시라소니라는 주먹계의 왕자를 앞장세워 유세한 것 외에는 특별한 점이 없었어요. 조병옥이 조봉암을 "스탈린이나 김일성과 다름없는 티토 정권을 꿈꾸는 자"라고 색깔 공세를 맹렬히 한 것도 기억할 만하네요.

시라소니 얘기를 조금 더 하지요. 조봉암은 시라소니를 앞세우지 않으면 자유당 깡패들이 방해를 하는 바람에 유세를 할 수가 없었어요. 그런데 시라소니 전기를 읽어보면 시라소니는 정권 쪽에서 넣은 것으로 되어 있어요.

시라소니는 사납고 독하기로 특히 유명하잖아요. 그 시라소니가 조봉암이 이승만을 비판하는 연설을 들으니까, 하도 무섭게 이승만을 공격해서 겁이 더럭 났대요. 나도 조봉암과 한패로 몰리면 큰일 나겠다 싶어서 없어져버렸어요. 시라소니보다 더 무서운 사람이 있었던 게지요.

선거 결과는 부통령의 경우, 자유당 부당수 이범석이 181만여 표밖에 안 되고, 함태영이 294만여 표로 당선되었어요. 참으로 어이없는 일이었어요. 이승만 밑에서 경무대 비서를 했던 사람이 쓴 글에, "유권자가 함태영의 '함' 자도 몰랐는데, 이처럼 아무도 몰랐던 사람이 부통령이 됐다"라고 써 놨어요. 국민이 함태영을 어떻게 알겠습니까? 이범석은 그래도 많이 알죠.

아무도 몰랐는데 어째서 부통령이 된 거냐? 알 수 없습니다. 아직까지 아무도 그걸 못 밝혀내고 있어요. 전시체제에서 치러진 선거이기 때문에 얼마만큼 부정을 했는지도 잘 모르겠어요. 다만 경찰이 한 선거라고들 하지요. 경찰이 유권자들한테 누구를 찍으라고 했을 거라는 거예요. 자료가 너무 적어서 정확한 걸 모르겠어요. 아무리 자료를 찾아봐도 구체적인 것을 알 수가 없습니다.

이 선거에서 대통령 후보 중 차점자는 조봉암이 됐어요. 약간의 차이로, 독립운동계의 거성인 이시영을 누른 것이죠. 그분이 3위를 하고 조봉암이 2등을 했는데, 조봉암은 이제 '기호지세'라고 했어요. '호랑이 등에 탔다'는 얘기 아닙니까? 호랑이 등에 타면 중간에 호랑이 등에서 내릴 수가 없죠. 죽으나 사나 달려야죠. 그 당시 미 대사관 문서에는 "조봉암이 이제 유력한 이승만의 라이벌로 부상했다"라고 쓰여 있습니다.

선거 결과와 관련된 이야기를 한 가지 더 하지요. 이범석이 부통령에 낙선되고 분통을 터뜨렸어요. 국무총리 장택상과 김태선 내무부 장관은 대통령의 의중에 따른 것인데, 장택상을 가만두지 않으려고 했어요. 그래서 일제강점기에 경성부윤을 지냈던 후로이라는 자가 한국에 와서 장택상을 만났다는 '후로이 사건'을 터뜨려 걸고넘어졌는데, 이번에는 이승만이 이범석 쪽 편을 들었어요. 꾀 많은 장택상이 날아가고 말았어요.

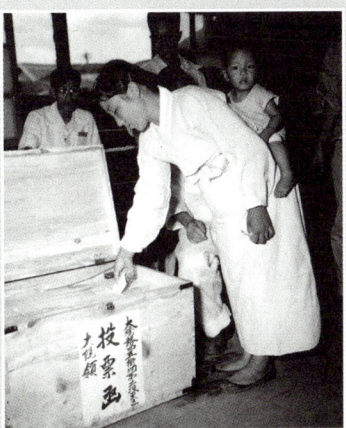

▲ 1952년 8·5선거 유세와 투표 장면

1952년 8·5선거는 역사상 첫 정부통령 직선제 선거였지만, 선거 전에 부산 정치 파동이 일어나고 관제 민의가 동원되는 등 어이없는 일이 여러 번 일어났다. 선거 전 후보자들의 이전투구로 혼란스러웠지만, 정작 투표에 참여한 일반 시민들에게는 특별한 점이 없었던 선거였다.

그러면 이범석은 승리했느냐? 이승만이 누굽니까? 민족청년단(족청)계를 타도하라고 직접 지시해서 이범석의 족청계를 일망타진하지요. 부당수에서 평당원으로 강등된 이범석과 그의 동료들은 반당분자로 몰려 자유당에서 숙청되었어요. 자유당을 실질적으로 만든 사람이 그렇게 되고 말았어요. 그러고는 절대적으로 이승만한테 복종하는 이기붕이 자유당 제2인자가 되지요.

친일파, 자유당을 장악하다

1954년 5·20선거로 가지요. 이 5·20선거가 얼마나 중요한지를 당시 유권자는 말할 것도 없고, 국회의원들이나 후보로 나온 정치인들은 잘 몰랐어요. 이것은 1967년 6·8선거와 비슷해요. 6·8선거가 얼마나 중요한 선거였기에 박정희가 방방곡곡을 뛰어다니면서 선거운동을 하고 다녀 그렇게 욕을 얻어먹었느냐? 똑같은 이유입니다.

한 사람은 집권 6년 만이고, 또 한 사람도 따져봐요. 1961년에 쿠데타를 일으켜서 1967년 선거에 나와서 그렇게 하고 다녔으니까 6년 만이죠? 6년이 되니까 둘 다 영구집권을 위해 개헌을 필요로 했어요. 그러려면 국회의원의 3분의 2를 확보해야 하기 때문에 똑같은 현상이 나타난 겁니다.

이 5·20선거에서 최초로 공천제가 실시됩니다. 민주주의 역사가 기구하다 보니까 우리나라는 민주주의가 비정상적인 과정을 거치면서 진전하는 것 같고 굴곡도 아주 심해요. 헤겔 식으로 좋게 말하면 '역사의 간지奸智'가 그런 방식으로 작용하는 것 같기도 하고요. 비극이지요.

앞에서 지방자치 선거도 이승만이 내내 실시를 안 하다가 영구집권을 하기 위한 직선제 개헌에 이용하려고 했단 말이에요. 이처럼 의도는 나빴지만

1954년 5·20선거

1954년 5·20총선에서는 처음으로 정당공천제가 시행되었는데, 자유당 당원은 당총재 이승만의 지시에 절대 복종하고 당선되면 개헌을 절대적으로 지지한다는 서약서를 쓰고 공천을 받았다. 투표 결과 자유당이 압승을 거두었다.
자유당은 무소속을 끌어들여 6월 중순에는 개헌 정족수를 확보했지만 당내 반대세력 때문에 개헌안을 상정하지 못했다. 개헌 논의는 민국당 내 극우세력이 신익희 당수를 모함하기 위해 일으킨 뉴델리 밀회설이 터지면서 급물살을 탔다. 개헌안을 11월 20일 상정해 27일 표결에 부쳤으나 가표가 예상과 달리 개헌 정족수에서 1표가 모자란 135표밖에 나오지 않아 부결이 선포되었다. 이 개헌안 부결에 대해 '사사오입'을 제기해 결국 개헌안 부결을 번복하고 개헌안을 통과시켰다. 사사오입개헌에 따르면 초대 대통령에 한해 중임 제한이 철폐되고, 국무총리제와 국민위원연대책임제를 폐지하여 대통령중심제를 강화하게 되어 있었다. 이승만은 사사오입개헌으로 종신집권의 기반을 마련했다.

지방자치 선거는 풀뿌리 선거로서 의미가 있는 겁니다. 대통령 직선제도 이승만이 영구집권하기 위한 일환으로 도입했지만, 그것이 두 번째 직선제 선거인 1956년 5·15선거에서부터 그의 발목을 잡았고, 1960년 3·15선거로 파멸하고 말거든요. 마치 한 편의 그리스 비극을 보는 것 같지 않습니까?

정당공천제는 한 당에서 여러 사람이 난립해서 한 지역에 나오는 것보다 진일보한 것으로 정당정치를 발전시키는 데 필수적이지요.

문제는 공천제가 왜 실시됐냐는 겁니다. 이승만은 자유당 공천을 주는 사람들한테 각서를 받았어요. "초대 대통령에 한하여……." 초대 대통령이라고 그랬어요. 다른 사람은 안 되는 거예요. "초대 대통령에 한하여 중임을 허용할 것." 거기에 사인을 하는 사람만 공천을 주었어요. 앞서 발췌개헌을 성급하게 하다 보니까 대통령은 1차에 한해서만 중임을 할 수 있다고 했거든요. 그에 따르면 이승만은 두 번밖에 못하는 거예요.

그 다음에 이승만은 선거가 시작되니까 또 하나의 담화를 발표했어요.

"친일파에 대해서 오해가 많은가 본데 오해하면 안 된다"라고 한 거예요. "일제 때에 아무리 악질적인 행위를 했어도 그 사람이 지금 나라를 위해서 좋은 일을 하면 그 사람은 훌륭한 사람이다. 그러니까 친일파라고 공격해선 안 된다"라는 거지요.

왜 이런 얘기를 하느냐? 1954년 이후, 특히 1956년을 경계로 해서 친일파들이 국무위원과 자유당 간부의 요직을 다수 차지하게 됩니다. 그전에도 친일파가 장관이 된 경우가 꽤 많았어요. 그렇지만 전체적으로는 소수였고, 친일행위의 수준도 심한 것이 아니었어요.

그렇지만 1956년 이후에는 일제강점기의 군·경 출신을 포함해서 많은 친일파가 정부에 들어가 1960년 3·15부정선거가 치러질 때에, 내가 여러 곳에다 썼습니다만, 장관 11명 중에 2명 정도를 제외하고는 다 친일행위가 있었고(외무부 장관 공석), 차관 12명 중에 역시 2명 정도를 제외하고는 친일행위를 한 자입니다. 경찰국장은 한 명도 빼놓지 않고 다 친일파였어요. 그러니까 3·15선거에서 그러한 부정이 자행된 겁니다. 유신체제가 왜 3부의 수장들이 거의 다 친일행위를 한 자로 돼 있습니까? 대법원장·국회의장·유정회 대표, 거의 전부 다 친일행위를 했죠. 대통령은 말할 것도 없고.

친일파의 역사적 기능이랄까, 그들의 역할을 생각할 필요가 있는데, 1954년 5·20선거에 상당수의 친일파들이 자유당 후보로 나온 거예요. 이승만의 담화는 그 사람들을 당선시켜 요직에 앉히려 한 것이기 때문에 의미심장한 겁니다.

곤봉선거

이 선거는 '곤봉선거'라고도 불렀습니다. 경찰이 유권자를 곤봉으로 꼼짝 못하게 했다고 해서 나온 말인데, 경찰 선거로 악명을 날렸지요.
 이 선거에서 절대로 당선시키지 말라는 사람이 세 명 있었어요. 누가 명령을 내렸는지 알 것 같긴 한데, 그건 안 나와요. 1번이 조봉암이었어요. 1967년 국회의원 선거에서도 박정희가 꼭 한 명을 떨어뜨리려고 했죠. 누구예요? 목포에 나온 사람, 김대중이지요. 조봉암이나 김대중이 지목된 것은 똑같은 이유예요. 아예 국회의원부터 못 되게 만들어야 그 다음 단계가 오지 않는 것이지요. 두 번째는 신익희예요. 신익희도 대통령 후보로 나올 가능성이 있거든요. 세 번째는 원내자유당을 만들어서 장면을 지지하면서 내각책임제를 관철시키려고 한 사람, 오위영입니다.
 조봉암은 지역구인 인천에서 나오려고 했지만 등록할 방법이 없었어요. 서류를 뺏고 하니까요. 그래서 부산으로 내려갔어요. 부산은 국회부의장으로 활동했던 곳으로 인기가 아주 좋았으니까. 그런데 거기서도 서류를 탈취당했어요. 등록을 못하게 막는 거예요. 부산과 함께 자유당 제2인자 이기붕이 나온 서대문으로도 한번 해보자. 이기붕처럼 유명한 사람이 등록을 못하게 하겠느냐. 그래서 또 그리로 갔어요. 그렇지만 끝내 등록을 하지 못했어요. 조봉암은 이 선거를 통해 제대로 날개를 펴보려고 했는데 출마조차 불가능해진 거죠.
 신익희가 나온 지역에는 누가 나왔냐 하면, 바로 1960년 3·15부정선거를 이승만 밑에서 지휘한 사람입니다. 바로 최인규가 나왔어요. 최인규는 신익희 선거운동을 봉쇄한 것까지는 좋았는데, 중간에 여론조사를 한번 해보고 싶었어요. 그런데 그 조사에서 이상하게도 다 자기를 선택하고 신익희를 선택하지 않았단 말이에요. 모의투표 비슷한 것을 했더니. 이러면 그냥 놔둬도 괜찮지 않아? 그래서 놔둬버렸어요. 그랬더니 사람들이 나중에 신익희를 다 찍어버렸죠.

오위영은 꼼짝달싹 못했어요. 등록은 했는데 운동을 할 수가 있어야죠. 그래서 중도에 포기해버렸어요.

이 선거에서 압도적으로 자유당이 많이 당선됐습니다. 114석이었는데, 무소속을 끌어들여 개헌선에 육박하게 되었고, 나중에는 개헌선도 확보하지요. 그중에 종로에서 체구가 대단한 사람이 당선되었는데, 지금은 없어졌지만 극장 우미관과 단성사 일대를 주름잡던 김두한이었어요. 선거 부정을 많이 하잖아요. 그 사람도 협박을 하니까 자유당 국회의원이 될 수밖에 없었어요.

뉴델리 밀회 사건에서 사사오입개헌으로

자유당이 개헌을 할 수 있는 3분의 2선을 확보했지만, 자신을 못하겠는 거예요. 개헌안을 내놓고 표결에 부칠 자신이 안 서는 것이었어요. 왜냐하면 김두한도 그렇고 다른 사람도 그렇고, 말을 잘 들을지 안 들을지 알 수가 없거든요. 개헌안은 비밀투표를 해야 하잖아요. 기립투표는 변칙인 거죠. 있을 수가 없는 짓을 이미 발췌개헌안을 통과시킬 때 하긴 했습니다만.

이승만은 그해 1954년 여름에 대통령이 되고 처음으로 미국에 갑니다. 재미난 건 박정희가 3선개헌안을 통과시키기 직전인 1969년 8월에 미국에 가는 것을 볼 수가 있습니다. 미국의 힘은 역시 어쩔 수 없는가 봐요.

이승만은 미국 갈 때 개헌하려고 간다고는 안 했어요. 미국에 가서 세계적인 반공지도자로 부각되려고 했고, 그 여세로 영구집권을 할 수 있는 개헌을 하려고 한 것이죠. 귀국해서 보니까 여전히 안 되는 거예요. 그런데 놀랍게도 구원의 손길이 야당인 민국당에서 온 겁니다. 민국당의 함상훈

선전부장이 10월 하순에 굉장한 사건을 터뜨려버렸어요.

"신익희가 우리 당 당수인데, 1953년에 영국에 갔다 올 때 엄청난 일이 있었다"라는 거예요. 지금의 엘리자베스 2세 대관식에 당시 국회의장이었던 신익희가 국가 대표로 간 것이었어요. 엘리자베스 여왕은 그때부터 지금까지 54년간 왕위에 있어 영국에서 왕 노릇을 가장 오래 하고 있습니다.

그때는 비행기가 단번에 영국까지 못 날아가요. 반드시 중간에 급유를 해야 했죠. 그래서 오던 길에 뉴델리에서 내렸던 거예요. 그런데 뉴델리에서 신익희 국회의장이 납북된 조소앙을 만났다는 거예요. 이것이 바로 세상을 깜짝 놀라게 한 유명한 '뉴델리 밀회 사건'이에요.

이 뉴델리 밀회 사건은 곧 국회에서 진상이 밝혀졌어요. 같이 따라갔던 김동성 국회부의장이 세세하게 설명을 한 거예요. "내가 계속 같이 돌아다녔는데, 그런 일 없었다"라고 얘기를 하니까 아주 간단하게 처리됐어요.

함상훈은 민국당에서 제명되었어요. 지금 생각해보면 황당무계한 이 사건의 배후에 김준연이 있다고 그 당시에 얘기됐지만, 나중에 함상훈과 김준연은 조병옥을 지목했어요. 이 사건은 민국당 한민당계 극우세력이 신익희를 '제3세력'으로 몰아 제거해버리려고 한 사건이었어요. 제3세력이란 반공세력도 김일성 세력도 아닌 제3의 길을 걷는 중도파나 (남북)협상파를 가리키는 말이었는데, 이 시기에는 조봉암의 노선을 주로 가리켰지요.

문제는 이 사건을 자유당이 공안정국을 조성하는 데 이용한 거예요. 1989년 문익환 목사와 임수경이 북한에 갔을 때 얼마나 공안정국이 심했습니까? 그와 같은 거죠. 국회의사당 밖에서는 민의를 동원해서 민국당의 신익희를 제3세력으로 공격했어요. 국회 내에서는 중립화통일을 획책하는 자들이 있다고 하면서 이들을 거세하지 않으면 안 된다고 주장했어요. 그리고 잇달아 제3세력 배격, 남북협상 중립화통일 배격 결의안 등을 통과시켜 반공 분위기를 강하게 띄웠지요.

자유당은 이제 분위기가 무르익었다 싶어서, 11월 20일에 개헌안을 상정하고, 11월 27일에 표결에 붙였어요. 그런데 1표 차이로 부결이 됐지 뭡니까. 최순주 국회부의장이 "부결됐습니다" 하고 땅땅땅 방망이를 두드린 거예요. 할 수 없잖아요. 부결됐으니까 부결됐다고 두드린 거지.

그렇지만 경무대는 달랐어요. 다음 날 경무대에서 다른 '해석'이 나왔어요. 갈홍기 공보처장이 "국회가 수학을 잘 모르나 본데, 사사오입을 하면 통과된 것인데 잘못했다"라고 그런 거예요.

자유당 간부들이 기겁을 했죠. 11월 29일 야당 의원이 총퇴장한 가운데 최 부의장은 '개헌안 부결 번복 가결 동의안'이라는 긴 이름을 가진 결의안을 통과를 시킨 거예요. 이것이 유명한 '사사오입개헌'이지요.

자유당은 표결이 걱정이 되니까 투표용지에다가 각 도별로 다르게 표시를 해서 투표를 하게 했어요. 부표가 나오면 찾아내겠다는 것이었지요. 그런데 일설에는 한 사람이 글자 쓰는 것을 잘 몰랐다고 해요. 머리가 나빴는지 공부를 못했는지……. 그래서 '가ᄒ'라고 써야 할 것을 잘못 써서 무효로 처리되었다고 합니다.

조봉암이 대통령 후보에 나설 수 있었던 이유

이승만 대통령은 초대 대통령에 한해 중임 제한을 없앤 사사오입개헌으로 영구집권의 길을 닦았어요. 4선, 5선 다 할 수가 있는 거지요. 그렇지만 희비쌍곡선이라는 말이 있습니다. 이때부터 자유당은 만나는 사람마다 "당신들은 사사오입하고 다닌다며, 오입도 사사오입하고 여당도 사사오입해 봐……" 그런 식의 비난에 직면했지요. 세상에 헌법을 사사오입을 시켜서 통과시키는 놈들이 어디 있느냐는 거죠. 그렇잖아도 이승만·자유당 정권을 좋지 않게 봤는데, 여론이 더 나빠지기 시작했어요.

그러나 야당은 큰일 났어요. 이승만이 영구집권을 하겠다는 것 아닙니까? 그래서 '호헌동지회'를 만들어 새로운 야당을 탄생시키는 작업에 들어갔어요. 그러다가 큰 난관에 봉착했습니다. 조봉암을 신당에 참여시키느냐, 시키지 말아야 하느냐는 문제가 불거진 겁니다. 김준연·조병옥 등 극우성향 간부들은 절대로 참여시켜서는 안 된다고 했고, 장택상·서상일 등은 들어오게 해서 범민주세력을 규합해야 한다고 했습니다. 그러다 결국 민국당 핵심 간부들과 장면 세력이 합쳐서 1955년에 민주당을 결성했습니다.

민주당이 창당되니까 진보세력도 단결하자고 했어요. 1955년 12월 조봉암·서상일을 중심으로 한 진보당발기위원회가 나타나게 됩니다.

자유당·민주당·진보당추진위원회로 정치세력이 나뉘면서 1971년 대통령 선거와 함께 가장 볼 만한 선거였던 1956년 5·15정부통령 선거를 맞이하게 됩니다.

여기서 우리는 질문을 하나 할 수 있어요. 도대체 국회의원 선거에도 나설 수가 없었던 조봉암이 어떻게 대통령 후보로 나올 수가 있었느냐? 이상하지 않습니까? 이승만은 삼파전이 필요했기 때문이었습니다. 신익희가 나올 건 확실했어요. 야당표를 분열시켜 분산시키는 것이 이로운 거죠. 이런 걸 보고 어부지리라고 하나요?

이승만의 잇따른 더티플레이

이 선거도 비정상적인 일이 많이 일어났어요. 역시 어이없는 일인데, 이승

1956년 5·15정부통령 선거

1956년 5·15정부통령 선거는 격전의 연속이었고, 야당 후보가 돌풍을 일으켰다. 이 선거에는 대통령 후보와 부통령 후보로 자유당에서 이승만과 이기붕이, 민주당에서 신익희와 장면이, 진보당 추진위원회에서 조봉암과 박기출이 나왔다. 야당에서 두 명의 대통령 후보가 나오자 각계에서 야당 후보 단일화를 촉구하였다. 신익희 후보가 선거운동 도중 서거함으로써 야당 후보 단일화는 자연스럽게 이루어지는 듯했다. 그러나 민주당은 조봉암보다는 이승만을 선호했다. 그래서 조봉암에게 표가 가지 못하도록 신익희 추모표를 던지라는 희한한 투표를 권장했다. 이승만은 자유당 후보로 지명되자마자 또다시 선거에 나가지 않겠다고 해서, 대규모 민의 소동이 벌어졌다. 이 선거에서는 대도시 중심으로 야당의 인기가 대단했고, 자유당은 크게 미움을 받고 있다는 것이 역력했다. 이때 민주당의 "못 살겠다 갈아보자"는 구호는 선풍적인 인기를 끌었다.

만이 그렇게 힘들여 사사오입개헌까지 해가면서 영구집권할 기회를 잡았잖아요. 그래서 3월 5일 자유당 전국대회에서 이승만과 이기붕을 정부통령 후보로 추대했는데, 이승만이 또 대통령에 안 나서겠다는 거예요. 말은 올바른 소리를 했어요. "3선은 민주주의에 위배되니 다른 사람을 내세워라. 우리는 민주주의를 위해서 이 나라를 세운 것 아니냐?" 이랬단 말이에요.

조봉암이나 조병옥은 이승만 대통령이 훌륭한 말 했으니까 그대로 지키자고 했어요. 그런데 지켜지겠습니까? 민의가 가만있으면 안 되죠. 전국에서 또 민의가 발동되기 시작한 거예요. 도처에서 시위가 일어났습니다. '우의마의牛意馬意' 시위까지 일어났어요. 우의마의 시위, 그 시위 기억날 만한 분이 한두 분 정도밖에 안 계신 것 같은데, 기억나세요?

그 당시에 제일 심한 어용단체 중에 하나가 대한노총이에요. 특히 경성전기 노조위원장이 대통령 당선시키는 데, 민의 발동하는 데 앞장섰어요.

그런데 우마차조합에서 한 수 더 뜨는 기발한 발상을 했어요. 사람만 민의를 발동하면 안 되겠다. 짐승도 발동하자는 거였어요. 소나 말도 민의가 있으니까 대통령 나오시라고 해라 이거예요.

그래서 서울 시내에 갑자기 모든 마차와 우차가 동원이 된 거예요. 거기다가 플래카드도 써붙였죠. 소나 말도 대통령 나오시라는 거지요. 그게 바로 우의마의 소동이란 겁니다. 갑자기 서울이 똥바다가 됐어요. 종로 거리, 광화문 어디고 소똥, 말똥으로 똥바다가 됐어요.

대통령은 인자하잖아요. "시위하는데 너무 추우니까 그렇게 고생하지 말라"고 담화를 발표했어요. "이제부터는 그렇게 하지 말고 탄원서를 제출해라" 그랬어요. 이승만에 대해서 나만큼 자료를 많이 본 사람도 드물 겁니다만, 그 많은 자료를 읽을 때마다 이 노인네 참 재미나다, 익살맞다는 생각을 많이 가져요.

그 다음 날부터 탄원서를 제출하기 시작했어요. 거리에 나가서 추위에 떨지 않아도 되니까 낫긴 했죠. 충남 부여 같은 곳에서는 비가 많이 왔던 모양인데, 경찰이 탄원서 받으러 동네를 돌다가 물에 빠져죽고 그랬어요. 이 대통령은 자신의 생일 3일 전인 3월 23일에 "민의에 양보해서 나가겠다"라고 했어요.

시위에 동원된 인원이 500만 명 이상이고 탄원서나 연판장에 서명한 사람이 300만 명이라고 해요. 800만 명이라고 하면 그 당시 유권자 총수와 거의 맞먹는 숫자입니다. 그렇지만 아무리 많이 동원시켜도 어떻게 유권자를 다 동원시켰겠어요. 과장된 발표라고 봐야죠.

이승만은 1952년에도 엄청난 사전 선거를 하더니만, 1956년에는 더 큰 규모의 사전 선거를 했어요. 이승만이 사전 선거의 원조인데, 시위에 나서고 탄원서 낸 사람이 이승만을 안 찍을 수 없을 것이라는 판단으로 이 같은 지상 최대의 더티한 선거 쇼를 연출하게 된 것 같습니다.

이승만은 지독히도 머리가 좋은 사람인가 봐요. 그 사람한테는 법도 없으니까요. 이 때문에 이승만 시대는 6법이 아니라, '불법·무법·유시諭示법' 3법밖에 없다고 세간에서 비아냥거렸어요.

민의 동원을 한 뒤 이승만 후보는 "선거운동 같은 것은 안 한다"라고 그랬어요. 그러면서 "빨갱이 비슷한 사람과 친일파를 조심하라"라고 국민한테 경고했어요.

어떤 게 친일파냐? 지금 일본과 친하게 지내자고 하는 사람이 친일파라는 거예요. 옛날 일제 때 무슨 짓을 한 사람이 아니라. 그런데 미국은 한국을 일본과 빨리 국교정상화를 시켜, 반공의 보루로 만들어 중국·소련과 대결을 해야 한다고 보고 있었어요. 그래서 미국은 일본을 키울 수밖에 없었고, 한국은 일본과 친해야 한다고 봤죠. 이승만의 논리로 보면 미국도 친일파인 셈이죠. 조봉암도 그랬지만, 신익희 후보와 민주당은 미국 말이 맞다고 한 거예요. 왜 지금 일본하고 과도하게 감정싸움을 벌이고 그러느냐는 것이지요. 일본으로부터 경제적인 도움도 필요하다고 하고.

야당단일화를 위하여

이승만은 조봉암은 색깔로, 신익희는 친일파로 공격했어요. 문제는 야당에서 모처럼 정권을 교체할 가능성이 있다고 본 데 있었어요. 분위기가 심상치 않다는 것을 이승만 측도 점점 느끼고 있었어요. 수많은 유권자한테 물어보면 "나는 몰라유" 하면서 "찍은 사람 또 찍어야쥬" 이런단 말이에요. 그런데 꼭 그런 것 같지 않다 이거예요. 당시 기자들이 쓴 기사를 보면, "그런데 꼭 그럴까?" 하고 토를 달아놓고 있어요.

야당 측에서는 정권을 교체하려면 야권 후보가 단일화되어야 한다고 봤

▲ 1956년 3월 이승만 3선을 촉구하는 각계의 민의시위와 함께 각지에서 진정서·탄원서를 올렸다.

어요. 김창숙·장건상 등 원로를 포함해서 야당 국회의원 상당수가 "단일화해라" 그렇게 나온 거예요.

그 경우 민주당은 나쁠 것이 없었어요. 문제는 진보당이에요. 왜냐하면 단일화하라고 한다면 누구 쪽으로 단일화하라는 거겠어요? 민주당이 진보당추진위원회보다 더 크고, 어쨌든 신익희가 국회의장을 지냈고, 또 보수반공세력이 지배하던 시기가 아닙니까?

조봉암 쪽에서 보면 5·15정부통령 선거가 모처럼 진보세력을 엮어낼 수 있는 아주 좋은 기회였죠. 유권자에게 자신의 주장을 알릴 수가 있잖아요. 그렇지만 국민의 여론을 무시할 수 없었지요. 조봉암은 그런 면에서 대단히 통이 큰 사람입니다. 김영삼·김대중 두 김은 1980년 '서울의 봄'에도 1987년 대통령 선거 때도 서로 대통령 하려고 하나로 합치지 못했잖아요.

조봉암은 단일화에는 원칙이 있어야 한다고 했어요. 진보당 측의 평화통일이나 수탈 없는 정치 같은 것을 받아들이라고 주장을 했어요. 민주당 측에서는 처음에는 받아들일 듯하다가 퇴짜를 놓았습니다.

마지막으로 조봉암이 그랬어요. "대통령이 중요하지 부통령은 중요한 게 아니니까 부통령은 우리 당한테 달라"고 신익희에게 요구했어요. 그러니까 신익희가 "그건 내 맘대로 안 되는 거요. 절대로 장면이 부통령 후보 그만두려고 안 해." "그래? 그럼 안 되지." 그러면서 헤어졌어요.

그때 신익희와 조봉암 두 사람 사이에 밀약이 있었던 걸로, 적어도 은연중에 암시가 있었던 걸로 보고 있습니다. 투표 직전, 선거 막판에 가서 조봉암이 사퇴한다는 계획이 서 있었어요. 나중에 서상일이나 조봉암이 그와 같은 방향으로 움직였어요.

일찍 사퇴해버리면 누가 위태하겠습니까? 신익희가 위태한 것이지요. 그래서 조봉암은 막판에 가서 사퇴하는 것이 진정으로 신익희를 위하는 길이라고 생각했던 거죠.

"못살겠다 갈아보자"

드디어 선거에 돌입하게 되는데, 이 선거에서 바람이 불었어요. 그 바람을 단적으로 보여주는 것이 서울 탑골공원 근처에 마이크를 달았는데, 야당 마이크 소리는 서로 들으려고 하는 반면 여당 마이크 소리는 안 들으려고 하는 거예요. 그래서 여당이 자기 마이크를 특별히 크게 틀어놓아 신경전이 벌어지기도 했습니다.

서울에서 세 당이 합동으로 찬조연설을 했어요. 민주당과 진보당은 열화와 같은 박수를 받았어요. 하지만 자유당 쪽에서 나온 대표가 일어서면 "우~" 하는 거예요. 명동에 있는 시공관에선가 그랬는데, 청중들의 "우~" 하는 야유와 함성 때문에 제대로 연설을 못하고 내려갔어요. 심상치가 않았습니다.

특히 민주당의 선거 구호가 폭발적인 인기였어요. "못살겠다 갈아보자"였는데, 어디서 이런 아이디어가 나왔는지 모르지만, 그야말로 서민들 가슴에 팍 와닿는 소리였어요. 그때 못살았죠. 이승만 정권 참 못됐거든요. 그러니까 갈아보자 이 말이에요. 이보다 더 가슴에 와닿는 직설적인 표현이 있을까요?

자유당이 민주당 구호를 상쇄시키려고 별의별 구호를 다 내세웠어요. "갈아봤자 별 수 없다" 이것도 내세워봤고, "구관이 명관이다" 이것도 내세워봤지만, "못살겠다 갈아보자" 이 태풍 앞에서는 다 조족지혈이랄까? 별 게 아니더란 말이에요. 힘을 못 쓰는 거예요. '애국청년' 명의로 "가려봤자 더 못산다"도 내놓았고, '참전전우회' 서울시지부에서는 "반공의 상징, 민족의 태양, 리승만 우리 대통령으로"라고 써붙였으나 어느 것이나 마찬가지였습니다.

조봉암이 내세운 것도 아주 대단한 인기를 얻었어요. "평화통일"이지요. "우리가 3년 동안 그 지긋지긋한 참혹한 전쟁으로 얼마나 많은 동족이 목숨을 잃었느냐?" 이 말이에요. 조봉암은 정면으로 국민보도연맹원 집단학살* 같은 주민 집단학살 사건도 거론했어요. "그러한 잔혹한 학살이 왜 일어났느냐? 우리에게 이제 다시는 그런 학살이 일어나서는 안 된다. 평화롭게 통일을 하자"라고 외쳤습니다. 그 당시는 다 알고 있었잖아요. 누가 학살을 했는지.

"왜 북진통일 운운하느냐? 또 전쟁을 일으키면 어떻게 되겠느냐?" 이보다 가슴에 더 와닿는 소리가 어딨습니까? 그때는 군대 가는 걸 다 무서워했어요. 언제 죽을지 몰랐고, '빳다'라고 해서 매도 많이 맞았고, 배가 고파서 죽을 지경이었어요. 남자들이 군대 안 가려고 손가락을 자르던 시대였습니다. 그런 슬픈 얘기가 신문에 자주 났습니다.

평화통일 다음으로 조봉암은 피해대중을 위한 정책을 펴겠다고 했습니다. 한국인은 다 피해를 보고 있다는 거예요. 제일 심한 피해는 뭐겠습니까? 주민들이 도처에서 집단으로 학살당한 것이었습니다. 그리고 권력한테 당하고, 경찰한테 당하고……. '빽' 없으면 못살던 시절 아닙니까? 그래서 어린애도 '빽!' 하고 죽었다잖아요. 도대체 인간이 인간답게 살 수가 없

---

*국민보도연맹 집단학살 국민보도연맹은 1949년 좌익활동을 하다 전향한 사람들로 조직된 반공단체로, 한국전쟁이 일어나자 정부와 경찰은 초기 후퇴 과정에서 이들에 대한 무차별 검속과 즉결 처분을 단행하였다. 1950년 7월 초 평택 부근에서부터 시작되어 인민군이 들어오지 못한 경상남도와 제주도에 이르기까지 전국에 걸쳐 자행되었다. 이 대학살로 최소한 5만 명 이상, 많으면 10만 명 이상이 희생되었을 것으로 추산된다.

었던 시절이었어요.

야당의 인기가 아주 좋았어요. 조봉암이 수송국민학교에서 유세할 때, 학교 담벼락이 무너져버렸어요. 하도 사람이 많아서 서로 올라가서 보려고 하다가 그랬죠. 그보다 더 대단한 인기는 한강 백사장에서 일어났습니다. 5월 3일이었어요. 신익희의 연설을 들으려고 용산의 전차 정거장부터 마비가 되다시피 해서, 걸어가면서 한강 백사장으로 몰려들었어요.

지금 한강은 옛날 한강과 매우 다릅니다. 젊은 사람들은 서울도 옛날 모습을 잘 모르지요. 백사장이 굉장히 넓었습니다. 한강 인도교 북쪽 백사장만 꽉 찬 게 아니라, 강 너머 흑석동 쪽에도 꽉 찼어요.

거기서 신익희가 기염을 토한 겁니다. 20만 명이라고 보도한 신문도 있습니다만, 동아일보는 30만 명이라고 했어요. 그 당시 서울 유권자가 70만 명쯤 됐을 거예요. 유권자의 절반은 아니더라도 3분의 1은 모였다고 볼 수 있습니다.

한국 역사상 이때의 인파가 두 번째 많은 인파였을 겁니다. 김구 장례식에 나온 조객 다음으로 많은 사람이 운집한 것이 아닌가 싶어요. 이승만으로서는 기겁을 했을 터인데, 이승만은 이날 유세를 하지 않겠다고 하면서 사태가 심상치 않자 이승만다운 이상한 유세를 했어요. 호남선 열차를 타고 논산훈련소와 논산에서부터 안양에 이르기까지 열차가 서는 주요 도시의 플랫폼마다 사람들을 모아놓게 하고는 거기서 "일본과 화평 하자는 자나 평화통일 하자는 자는 국권을 다시 일본에 빼앗겨도 좋다는 것이고, 또 소련을 조국이라고 하는 유類의 언동"이라고 신익희와 조봉암을 호되게 비난했어요.

▲ 1956년 당시 사상 최대 인파가 모였다고 보도된 민주당 신익희 후보의 한강 백사장 유세 장면

▲ 신익희 후보의 유세에 위기감을 느낀 이승만은 기차역을 돌며 이상한 방식의 유세를 하였다.

추모표라는 기이한 투표

신익희가 이렇게 폭풍 같은 인기를 모으니까 민주당은 자신들의 중요한 기반이 되는 호남으로 유세를 떠났습니다. 호남선 열차를 타고 5월 4일 익산 쪽으로 가다가 5월 5일 새벽에 함열 부근에 이르렀는데, 신익희 후보가 갑작스럽게 심장마비로 사망했어요. 유세가 격무잖아요. 5일 신익희의 운구가 효자동 자택에 이르렀을 때 큰 소동이 일어나 경찰과 충돌했어요.

신익희 사거로 야당 대통령 후보는 자동적으로 단일화가 됐어요. "조봉암의 포기와 관련해서 서상일 진보당 선거대책위원장이 모종의 조치를 취하려 한다"는 보도가 나오던 날 기이하게도 신익희가 사거한 것이었어요.

그렇지만 민주당이 조봉암한테 가겠습니까? 김준연은 이승만을 지지하겠다고 공언했어요. 이 때문에 희한한 투표방식이 나왔습니다. 무효가 확실한데도 불구하고 민주당은 추모표를 던지라고 한 거예요. 조봉암을 찍지 말라는 거지요.

부통령 후보를 진보당 쪽에서 사퇴를 시켰어요. 박기출이 사퇴하지 않았더라면 장면이 부통령이 못 됐을 겁니다. 장면이 부통령이 된 것은 박기출이 사퇴했기 때문이에요. 우리나라의 보수 정치인들이 얼마나 속이 좁은지 보여주지 않습니까?

드디어 5월 15일 저녁부터 개표를 했어요. 뚜껑을 열어봤더니 이승만은 504만여 표, 조봉암은 216만여 표, 무효표가 185만여 표, 이렇게 나왔어요. 무효표는 대부분이 추모표로 신익희 표입니다. 신익희 표와 조봉암 표를 합치면 거의 이승만 표에 육박할 뿐만 아니라, 서울에서 이승만은 20만여 표밖에 안 되는데, 무효표가 28만여 표나 되었어요. 죽은 사람보다 월등히 적은 것이지요.

이 선거는 선거운동이나 투표에서의 부정도 문제지만, 무엇보다 지독한 개표 부정이 있었어요. 제일 심한 데가 경상도·강원도로 알려져 있는데, 하도 들쭉날쭉한 개표 부정이라 정확하게 알 수는 없어요. 이승만 표를 처음과 끝에 놓고 나머지는 조봉암 표를 넣어놨는데, 그 표묶음을 이승만 표로 처리했다는 증언 같은 것들이 나와 있어요.

개표 부정에 대해서 진보당 쪽이나 개표 종사자만 얘기를 한 게 아니에요. 1960년 3·15선거 때 법무부 장관이었던 홍진기의 전기나 역시 3·15선거 때 내무부 장관이었던 최인규 자서전에도 나와요. 두 사람 다 이승만의 측근 중의 측근이지요. 최인규가 옥중에서 쓴 글에는 조봉암 표가 엄청나게 부정 처리되었다고 되어 있어요. 조봉암 표가 압도적으로 나온 지역도 실제 발표는 달랐다는 것이지요.

다 믿을 수는 없지만, 개표 부정이 아주 심했던 것은 틀림없는 사실 같아요. 조봉암과 이승만의 실제 득표수는 백중지세였을 가능성이 있어요. 조봉암은 "투표에 이기고 개표에 지고"라고 공공연하게 책에다 썼는데, 그것도 이 선거가 어땠는가를 말해주지요.

이승만의 분노

이승만은 조봉암, 신익희 때문에 간담이 서늘해져버린 겁니다. 이승만처럼 자존심 강한 사람이 없는데, 이 선거에서 굉장히 자존심이 상했어요. 국부라고도 했고, 민족의 태양이라고도 했는데 말이에요.

자신의 견해를 민의와 동일시하면서 "온 국민이 나를 열화와 같이 지지한다"고 생각한 사람이었어요. "저 나쁜 야당 놈들만 나를 욕한다" 이거예요. 그랬는데 선거 결과가 이렇게 나오니까 얼마나 속이 상하고 분통이 터지고 울화가 치밀어오르고 그랬겠어요.

자유당은 초상집이 됐어요. 이기붕이 380만여 표, 장면이 401만여 표로, 비록 20만여 표 차이라고 하지만, 민주당의 장면이 부통령이 된 거예요. 그런데 사사오입개헌에서 개정된 바에 따르면 대통령 유고 시에는 부통령이 승계하게 명시되어 있었습니다. 장면이 대통령이 될 수 있게 된 거예요.

지금도 80대는 노인 아닙니까? 과거에는 60만 넘어도 노인이라고 불렀는데, 노인과 늦가을 날씨는 언제 어떻게 될지 알 수 없다고 했어요. 이승만은 1956년에 만 81살입니다. 노인 중에서도 상노인인 거지요. 그러니 자유당이 초상집 같을 수밖에요.

왜 이러한 사태가 일어났느냐? 간단히 얘기하죠. 1952·54년 선거는 전시체제 내지 유사전시체제였고, 전쟁 때 얼마나 무서운 일이 많이 일어났습니까? 경찰이나 관리만 봐도 가슴이 조마조마했던 사람들이 많았어요. 그렇지만 1956년 이때는 평화로운 분위기가 감돌고 있었어요. 겁먹을 일이 별로 없었던 거지요.

이 시기에 서울 등 도시가 이농 현상으로 갑자기 비대해지기 시작했는데, 산업화 없는 도시화였습니다. 도시 사람들 중심으로 이승만과 자유당에 대한 반감이 컸어요. 또 신문이 도시민들을 많이 자극했습니다. 손도심이라고 자유당 선전부 차장이었고, 서울신문 사장도 지냈는데, 그 사람이 "동아·경향·조선·한국, 4대 신문이 개 패듯이 자유당을 두들겨 팼다"라고 썼어요.

신문은 팰 만한 이유가 있었어요. 이승만과 자유당이 너무 부정부패·비리가 많았거든요. 그 당시엔 빽 없이는 못사는 세상이라고 했잖아요. 군대도 빽으로 처리하던 시대고, 취직이든지 뭐든지 다 빽이었어요. 그러니 신문이 그런 걸 안 쓰고 어떡합니까?

이승만은 기자회견을 참 드물게 합니다만, 선거가 끝나고 첫 번째로 가진 기자회견에서 "이번 선거 결과를 어떻게 봅니까?"라는 기자의 질문에, "이번 선거 결과로 보아 친일 하는 사람과 용공주의자들을 지지하는 사람이 많은 것 같다"라고 답변했어요. 조봉암과 신익희를 찍은 사람들을 그런 식으로 몰아붙인 겁니다. 국민을 상대로 말입니다. 무서운 일이에요.

5·15선거의 여파 – 새로운 형태의 부정선거

선거 이후 이승만이 한 첫 번째 중요한 인사가 내무부 장관에 이익흥, 치안국장에 김종원을 임명한 것이었습니다. 이익흥은 아첨의 대명사처럼 얘기된 "각하, 시원하시겠습니다"란 말로도 유명했는데, 사실과 다르게 알려졌다는 주장도 있어요.

이익흥 임명이 왜 사람들한테 화제가 됐냐면, 그 이전에도 내무부 장관에 친일파가 여러 명 있었지만, 이익흥은 일제 때 박천경찰서 서장을 했습니다. 경찰서장을 한 자를 내무부 장관에 앉힌 건 처음이자 마지막일 거예요. 그래서 문제가 된 거죠.

김종원은 '백두산 호랑이'라고 얘기했는데, 좋은 의미로 그렇게 부른 것이 아니었어요. 여순 사건* 때 여수에서 가담자로 지목된 사람들을 즉석에서 일본도로 죽여버렸어요. 여수에서는 김종원을 잘 압니다. 6·25 때도 무서운 짓을 많이 했죠.

---

*여수·순천 사건(여순 사건)   여순 사건은 여수 주둔 14연대 일부 병력이 제주도 진압군으로 출동명령을 받은 1948년 10월 19일 지창수 상사 등이 반란을 일으키면서 시작되었다. 다음 날 오전 여수에 인민위원회가 세워지고, 삽시간에 순천 일대로 파급되었다. 국군은 24일 여수 공격에 실패했지만 25일 순천을 탈환하고, 27일에는 여수도 탈환했다. 여순 사건에서 김지회 등이 이끈 반란군은 지리산에 들어가, 이때부터 지리산은 빨치산의 무대가 되었다. 제주 4·3사건과 함께 여순 사건은 해방정국의 소용돌이 속에서 빚어진 비극적 사건이다. 이승만 정부는 이 사건을 계기로 국가보안법을 제정하고 강력한 반공국가를 구축하고자 하였다.

결국 1951년 거창 양민학살 사건으로 투옥되었습니다. 계엄사령부 민사부장으로 있으면서 가짜 공비를 출몰시켜 거창 사건을 조사하러 간 국회의원들을 되돌아오게 한 것이었습니다. 3년 징역형을 받았는데, 이승만 대통령이 국방부 장관인 이기붕에게 풀어주라고 했지만, 말을 안 들었어요. 이기붕이 가장 칭찬받은 것이 국방부 장관으로 있으면서 거창 양민학살 사건과 국민방위군 사건을 철저히 처리하려고 했다는 점이에요.

이기붕이 말을 안 들으니까 갈아치웠고, 육군참모총장 이종찬이 할 수 없이 특별사면 형식으로 석방했어요. 그랬더니 김종원을 요직인 전라남북도·경상남북도 경찰국장에 잇달아 임명하고는 경찰총수인 치안국장까지 시킨 거지요. 이승만은 참으로 놀라운 사람입니다.

이익흥·김종원을 임명하면서 연달아 사건이 생깁니다. 첫 번째가 1956년 8월에 두 차례에 걸쳐 치렀던 지방자치 선거였어요. 그 선거가 처음부터 문제가 됐어요. 특히 경상도가 야당표가 아주 많이 나오던 곳인데, 경상남도에서 민주당 후보가 등록을 할 수 없었어요. 도의원이나 시의원에 나오려 하면 각종 경범죄로 트집을 잡아 집어넣는 거예요. 서류도 강탈해버리고. 그래서 부산 같은 데서는 간신히 몇 명밖에 입후보하지 못했습니다.

그러니까 국회의원들이 역사상 처음으로 데모를 했어요. 몸집이 큰 김두한·이철승, 둘 다 힘이 세지 않습니까? 이 둘을 앞장세우고 시위를 했는데, 김종원이 경찰을 동원해서 "저놈 잡아라", "이놈 때려라" 이렇게 호령을 하면서 국회의원 시위대를 묵사발 만들고, 김선태 의원을 잡아가버렸어요.

지방자치 선거 뚜껑을 열어봤더니만 지방은 압도적으로 자유당이 됐어요. 그런데 놀라운 건 서울이었어요. 처음으로 치러지는 서울시 의원 46명인가를 뽑는데, 민주당이 42명이나 됐어요.

자유당 간판으로는 1명이 당선되었습니다. 다른 사람은 자유당으로 서울에서 나오면 떨어지겠으니까 무소속으로 나왔어요. 그래서 다른 무소속 출마자들이 "가면假面 무소속은 사퇴를 해라"라고 소리를 지른 거예요. 재미있죠? 나는 꼬맹이 때 선거를 참 재미있게 봤어요. 1950년대 선거가 제일 재미있었던 기억이 나요. 그때는 있는 말 없는 말 다 했으니까요.

장면 부통령 저격 사건

이번에는 장면 부통령 저격 사건을 얘기하지요. 장면은 부통령이 되면서 위태롭게 됐어요. 이승만은 1956년 8월 15일 정부통령 취임식에서 장면한테 취임사 할 기회조차 안 줬어요. 뿐만 아니라 그 자리에 참석한 국내외 귀빈들한테 인사도 안 시켰어요. 부통령으로 인정하지 않겠다는 것이지만, 그럴 수가 있습니까? 부통령은 국가 부원수입니다.

장면이 화가 났죠. 그래서 따로 성명서를 발표했어요. "독재정치 같은 것에 대해서 내가 좌시하지 않겠다. 나는 견제하는 역할을 하여 부통령의 임무를 충실히 하겠다" 그렇게 말한 거예요. 그러니까 자유당에서 부통령 발언에 대해서 '반국가적 언동'을 중지하라는 경고결의안을 제출했어요.

거기서 끝나지 않았습니다. 자유당 국회가 경고결의안을 통과시킨 다음 날인 9월 28일 민주당 전당대회가 열렸는데, 총성이 울렸어요. 아슬아슬하게 장면의 한쪽 손을 스쳐 경상에 그쳤어요. 이게 유명한 장면 부통령 저격 사건입니다. 이 사건의 범인을 캐보니까 저격범의 배후에 성동경찰서 사찰주임이 있다는 걸 알았고, 그 뒤에는 자유당 총무부장을 역임했고, 이 사건 이후인 1959년에 서울특별시장을 한 임흥순 등과 경찰 고위 간부들이 있었어요. 이익흥 내무부 장관, 김종원 치안국장도 지목받아, 일부는 당시에도 재판을 받았지만, 모두 다 4·19 후에 재판을 받습니다. 이기붕이 최고 배후라는 설도 있는데, 그건 잘 모르겠어요. 왜냐하면 4·19 때 이기붕이 자살을 해서, 이기붕한테 덮어씌운 게 많았어요.

장면은 저격 사건 이후에도 지독한 냉대를 받습니다. 1950년대에 가장 대표적인 우방국이 미국, 대만, 그리고 베트남이었어요. 일본하고는 아주 사이가 나빴지요. 그 베트남의 고딘디엠 대통령이 한국에 왔는데, 이 사람이 천주교 신자 아닙니까? 한국 천주교를 대표하는 사람은 장면 아닙니까? 부통령이기도 하고. 이 두 가지 이유 때문에 고딘디엠 대통령이 꼭 만나려고 했는데, 끝내 못 만나게 했어요. 참 지독하죠. 아무리 부통령이 밉다고 하기로서니 그렇게 할 수 있습니까? 그러니 부통령 재임 기간에 얼마나 심한 냉대를 받았겠어요.

장면은 나중에 제2공화국 행정수반인 국무총리가 되어서도 도시락을 싸가지고 다녔어요. 부인이 해주는 음식 아니면 못 먹는 사람이었어요. 장면은 항상 온화한 미소를 띠고 있었지만, 음식처럼 까다로운 데가 있었어요. 그는 부통령으로서 이승만 대통령의 심한 박해를 받으며 그와 굳건히 잘 싸웠어요.

민주당 최고위원인 조병옥이 호랑이처럼 생겨서 이승만과 더 잘 싸울 것 같았는데 반대였습니다. 조병옥의 민주당 구파는 신파보다 이재학 등 자유당 온건파를 더 좋아한다는 얘기를 듣곤 했습니다.

형장의 이슬로 사라진 조봉암

장면이 이렇게 당했는데, 진보당이 무사하겠어요? 특히 조봉암을 그냥 놔뒀겠습니까? 진보당에서 도당결성대회를 열 때마다 빠지지 않고 테러가 발생했습니다. 제대로 결성대회를 열 수가 없었어요. 그러다가 1958년 1월에 조봉암·진보당 사건*이 일어났습니다.

조봉암보고 피신하라고 경찰 쪽 아는 사람이 귀띔을 해줬어요. "내가 피신해서 뭐하겠느냐? 일본으로 도피하라는 얘긴데, 날 죽이기까지 하겠냐?" 그렇게 말하면서 조봉암은 제 발로 걸어갔어요.

1심 재판에서 유병진 판사가, 유명한 판사지요. "조봉암 5년, 양명산 5년, 나머지 무죄" 그랬어요. 조봉암에게 5년을 선고한 것도 권총 소지죄였어요. 무죄를 때리면 권력에서 가만히 있지 않을 테니까.

그러자 한국 역사상 초유의 사건이 벌어졌습니다. '반공청년'들이 법원에 난입하여 시위를 벌였어요. 이승만은 국무회의에서 홍진기 법무부 장관한테 질책을 했습니다. "어찌 이런 일이 생겼어?" 홍진기는 영리한 사람입니다. "고법·대법원 판결이 검찰에 유리하게 될 것이므로 판사들을 자극하는 것은 득책이 아니다"라고 답변했어요.

2심 재판이 열렸습니다. 담당판사는 월남한 사람이었어요. 그 판사는 검찰 주장을 전부 인정해서 조봉암에게 사형을 선고했어요. 대법원은 김갑수가 주심을 봤는데, 조봉암 사형 판결이 또 나왔습니다. 재심을 청구하니까 그 재심에 대해서 같은 판사가 또 재심을 봤어요. 기각을 시켰지요. 그 다음 날 조봉암은 처형되고 맙니다. 마치 '인혁당 사건'에 대해서 1975년 대법원 판결이 나자마자 그 다음 날 새벽에 처형한 것과 같습니다. 조봉암은 1959년 7월 31일에 처형당했어요. 7~8개월만 더 살았더라면, 그러면 4·19가 나니까……, 참 아쉬운 일입니다.

*조봉암·진보당 사건 1958년 1월, 자유당 정권은 진보당 간부들이 북의 간첩과 접선하고 북의 주장과 유사한 통일방안을 주장했다는 이유로 조봉암 등 진보당 관계자들을 구속하였다. 끊임없이 나돌던 진보당 사건이 국회의원 선거를 앞두고 터진 것이다.

1958년 5·2총선과 1960년 3·15부정선거

1958년 5·2선거는 그때까지 치른 선거 중 가장 혼탁한 선거였다. 공직자들이 대거 동원되고, 경찰이 노골적으로 개입해 폭력이 난무했다. 개표도 별의별 부정이 다 동원되었다. 선거 결과 자유당은 126석을 얻었지만 민주당도 79석이나 얻었다. 자유당이 그렇게 부정을 저질렀는데도 민주당이 개헌 저지선을 확보한 것은 큰 타격이었다. 이 때문에 자유당은 1960년 3·15정부통령 선거가 있기 전부터 이승만의 지휘 아래 치밀한 사전 선거운동을 준비했다. 시·읍·면장 임명제를 골자로 한 지방자치법 개정안과 국가보안법 개정안을 날치기 통과시키고, 정부통령 동일 티켓제를 제안하기까지 했다. 이미 진보당 사건으로 조봉암 등 진보세력이 제거되고, 선거운동 도중 민주당 후보 조병옥이 서거해 이승만의 당선은 별 어려움이 없어 보였다. 그럼에도 불구하고 4할 사전 투표, 3인조·9인조 투표, 대리 투표 등 온갖 부정선거 방법을 동원하였다. 영구집권을 도모한 이 부정선거로 결국 이승만은 권좌에서 영원히 떠나게 되었다.

선거구 바꾼 이기붕

조봉암·진보당 사건이 있었던 그해 1958년 5월 2일에 총선이 있었습니다. 그 당시 진보당 사건은 진보당의 총선 참여를 사전에 차단하기 위한 것이라고 얘기들을 했어요.

5·2선거는 그때까지 치른 선거 중 가장 혼탁한 선거였습니다. 공직자들이 대거 동원되고, 폭력이 난무했어요. 경찰이 노골적으로 개입한 것이지요. 미움받던 사람들이 산림법 위반으로 구속되기 일쑤였고, 야당 참관인이 여러 곳에서 구타당했습니다. 일부 지방에서는 3인조·9인조로 팀을 만들어 집단투표를 하게 했어요.

개표도 별의별 부정이 다 동원되었습니다. 개표 도중 전기를 끄고 개표하는 '올빼미 개표'가 많았고, 여당표 다발 중간에 야당표나 무효표를 끼워넣는 '샌드위치표'도 있었고, 야당 참관인한테 수면제를 먹여놓고 임의 개표한 '닭죽 개표'라는 것도 있었다고 해요.

5·2선거는 소송 사태도 유난히 많아 선거 무효 및 당선 무효 소송이 105

건이나 되었어요. 나중에 선거 무효 판결이 나 재선거를 치른 지역도 많았고, 판결에서 당선자가 바뀐 경우도 세 건이나 되었어요.

선거 결과 자유당은 126석을 얻었지만 민주당도 79석이나 얻었어요. 이 선거에서는 선거법 협상으로 생겨난 선거 조항 때문에 무소속이 불리했습니다. 자유당이 그렇게 부정을 저질렀는데도 민주당이 개헌 저지선을 확보한 것은 큰 타격이었어요. 그럴수록 이승만·자유당은 더 큰 부정선거를 저지르자는 유혹을 받게 됩니다.

이 선거로 보수 양당제가 자리 잡았다고 합니다. 진보세력이 발을 붙이지 못한 결과였지요. 농촌에서는 여당이 많이 당선되고 도시에서 야당이 약진하는 여촌야도 현상이 뚜렷했다는 점도 주목을 받았습니다.

서울의 경우 16개 선거구 중 민주당은 14명이나 됐는데 자유당은 1명만 당선되었어요. 그것도 아주 이상하게 당선되어서 두고두고 화제가 됐습니다. 서울에서 워낙 인기가 없으니까 이기붕이 서대문에서 당선될 수 있을지 걱정이 됐어요. 자유당으로서는 다음에 부통령이 꼭 돼야 했거든요.

정치깡패로 제일 유명한 사람이 이천 씨름장사로 서울을 휩쓸던 이정재였어요. 그 이정재가 그야말로 수년 동안 경기도 이천에 자기 지역구를 갈고 닦았습니다. 주먹으로 움켜쥔 돈으로 공책 사서 애들 공부시키고 지역구 사업을 아주 많이 했어요. 그런데 청천벽력처럼 보스인 이기붕이 "너 그만둬라" 하고서는 지역구를 강탈해 자기가 국회의원이 된 거예요.

이기붕의 원래 지역구에는 최규남을 공천했어요. 서울대 총장과 문교부 장관을 역임했지요. 최규남이 야당의 김산을 물리치고 당선되었어요. 그래서 자유당이 서울에서 한 명이 된 겁니다. 나중에 1971년 선거에서도 당시 야당 당수였던 유진산을 둘러싸고 이와 비슷한 현상이 일어나지요.

이승만, 정부통령 선거 지휘

이제 1960년 정부통령 선거를 보죠. 정부통령 선거는 1958년 연말부터 개시됐다고 볼 수 있습니다. 유명한 '24파동'에서부터 시작되었다고 보면 틀림없어요. 1958년 12월 24일에 일어난 건데, 경관직을 전부 사표 쓰게 하고는 전국 경찰 가운데 무술이 뛰어난 사람을 갑자기 뽑아 국회에서 경위로 한꺼번에 다 채용을 해버렸어요. 300명을.

그러더니만 국가보안법 개정안에 반대해 의사당에서 민주당 국회의원들이 농성하고 있었는데, 무술경관들이 민주당 국회의원들을 하나씩 다 붙잡아 끌어내고, 한희석 부의장 사회로 국가보안법 개정안과 지방자치법 개정안, 이 두 법안을 통과시켜버렸어요. 국가보안법이 이때부터 문제가 한층 더 심각해지는 거예요. 당시에는 이 법을 '신국가보안법'이라고 불렀어요.

그런데 실제 정부통령 선거에서 훨씬 더 중요한 역할을 한 것은 지방자치법 개정안입니다. 이것을 지금까지 별로 주목하지 않았는데, 얼마 전에 자료를 읽어보니까 이승만 정권의 국무위원들이 지방자치법 개정안을 선거와 더 직결된 것으로 파악하고 있었어요. 왜냐하면 선거로 뽑던 시·읍·면장을 임명제로 바꿔 행정 선거를 하려고 한 것이지요. 박정희 때도 1967년 6·8선거에서 행정 선거 비슷한 걸 했었죠. 물샐틈없는 행정 선거를 하기 위해서는 시·읍·면장을 다 임명제로 해야겠다는 거예요. 그걸 주 골자로 한 개정안을 통과시킨 겁니다.

그 다음에 눈엣가시 같은 야당 신문이 4개가 있었는데, 그중에서 자유당 정권이 제일 기분 나쁘게 생각한 건 장면 부통령계 신문인, 가톨릭에서 운영한 경향신문이에요. 이 경향신문을 폐간시킨 거죠. 그 뒤 법원에서 집행정지 가처분 결정을 내려 경향신문에서는 다시 윤전기를 막 돌리고 있었는데, 그 찰나에 정간 처분을 내렸어요. 경향신문은 1960년 4월 26일 이승만 정권이 붕괴하던 날 다시 나오게 됩니다.

이와 함께 3·15선거 프로젝트가 이승만 대통령 지휘하에 구체화됩니다. 이 시기에 관한 자료를 보니까 이승만 자신은 얼마나 부정선거를 치렀는지 몰랐다고 했는데, 우리는 1948년 5·10선거는 차치하고, 1950년 5·30선거부터 이승만이 선거에 얼마나 깊숙이 간여하고 가장 핵심적으로 이끌어 갔는가를 살펴봤잖아요.

먼저 이승만 대통령은 1959년 3월에 '6인위원회'라는 것을 가동시킵니다. 국무위원 중에 6명을 뽑아 일종의 특위를 만들어 선거와 관련된 중요한 문제를 다루게 한 거예요. 주로 공무원들을 동원시키는 것을 이 6인위원회가 많이 했는데, 이건 장관 중에 요직을 맡은 사람을 시킨 것이 아니라 충성도를 주요 지표로 해서 구성했어요.

교통부 장관은 요직이 아니지 않습니까? 그런데 이 6인위원회에 처음엔 교통부 장관이 들어가 있었어요. 이 교통부 장관을 6인위원회 구성 며칠 후에 다시 내무부 장관으로 임명했어요. 그 사람이 최인규입니다. 비장의 카드라고 할 수 있지만, 그 당시엔 최인규가 그렇게 무서운 사람인 줄 몰랐어요. 당시 42살밖에 안 됐어요.

최인규는 벼락출세를 계속했습니다. 이승만과 이기붕을 제외하고는 누구도, 또 어떤 신문도 최인규가 내무부 장관이 될 줄 몰랐어요. 교통부 장관이 된 것이 불과 몇 달 전이었거든요. 장관 개각할 때는 누가 된다고 신문마다 하마평을 썼지만 막판에 엉뚱한 사람이 된 거예요. 이 사람은 이승만과 이기붕을 정부통령으로 당선시킬 임무를 떠맡았는데, 아주 무서운 사람이었습니다.

이 사람의 취임 때부터 소동이 벌어집니다. 왜냐하면 "우리 대통령은 위대한 분이니까 무슨 일이 있어도 우리 대통령한테 충성을 다 하는 게 공무원의 의무"라는 거예요. "대통령 각하를 위하는 일이라면 무슨 일이든지 해서 계속 대통령을 우리가 모셔야 된다"는 겁니다. 공무원의 선거 간여를 독려한 거예요. 취임사의 내용이 그랬습니다. 그래서 야당이 시비를 걸기 시작하고 나중에 불신임안도 제출했지만, 과반수를 넘지 못했어요.

정부통령 동일 티켓제

그 다음에 6월 29일 자유당 전당대회가 열렸는데 이 전당대회는 대단히 특이하게 치러졌습니다. 보통 선거가 5월에 있을 것으로 예상한다면, 10개월 이상이나 앞두고 정부통령 후보를 지명한 거예요. 1952년 8·5정부통령 선거는 워낙 조급히 치러졌으니까 얘기할 필요도 없지만, 1956년 5·15선거만 해도 두 달 전에 지명을 했잖아요. 지금도 투표일 두세 달 전에 후보를 지명하잖습니까?

자유당 간부들은 이 전당대회가 임원 개선하고 중요한 정책 같은 걸 결정하는 대회로만 알았어요. 조기 지명대회는 생각지도 못했던 거예요. 이기붕조차도 잘 몰랐어요. 이재학·한희석·장경근 등 앞에서 얘기한 1954년 선거 이후 다 친일파로 자유당 최고간부가 된 사람들인데, 이들도 몰랐어요. 갑자기 지시가 내려왔어요. 대통령 후보와 부통령 후보를 지명하라고. 왜 이승만이 이렇게 조기 지명대회를 갖게 했는지 그 당시 신문이 이상하다고만 썼지 밝히지를 못했습니다.

그때 민주당은 아주 심각한 내분에 휩싸였어요. 조병옥을 지지하는 구파와 장면을 지지하는 신파가 아주 심한 내분 상태에 있어서 분당이 될 정도였지요. 그래서 11월 26일 지명대회가 간신히 열렸는데, 겨우 3표 차이로 조병옥이 대통령 후보가 됐고, 부통령 후보는 장면이 됐어요.

이승만이 조기 지명대회를 가진 것은 야당의 기선을 제압하기 위해서라고 볼 수 있어요. 그런데 조기 지명대회보다 훨씬 중요한 것이 있었어요. 이것 역시 그렇게 중요한 줄 처음에는 자유당 최고간부들도 잘 몰랐지만 말입니다. 1952년 8·5정부통령 선거에서도 봤지만, 이승만은 인정사정 같은 것의 차원을 떠나 있는 듯한 정말 대단한 사람이에요.

12월 21일 이승만 대통령은 두 가지 중요한 얘기를 했어요. 하나는 동일 티켓제 개헌을 해야 한다는 것이었어요.

1956년 선거에서 실질적으로 패배한 후 자유당은 내각책임제 개헌만이 정권을 계속 쥘 수 있는 방법이라고 생각했어요. 내각책임제로 바꾸면 의석수만 확보하면 장기집권을 할 수 있지 않느냐는 것이었지요. 그렇지만 이승만이 강력한 대통령의 권한을 계속 가지려고 하니까 대통령한테 권한을 많이 주는, 그래서 실제는 이름뿐인 내각책임제로 바꾸려고 했어요. 이승만이 이것도 안 된다고 해서 자유당의 내각책임제 개헌은 흐지부지되었습니다.

이 동일 티켓제 개헌도 발췌개헌 때나 사사오입개헌 때 충분히 통과시킬 수가 있었어요. 미국처럼 대통령과 부통령이 당이 같아야지 다르다는 것은 이상하잖아요. 그건 한국인도 다 인정할 수 있었던 거예요. 그런데 왜 이승만은 그 당시엔 그러한 개헌안을 안 집어넣었느냐?

이승만이 다른 생각을 가지고 있었기 때문이었어요. "부통령 후보들이 모두 나를 지지하면 내가 얼마나 훌륭한 사람인가를 알 수 있지 않느냐"라는 이승만다운 발상이었지요. 어쩌면 1952년 8·5정부통령 선거처럼 내가 부통령을 선택해야지 자유당에서 지명한 사람이라고 따라갈 수는 없지 않느냐는 생각이 작용했을 수도 있습니다. 그래서 부통령과 대통령이 같은 당이어야 한다는 걸 헌법에 안 집어넣은 거예요.

그런데 장면이 부통령이 되고 나니 생각이 싹 바뀌었어요. 이때쯤 와서는 "이기붕을 꼭 당선시켜야겠다. 장면이 또 되는 일은 절대로 있어서는 안 되겠다"라고 생각해서 동일 티켓제를 들고 나왔어요.

조기 선거와 강행으로 이승만 단독후보 되다

이것보다 더 무서운 것은 12월 21일에 "내년 선거는 농번기를 피해야 한다"라고 말한 것이었습니다. 이것도 자유당 간부들조차 뭘 의미하는지를 몰랐어요. 난 이기붕조차도 몰랐다고 봅니다. 이기붕이 그 후 하는 얘기가 5월보다 한 달 당긴 4월 선거였거든요. 어르신네께서 하신 말씀을 어길 수 없어 그 정도로 얘기하면 되는 줄 안 것이지요. 이승만은 다른 복안을 가지고 조기 선거론을 내놓은 것이었습니다.

조기 선거 문제가 대두되자 야당과 언론이 일제히 반대한 건 당연하죠. 이 조기 선거를 반대하는 이유는 아주 단순명쾌해요. 이승만과 여당 쪽에서는 농번기를 피하자고 하는데, 지금은 조금 빨라졌으나, 그 당시 5월이면 농번기라고 보기가 어려웠습니다. 선거한다고 농사에 지장받는 게 아니었단 말이에요. 모내기는 주로 6월에 많이 했어요. 여러분도 기억하시겠지만, 하지가 들어 있는 6월 하순, 좀 빠르면 5월 하순에도 했지만. 그래서 그게 말이 안 된다는 거예요. 그때까지 1952년 8·5선거를 제외하면 모든 선거가 5월에 치러졌는데, 한 번도 농번기여서 문제가 있다는 말이 나오지 않았거든요.

또 하나가 있습니다. 대통령 취임식이 8월 15일인데 대통령이 3월에 당선 돼버리면 취임식을 얼마나 기다리라는 거예요. 그래서 한 신문은 이렇게 썼어요. "만일에 야당에서 당선이 되면 야당 후보가 배겨날 수 있겠느냐." 얼마나 실감나는 소리예요.

조기 선거가 조병옥의 병세와 관련이 있는 거냐? 단정은 못 내리겠어요. 1월에 연달아 조병옥의 병세가 위중하다고 보도가 되는데, 조병옥 측에서 대통령 후보이기 때문에 건강 문제는 보도되지 않도록 처음에는 애를 많이 썼어요. 그걸 봐서는 12월 21일경에도 병세가 좋지 않았을 가능성은 있어요. 정치가는 병이 아무리 위중해도 감추려고 하지만, 감추는 데도 한계가 있지 않을까요.

조병옥은 1월 29일 조기 선거는 "내 등에 대고 총을 쏘는 격"이라고 비난을 하면서, 아무리 대통령 후보라지만 도저히 안 되겠으니까 미국 월터 리드 육군병원으로 치료를 받으러 갑니다. 빨리 돌아와서 선거운동을 하겠다고 했는데, 결국 2월 15일에 미국에서 서거를 했어요. 대단히 큰 충격이었어요. 신익희 서거에 이어 이런 일이 또 일어나다니. 애도하는 여러 노래가 나오고 그랬어요.

민주당은 대통령 후보가 사거하자 2월 3일에 정부에서 발표한 3월 15일 선거를 연기할 것을 요구했으나 이승만 정부는 전혀 반응을 보이지 않았습니다. 5월 선거라면 다른 사람을 대통령 후보로 내세울 수 있었으나, 할 수 없이 민주당은 등록 기간이 지났기 때문에 대통령 후보를 포기했어요. 조봉암도 처형당하고 없었기에 이승만은 단독후보가 되었어요.

시간이 10분밖에 안 남았으니까 1960년 3·15부정선거가 어떤 선거인가 빨리빨리 얘기하지요.

4할 사전 투표, 3인조 투표, 개표 부정

여러분들이 짐작하고 있는 대로 우선 '4할 사전 투표'를 하는 거예요. 오전 7시부터 선거가 시작되었는데, 그전에 4할을 미리 집어넣는 거지요. 모든 지역에서 다 한 건 아닌 것 같습니다만, 상당히 많이 한 것 같아요.

제일 심한 부정선거는 유권자들을 3인조·9인조로 편성해 마을 어귀부터 짝을 지어 투표소까지 가게 해서 투표를 하게 하는 거예요. 투표소 주변은 자유당원 등이 완장을 차고 겁을 주었고요.

이건 비밀투표의 의미를 완전히 말살시키는 행위잖아요? 세 명씩 같이 투표소에 들어가서 투표하는데, 기표소 앞에서는 또 구멍을 뚫어놓고 바깥에서 자유당원이나 경찰이 감시하게 하는 거지요. 이런데 어떻게 다른 후보에게 표를 찍을 수가 있습니까? 민주당 참관인이 도처에서 축출당했고, 대리 투표도 곳곳에서 있었어요. 개표 부정도 아주 심했습니다.

민주당은 투표가 진행 중인 오후 4시 30분에 "3·15 정부통령 선거가 전적으로 불법·무효"라고 선언했어요. 민주당 경남 마산시당은 이미 10시 30분에 선거를 포기했고, 경남도당은 오후 1시 30분에 선거 무효를 선언했습니다.

뚜껑을 열어봤더니 이승만이 유효투표의 88.7퍼센트에 해당하는 9,633,376표, 이기붕이 유효투표의 79퍼센트에 해당하는 8,337,059표로 발표가 되었습니다. 개표 중간에 이승만·이기붕 표가 너무 많이 나와 자유당에서는 최인규한테 득표를 낮추라고 지시했는데도 이렇게 나왔어요. 장면은 1,843,758표로 발표되었는데, 이승만·자유당 정권에 대한 불신이 4년 전보다 더 커졌는데도 이기붕이 장면보다 4배 이상을 득표했다는 것이 이해가 될 수 있겠어요?

4년 전인 1956년 5·15선거에서 이승만과 자유당이 받은 상처를 이런 식으로 치유하려고 했는데, 도대체 삼척동자라도 이 선거가 정상적으로 치러졌다고 믿겠느냐고요. 그럼에도 불구하고 그 머리 좋은 정치 11단 이승만이 끝까지 선거 부정을 인정하려고 하지 않는 거예요.

도덕성이 상실된 시대

왜 이런 부정선거가 자행됐는가? 당시 이승만은 85세로 정무를 돌보기조차 힘들었고, 이기붕은 병 때문에 국회의장인데도 사회를 못 보았고, 이 선거에서 한 번도 유세에 나서지 못했어요. 이런 병자를 85세 노인은 자기 말에 절대 복종하고 자기 자리를 넘보지 않을 거라고 후계자로 정한 거예요. 이 두 사람이 정권을 잡는다는 것은 부정선거 문제를 차치하더라도 국가를 돌볼 수가 없는 상태였기 때문에 큰일 날 수밖에 없었어요. 생각하면 할수록 아찔하지요? 그런데도 그런 엄청난 부정선거가 고위직에서부터 말단 경찰이나 공무원에 이르기까지 어느 누구의 저항도 받지 않고 태연히 자행되었어요.

간단하게 설명하면 이승만은 권력욕이 병적일 정도로 심했고, 1956년 선거에서 받은 타격을 만회해보려는 점도 작용했지만, 자유당으로서는 영구집권을 위해서는 무슨 수단·방법이라도 쓰겠다는 의지가 발동된 것이지요. 지독한 도덕성 상실이라고밖에 볼 수 없는데, 그렇게 된 데에는 부정선거를 지휘한 자들이 친일파였다는 점도 무시할 수 없습니다. 친일파들은 맹목적이라고 할 정도로 권력에 빌붙는 성향을 가지고 있습니다.

자유당 간부들과 국무위원들은 최고 엘리트들이었어요. 동경제국대학, 경성제국대학, 미국에 있는 대학을 포함해서 제일 좋다는 대학을 나온 사람들입니다. 일제 때 군수 하고 판사 하고 다 그런 사람들이에요. 한마디로 가장 수준 높은 사람들이에요. 그러니 더욱 무서운 일이지요. 그런데 이러한 현상이 그 뒤로도 몇십 년간 계속된다는 데 우리 사회가 안고 있는 병적인 결함이 있습니다.

  1960년 2월 28일 대구의 고등학생들 시위에서부터 시작해 여러 차례 시위가 있었고, 3월 15일 마산항쟁에서는 8명이 경찰 발포로 사망하기에 이르렀어요. 4월 11일부터 마산에서 더 큰 규모의 시위가 3일간 계속되었고, 4월 19일 서울·부산·광주 등지에서 수십만 명이 참여한 대규모 유혈시위가 벌어져 서울에서만도 100명 이상이 사망했어요. '피의 화요일'이었지요. 4월 25일 대학교수단 데모로 다시 시위가 격화되어 4월 26일 이승만 대통령은 하야성명을 냈어요. 4월혁명으로 이승만·자유당 정권이 붕괴된 것이지요.

2강을 마치며

어처구니없는 일이 너무 많지요? 이번 대통령 선거(2007년)에도 의혹이 많이 쌓이는데 괜찮다 하고 넘어가네요. 정말 괜찮은 건지 모르겠어요. 질문 있으면 하세요.

  ● 그동안에 한국사가 왜곡된 채 전개되는 과정에서 독재 집권층이 외세에 의존하려고 한 점이라든지 외세가 개입한 선거 과정, 그런 게 자료로 나온 건 없습니까?

외세는 우리 근현대사의 슬픈 역사를 단적으로 말해주는 겁니다. 역사상 처음으로 20세기 전반에 한국은 외세의 강점하에 놓였고, 후반기는 분단이 됐는데, 이게 외세와 관련 없이 된 일이 아닐 뿐만 아니라 외세가 주도적으로 작용을 했습니다. 그 이후에 남이나 북이나 외세가 강력한 힘을 가지게 되었지요.

선거의 경우는 어땠느냐? 지난 시간에 얘기한 1948년 5·10선거나 1950년 5·30선거는 유엔감시위원단이나 미국의 역할이 상당히 있었다고 봐요. 미국은 부정선거를 그렇게 좋아하지는 않았습니다. 눈 감아주는 건 있어도. 또 두 선거가 처음으로 치르는 선거라 부정하는 수법을 잘 몰라서 부정이 적었다고도 볼 수 있습니다. 데모도 해봐야 잘하는 거예요. 어쨌든 간에 부정선거 노하우는 1952년 선거부터 본격적으로 쌓이는 걸로 보여요. 1950년 선거에도 조금 있었지만.

1952년부터는 미국이 선거 감시를 안 한 건 아닙니다. 그러나 상당히 거리를 두고 했어요. 그저 잘해보라는 그런 정도로만 했습니다. 직접 선거에 개입하지는 않았어요.

많은 연구자들이 1960년 4월 26일에 이승만이 하야하게 되는 것에 대해서 언론의 역할을 평가하고, 미국의 역할을 평가하고, 군인의 역할을 평가하고 있습니다. 물론 제일 큰 주력은 4·19데모를 포함해서 학생시위였지만.

그중에 미국을 어디까지 평가할 것이냐? 그것에 관한 수십 개의 글이 있습니다만, 날짜순으로 꼽아보니까, 3·15부정선거에 대해서 미국이 약간 분개는 했지만, 그게 부정선거라는 지적을 한 적도 없고, 그 선거를 문제 삼지도 않았습니다. 1958년 연말의 24파동에서처럼 오히려 더 이상 문제 삼지 않았으면 좋겠다는 식으로 얘기했어요. 더 이상 한국에 혼란이 없었으면 좋겠다고 했습니다.

3·15마산시위에 대해서도 혼란이 없었으면 좋겠다고 미국은 공식 반응을 보였어요. 미국은 제2차 마산항쟁이 거세게 일어났을 때에도 달라지지 않았어요. 아이젠하워 미국 대통령이 극동 순방을 할 때 한국에 들리겠다고 했습니다. 일정표까지 발표하고. 그건 뭘 의미하는 겁니까? 3·15선거에서 대통령이 된 이승만, 이기붕을 다 인정하겠다는 뜻이었어요.

그렇지만 4월 19일 데모를 보고 미국은 생각이 바뀌었습니다. 그날 밤새 미국 대사관에 불이 켜져 있었고 대사관 직원들이 정보를 수집하느라고 분주히 움직였어요. 그러고는 그 다음 날 경고가 있게 됩니다. 그렇다고 하더라도 미국은 25일까지 이승만이 물러나리라고는 생각을 못한 것 같아요. 이승만도 물론 물러날 생각이 없었지만. 26일 새벽부터 사태가 심각해지면서 김정열 국방부 장관, 허정 신임 외무부 장관, 이 사람이 이승만 사임 후 대통령 권한대행이 되지요. 이 사람들이 사임을 권하였고, 그럼에 따라 이승만도 사임 쪽으로 기울었어요. 미국도 그때쯤 그 생각을 가졌던 것 같아요.

● 3인조·9인조 선거가 지방에서만 있었나요. 아니면 중앙하고 지방에서 다 그렇게 선거를 한 건가요?

3인조 선거가 5·2선거에서도 있었지만, 그 뒤에 있었던 몇 군데 재선거에서 다시 벌어집니다. 3인조 선거에 대해서 자유당이 이상한 주장을 했어요. 3인조는 우리 당의 조직이라는 거예요. 세 명씩 움직이도록 한 게, 우리 당은 다 그렇게 조직을 했다. 그러니 3인조는 불법이 아니라는 거예요.

그렇지만 여러 신문의 사설이 지적한 바대로 3인조씩 데리고 가서 투표를 하게 하는 것이 왜 불법이 아니냐 이거예요. 말도 안 되는 주장인 거죠. 눈 감고 아웅 하는 것도 아니고. 그렇게 자유당이 뻔뻔했어요. 3인조·9인조는 3·15선거에서 거의 전국적인 현상이었습니다.

구호로 본 1956년 5·15선거

1956년 5·15정부통령 선거에서는 야당 후보가 돌풍을 일으켰을 뿐만 아니라 선거 구호전이 전개되어 선거 열기를 한층 고조시켰다. 각 당의 선거 구호는 정당별 이미지를 선명히 부각시키는 데 큰 역할을 했다. 전라남도에서는 '못살겠다'의 신익희 씨, '평화통일'의 조봉암 씨, '구관이 명관'의 이승만 박사로 아예 특징화하기도 했다.

◀ **민주당 후보 홍보물**
선거 구호전을 주도한 것은 민주당이었다. 민주당이 내세운 "못살겠다 갈아보자"라는 구호는 자유당의 폭압과 가난에 찌든 대중들의 가슴속에 절박하게 와닿았다.

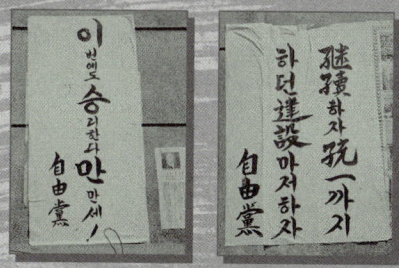

▶ **이승만 후보 지지 홍보물**
민주당의 선거 구호에 당황한 자유당은 맞불작전을 벌였다. "이번에도 승리한다 만만세", "갈아봤자 별수 없다", "가려봤자 더 못산다", "구관이 명관이다", "싱겁다 신익희 장난마라 장면"을 도배질하듯이 곳곳에 붙이고 민주당의 선거 벽보를 찢기도 했다.

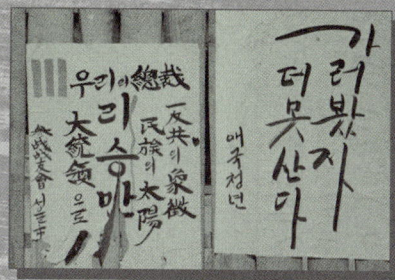

 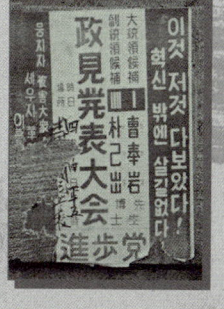

◀ **진보당 후보 홍보물**
조봉암의 진보당에서는 "갈지 못하면 살 수 없다", "이것 저것 다 보았다. 혁신밖에 살 길 없다"라는 구호를 내걸었으나 구호보다는 '평화통일'과 같은 정책과 공약으로 호소했다.

1961
- 5월 16일　군사쿠데타
- 5월 20일　국가재건최고회의 구성
- 6월 10일　중앙정보부 설치

1962
- 3월 16일　정치활동정화법 공포
- 5월 31일　증권 파동
- 12월 17일　국민투표

1963
- 2월 26일　공화당 창당
- 3월 6일　4대 경제 의혹 사건 발표
- <u>10월 15일　제5대 대통령 선거</u>(대통령 박정희)
- <u>11월 26일　제6대 국회의원 선거</u>
- 12월 17일　박정희 제5대 대통령 취임(제3공화국)

1964
- 6월 3일　한·일회담 반대 학생시위(6·3사태)
- 8월 14일　인민혁명당(인혁당) 사건
- 9월　베트남 파병 시작

1965
- 6월 22일　한·일협정 체결

1967
- <u>5월 3일　제6대 대통령 선거</u>(대통령 박정희)
- <u>6월 8일　제7대 국회의원 선거</u>
- 6월　총선거 부정 규탄시위
- 7월 8일　동백림 간첩단 사건 발표

3강

박정희는 국민의 지지를 받았나
— 1971년 선거를 중심으로

1969
- 9월 14일 3선개헌안 통과
- 10월 17일 국민투표

1971
- 4월 27일 제7대 대통령 선거 (대통령 박정희)
- 5월 25일 제8대 국회의원 선거
- 7월 사법 파동

3강 | 박정희는 국민의 지지를 받았나

쿠데타세력의 더티플레이

1961년 8월 12일 '5·16군부쿠데타' 주동자들은 1963년 여름에 정권을 이양하겠다는 민정이양 계획을 발표하지 않을 수 없었어요. 미국은 쿠데타를 묵인하는 대신 민정이양을 분명히 할 것을 요구했고, 4월 의거정신을 이어받겠다고 한 군사정권이 4월혁명으로 되찾은 민주주의를 무시하거나 민주주의에 대한 민중의 기대를 배반할 수 없었기 때문이지요.

쿠데타를 일으킨 것 자체도 민주주의와는 거리가 멀지만, 쿠데타 주동자들은 민주주의 또는 의회주의를 어쩔 수 없이 받아들였을 뿐, 그다지 신봉하지도 신뢰하지도 않았습니다.

실력자였던 김종필은 유신체제 시기처럼 한국적 민주주의라는 말은 아직 안 썼지만, 민족적 민주주의를 내세웠고 강조했어요. 그것의 핵심은 강한 권력, 강한 영도자를 의미하는 거였어요. 파쇼적인 강력한 통치를 의미한다고 볼 수 있습니다.

민정이양은 그해 11월 박정희 국가재건최고회의 의장이 미국을 방문할 때 다시 언급하지 않을 수 없었어요. 케네디 미국 대통령이 이 부분을 확실하게 해줄 것을 요구해 박정희·케네디 공동성명에서 또다시 이 점을 확인했습니다.

그러나 민정이양과 관련해 박정희와 김종필은 처음부터 더티플레이를 했어요. 그중에 하나가 공화당 사전 조직입니다. 자유당이든 공화당이든 관제정당의 성격을 가졌다는 점에서는 비슷했지만, 자유당을 만들던 과정을 상기해볼 때 공화당은 훨씬 더 더티하게 조직했어요.

자유당은 여러 어용단체가 공개적으로 또 이범석 등이 각지를 뛰어다니면서 조직했던 반면, 공화당은 중앙정보부와 긴밀한 관계를 가지고 밀실에서 만들었어요.

'8·12민정이양 계획'이 발표되면서 10월 중순 중앙정보부 관계자와 김종필이 끌어들인 사람들로 구성된 대외문제연구소에서 당 기구·강령·정책을 준비하기 위해 '8·15계획서'라는 걸 작성했습니다. 1963년 8월 15일까지 정권을 이양하는데, 우리가 강력한 당을 만들어서 집권하겠다는 계획을 세운 것이지요.

이어서 신당 관계자들은 1962년 1월 사전 조직 작업에 들어갑니다. 막강한 힘을 가지고 있는 중앙정보부를 활용해서 사전 조직에 들어간 것입니다. 다 아시다시피 이 시기는 계엄령하에 있어서 모든 정치활동이 불가능하였습니다. 그러니까 아무도 정치활동을 못하게 하고는, 자기들은 중앙정보부를 이용해 당을 만들고 있었던 거예요. 3월 말까지 중앙 조직의 충원과 전체의 골격을 마련하고, 8월 말까지 지방 조직을 충원해 10월에 사무국 조직까지 일단락짓는 걸로 되어 있었습니다. 이 무렵 신당의 기간요원들을 중앙정보부 모처에서 밀봉교육시켰다고 하여 말썽이 났습니다.

그때를 기억할 만한 분은 여기에 두 분 정도밖에 안 계신 듯한데, 공화당은 2원 조직으로 돼 있습니다. 공화당은 사전 조직이자 2원 조직이었어요. 야당은 공산당 조직 같다고 비난하고 그랬습니다. 공산당 조직하고는 다른 것 같은데, 보통 정당과도 아주 다릅니다.

뭐냐 하면 사무국이 가장 강력한 당의 핵심을 이루는 겁니다. 정책 등 중요 사항을 결정하고 조정하는 역할을 하지요. 정치에서 제일 중요한 자금도 사무국에서 관리하게 돼 있어요. 이 때문에 지구당 위원장 또는 국회의원이 사무국의 지배를 받게 됩니다. 그래서 나중에 김동하 국가재건최고회의 최고위원 등이 "국회의원이나 지구당 위원장은 허수아비란 말이냐"라고 성토하고 그랬습니다. 공천을 주는 데도 여론조사나 여러 가지를 참조해 사무국이 힘을 갖고 있었습니다.

정치자금과 4대 의혹 사건

장기집권을 할 수 있는 강력한 사무국 조직을 갖춘 정당을 만들려면 돈이 필요하죠. 그렇지만 1960년대 전반기까지는 우리나라에 돈이 참 귀했어요. 돈 마련하기가 어려웠어요. 자유당이 정치자금을 어떤 식으로 마련했냐 하면, 1952년 부산 정치 파동과 8·5정부통령 선거에서는 '중석불#'이라는 게 요긴하게 쓰였어요. 중석, 즉 텅스텐을 팔아서 번 달러인데, 상동에 있는 중석광산을 빼놓고는 달러가 될 만한 것이 거의 없었어요. 텅스텐은 고급 병기 소재 아닙니까? 미국이 거의 다 사갔죠. 이게 제일 큰돈이었어요. 그래서 그 돈이 정치자금으로 여러 번 나가면서 문제가 되었습니다. 1960년 장면 정권도 중석불 사건으로 아주 고생을 했지요.

그 다음에 돈이 많이 나오는 곳은 뭐니 뭐니 해도 국방부입니다. 어떻게 육군참모총장이 돈을 많이 쥘 수 있느냐? 군수물자 때문입니다. 1950년대에는 군복을 포함해 총알이나 휘발유까지 모든 것을 미국이 원조했잖아요.

옛날 군대에서 '쌍8년 호황'을 많이들 얘기했는데, 단기 4288년의 쌍8년으로 서기로는 1955년을 가리키는 겁니다. 그때 부산 부두에 군수물자가 넘쳐나 거기서 뒤로 빼돌리는 게 많았는데, 육군의 헌납이 자유당의 중요한 자금원이었어요.

그 다음에는 산업은행 특혜융자입니다. 1950년대는 굉장한 '빽'이 없으면 융자를 받을 수가 없었어요. 이 산업은행 연계자금은 융자받은 것 중 얼마를 정치자금으로 내놓는 것이에요. 1960년 3·15부정선거 자금은 거의 다 그런 자금이었습니다. 1960년대 후반부터 규모가 큰 상업차관이 정부 보증으로 들어오면서 차관업체로부터 얼마씩 뗐다고 하는데, 그것도 연계자금과 비슷한 거였네요.

이렇게 1960년대 전반기까지는 정치자금 구하기가 힘들었기 때문에 공화당을 창당하는 데 이른바 '4대 의혹 사건'이라는 게 벌어지게 됩니다. 회전당구(일명 빠찡코) 사건, 새나라택시 사건, 워커힐 의혹 사건, 증권 파동 등이 의혹 사건으로 주목을 받았는데, 이 무렵 일본에서 빠찡코를 들여와서 우리나라도 이제 노름을 하게 되었죠. 거기서 뜯어내고, 새나라택시에서도 돈을 뜯어냈죠. 그전에는 우리가 조립해서 만든 시발택시라는 게 있었는데, 그것 대신에 새나라택시라고 해서 일본차를 도입해 굴리게 하는 거였어요. 또 워커힐을 그때 지었어요. 거기서도 돈을 뜯어냈죠. 제일 큰돈은 어디서 나왔냐 하면 증권 파동을 일으켜 엄청난 차액을 거머쥐게 됩니다. 중앙정보부가 아니면 이러한 돈들이 나오기 어려웠겠지요. 이러한 정치자금이 공화당 사전 조직에 들어갔어요.

정치활동정화법으로 정치인을 묶다

공화당 사전 조직 다음으로 더티플레이를 한 것이 '정치활동정화법'이라는 걸 만든 것입니다. 1962년 3월이지요. 이전의 정치인을 '구정치인'이라고 해서 정치를 못하도록 이 법으로 묶어두려고 한 거예요. 이것 때문에 윤보선 대통령이 사임을 했죠. 윤보선이 아무리 더 하고 싶어도 할 수가 없게 된 겁니다. 쿠데타가 성공하는 데 제일 큰 공로자는 장도영이고, 두 번째는 윤보선일 겁니다. 1961년 5월 16일 청와대에서 "올 것이 왔다"라는 유명한 말을 했죠. 그러나 이 법이 만들어지자 윤보선은 항의하지 않을 수 없었어요.

정치활동정화법 대상자로 4천여 명의 명단을 발표했어요. 민주당 신구파, 혁신계, 자유당 간부 등 과거에 정치활동을 한 사람으로 도의원, 시의원까지 포함되었습니다. 이 사람들을 적격판정 해서 깨끗한 사람만 정치하게 하고 나머지는 정치를 못하게 하겠다고 한 건데, 그것은 미사여구에 지나지 않고, 김종필 중앙정보부장이 적절하게 말한 것처럼 구정치인들이 국회의원 선거에 두 번 못 나오도록 한 겁니다. 두 번이라는 건 1963년 선거, 그리고 1967년 선거지요. 두 번을 못 나오게 하면 자기들이 몇 년을 편안하게 집권합니까? 1967년에서 4년 더하면 1971년까지죠. 적어도 쿠데타 세력이 10년간은 집권하게끔 하는 그런 기틀을 만들어놓은 게 정치활동정화법이라고 볼 수가 있어요. 뜻대로 되는 건 아닙니다만 하여튼 간에 더티한 거예요.

공고된 4천여 명 가운데 일부를 정치활동 적격자로 판정하고 그 뒤 추가로 해제하여 269명이 마지막까지 제외됩니다. 269명 중에는 이승만·장면·양일동 등 보수 정치인도 상당수 있었지만, 윤길중·김달호 등 혁신계 주요 인사 대부분이 포함되었습니다. 혁신계는 감옥소에도 제일 많이 남아 있었어요. 이 사람들은 1967년 선거 때까지 정치활동을 못하게 된 것이지요.

정당법은 1962년 12월 31일에 공포되었어요. 정치학자들은 이 정당법이 근대적으로 정당을 육성하려는 법이라고 설명하는 경우를 많이 볼 수 있습니다. 그러나 과연 박정희·김종필 같은 사람이 그런 의도로 만들었겠느냐?

이 시기에 야당이 무슨 육성을 받습니까? 중앙정보부한테 항상 감시당하고 분열당하는 그런 신세였죠. 공화당육성법이라고 하면 맞을지 몰라도 야당하고는 관련이 없지 않은가 싶어요.

▲ 정치해금 '확정 통지서'
박정희 군부는 5·16쿠데타 이후 1962년 3월에 '정치활동정화법'을 만들어 많은 정치인들의 정치활동을 금지시켰다. 사진은 1963년 민정이양을 앞두고 해금한 경북 안동군 남인호의 정치해금 확정 통지서이다.

제3공화국의 정당제도는 1962년 12월 26일 공포된 헌법 조항에 의해 특징지어졌다고 볼 수 있습니다. 이 헌법에 의하면 국회의원 후보나 대통령 후보가 되려고 하는 자는 소속 정당의 추천을 받아야 한다고 못 박았습니다. 국회의원이건 대통령이건 무소속으로 입후보하지 못하게 한 것이지요.

1948년 5·10선거, 1950년 5·30선거엔 무소속이 압도적으로 많았고, 1954년 5·20선거에서도 무소속이 많이 당선되었습니다. 그러나 1958년에는 협상선거법 때문에 팍 줄어들었다고 얘기를 했지요?

왜 쿠데타 주동자들은 무소속이 나오는 걸 막으려 했느냐? 정당을 육성하기 위해서냐? 그렇지 않습니다. 국회의원 나오려는 사람은 많았을 겁니다. 옛날 당파 싸움하고 비슷한 거예요. 벼슬하고 싶은 사람은 많은 법이에요.

그러면 무소속으로 못 나오면 어떻게 해야 합니까? 당을 만들어야죠. 결국 당이 많이 만들어질 수밖에 없어요. 여당은 사전 조직한, 강력한 사무국에서 조정하는 거대 정당이지요. 그러고는 야당을 여러 갈래로 갈라져서 싸우게 한 거예요. 소선거구제니까 여당이 설령 득표를 적게 하더라도 1등은 하지 않겠느냐. 그것을 노린 거라고 볼 수 있습니다.

기구한 역사를 가진 비례대표제

국회의원 선거법은 1963년 1월 21일 발표를 했습니다. 이 법의 백미는 '전국구'에 있습니다. 전국구 문제는 참의원 선거와 관련해서 자유당 정부 때도 논의가 됐던 것이고, 이번 강의에서는 다루지 못한 1960년 7·29총선에서는 광역선거구로 참의원을 선출했는데, 전국구는 1963년에 처음 생겼습니다.

앞에서도 보았습니다만, 우리나라 민주주의제도는 희한하게도 독재권력의 필요에 의해서 만들어내는 경우가 여러 번 있었습니다. 지방자치 선거도 그렇고 정당공천제도 그렇고, 정부통령 직선제도 그렇지요.

전국구는 사실 소선거구제의 약점이나 정당정치의 약점을 보완해주는 역할을 해야 하지요. 하지만 국가재건최고회의에서 만든 전국구는 그렇지 않고 여당이 의석수를 많이 차지하기 위해서 고안해낸 것이었어요.

전국구로 비례대표 44명을 뽑는다고 되어 있는데, 무조건 제1당한테 과반수를 주는 겁니다. 제1당이 얼마를 득표하든 상관없어요. 야당이 난립하면 제1당은 반드시 여당이 되게 돼 있었죠. 그리고 제1당이 과반수 득표를 넘으면 비례대표의 3분의 2까지 차지하는 겁니다. 소선거구제 당선자까지 합치면 여당이 의석수의 과반수는 말할 것도 없고, 개헌선도 가질 수가 있다는 계산을 한 거예요.

그러나 제도는 권력자의 의도대로 되는 것이 아닙니다. 여당은 정치자금이 풍성했지만, 야당은 항상 쪼들렸거든요. 그런데 야당의 돈줄이 비례대표제가 되는 거예요. 당선이 확실한 몇 번까지는 몇억 원, 그 다음은 얼마, 이런 식으로 가격을 매겨 비례대표 후보를 정하게 됐어요.

1990년대까지 우리나라는 전국구의 의도를 살리지 못했습니다. 그러나 지난번 2004년 선거 때는 전국구 의도가 상당히 살아났다고 볼 수 있습니다. 여성 국회의원들이 얼마나 많이 늘어났습니까? 전국구 아니었으면 생겨날 수가 없었어요. 21세기에 오니까 박정희·김종필이 자신들을 위해서 만든 전국구가 효용성이 있게 됐다, 그렇게 설명을 할 수가 있겠네요. 역사는 참 야릇한 겁니다.

1962년 11월 14일 조시형 최고회의 내무위원장은 지방자치는 생각하지 않고 있다고 얘기를 했습니다. 박정희 정치를 정보정치·행정정치라고 하는데, 행정독재를 하기 위해서였지요. 그때부터 한국은 30년 동안 풀뿌리 민주주의가 없는 나라가 됩니다.

박정희가 이승만한테 배운 게 여러 가지가 있어요. 독재권력·장기집권을 유지하는 데 이승만이 무슨 실수를 했는가, 이런 연구를 많이 했어요.

부통령직을 없애버린 것도 그런 연구 결과의 하나였어요. 대통령중심제 국가는 부통령이 있는 것 아니냐, 이런 생각을 할 수 있거든요. 그런데 자유당 정권이 무너지는 데 이 부통령제가 아주 중요한 역할을 했습니다. 1956년 선거 결과가 자유당한테 끔찍했던 거 아닙니까? 그렇지만 나중에 김종필의 경우에는 부통령제 없앤 것을 후회하지 않았을까 하는 생각이 들기도 해요.

군부, 박정희한테 불출마 요구

거대 여당도 만들고 정치활동정화법도 만들고 나서는 '민정이양'이라는 절차를 밟으려고 했어요. 그런데 이게 순탄하게 되지를 않았습니다. 우선 최고회의 내부에서 분란이 폭발하다시피 일어났어요. 해병대 고참으로 박정희와 함께 4·19 때도 쿠데타를 일으키려고 한 것으로 알려져 있고, 5·16쿠데타에서 역할을 한 김동하 최고위원 등이 김종필을 아주 노골적으로 공격하고 나선 것이지요. "우리를 허깨비로 보느냐? 당을 이런 식으로 만들어버리는 게 어디 있냐?" 하면서 맹공을 퍼부었죠. 여기저기서 불평과 잡음이 생겼는데, 주로 김종필을 대상으로 했지만, 박정희를 겨냥했다고도 할 수 있습니다.

또 한 명의 5·16쿠데타 공로자로 김재춘이 있었어요. 5·16쿠데타는 크게 봐서 모의를 한 육사 8기가 있지요. 김종필·길재호·김형욱 등입니다. 그런데 군대를 동원하는 데는 육사 5기가 중요한 역할을 했는데, 상당수가 '장도영 반혁명 사건'에 연루되어 숙청되었어요. 김재춘은 육사 5기로 박정희가 쿠데타 거사 본부로 삼았던 6관구 참모장이었어요. 김재춘이 쓴 글을 보면 "거사날 밤 0시경에 박정희가 멈칫멈칫했다"고 그래요. 그때 김재춘이 "갑시다" 하고 박정희를 끌고 나왔다고 묘사되어 있어요.

김재춘은 민정이양을 본뜻에 맞게 제대로 하라고 요구했어요. 군인들은 본연의 임무로 돌아가고 정치는 민간인한테 맡기도록 하자는 것이지요.

그때 많이 나온 얘기가 드골 장군을 본받자는 거였어요. 드골 장군은 프랑스를 세 번 구했다고 하죠. 제2차 세계대전에서 히틀러의 전격작전에 의해서 프랑스 군대가 불과 5~6주 만에 패주해버리니까 드골 장군이 영국을 거쳐서 북아프리카로 가 자유프랑스운동*을 이끌었잖습니까? 그래서 프랑스를 살린 거고, 그 다음에 프랑스가 연합국의 일원으로 파리를 해방시킬 때 앞장서서 패전의 치욕을 씻게 해, 비극의 파리가 승리의 파리로 바뀝니다. <파리는 불타고 있는가>라는 영화에 잘 묘사돼 있죠. 그리고 드골 장군이 나치에 협력한 프랑스 사람들을 철저히 숙청하고 난 다음에 깨끗하게 물러났단 말이에요. 그것도 참 잘한 일이고.

알제리 독립 문제로 프랑스가 완전히 두 쪽 났을 때, "아무도 해결 못한다. 드골 장군을 나오게 해라" 해서, 드골이 대권을 장악하자 알제리를 독립시켜 프랑스가 큰 무리 없이 물러서게 했거든요. 나중에 또 한 번 프랑스를 구하는 게 나와요. 서유럽을 뒤흔든 유명한 1968년 68혁명* 때 또 깨끗이 물러났는데, 민정이양 시기에는 주로 제2차 세계대전 후에 깨끗이 물러난 것을 우리도 본받자는 것이었습니다.

김재춘과 박병권 국방부 장관 등이 중심이 되어 민정이양을 제대로 하자는 주장이 세를 얻었고, 이들이 삼군사령관과 함께 박정희 최고회의 의장한테 출마를 해서는 안 된다고 진언을 했던 거예요. 이러한 상황에 처하자 김종필 등은 박정희 곁을 떠나지 않습니다. 결국 박정희가 박병권 장관 일

***자유프랑스운동** 제2차 세계대전 중 드골이 주도한 대독(對獨) 프랑스 해방운동. 프랑스 파리가 독일군에게 점령 당하자 당시 기갑사단장·국방차관으로 있던 드골이 런던으로 망명하여 대독항전(對獨抗戰)을 호소하고 임시정부를 수립하자, 본국과 국외에서 이에 호응하는 운동이 일어났다. 1944년 8월에 연합군이 파리로 행진해 들어가면서 파리는 해방된다.

***68혁명** 1968년 프랑스에서 학생과 노동자들이 연합하여 벌인 대규모의 사회변혁운동이다. 파리 근교의 낭테르 대학 학생시위가 정부의 탄압을 받은 것을 시작으로, 이러한 정부의 조치에 분개한 각지의 노동자들이 합세하였다. 총 400만 명이 파업과 공장 점거, 대규모 시위에 참여하였는데, 이들은 정부가 대학교육의 모순과 관리사회에서의 인간 소외, 유럽공동체 체제하에서의 사회적 모순을 해결해줄 것을 주장하였다. 드골 정부는 노사대표와 임금 인상, 사회보장, 노조의 권리 향상을 보장하는 '그루넬협약'을 맺는 등 사태를 수습하기 위해 노력하였으나 뜻을 이루지 못하였다. 마침내 드골은 국민에게 신임을 묻기 위하여 의회를 해산하고 6월 23일부터 30일까지 총선거를 실시하였다. 이 선거에서 여당은 485의석 가운데 358석을 차지하여 대승리를 거두었으나, 68혁명의 영향으로 1969년 국민투표에서 패배하였다.
이른바 '68혁명'은 독일과 미국, 일본 등 세계 각지로 퍼져나가 전 세계 젊은이들의 체제저항운동으로 이어졌다. 냉전체제하의 동서양 양 진영에서 어느 정도 민주화를 이끌어내는 성과를 거두기도 하였으며, 68혁명의 이념은 노동운동, 여성해방운동, 언론운동, 반핵평화운동, 환경운동, 인권운동 등이 성장하는 데 밑거름이 되었다.

행을 만나 진언을 받아들인 걸로 돼 있어요.

이게 유명한 1963년 '2·18성명'으로 나타나지요. 5·16쿠데타를 일으킬 때, 쿠데타 주동세력들이 쿠데타가 아니라 혁명이라고 했지만, "그때의 자세로 돌아가겠다. 그래서 본연의 임무에 충실할 것이고, 정치는 민간인한테 맡기는데, 부정부패는 단연코 있을 수가 없다"라고 말했습니다. 아주 훌륭한 소리여서 대단한 박수를 받았죠. 김재춘은 김종필에 이어 중앙정보부장이 됩니다.

그리고 2월 27일 허정 등 유명 정치인들이 박병권 장관, 삼군사령관이 참석한 자리에서 '2·27선서'를 합니다. 정치인들도 "우리가 정말 깨끗한 정치를 하겠다"라고 약속을 했습니다. 이제 희망찬 나라로 가는가 보다 그랬지만, 역시나 아니었어요.

3월 15일 수도경비사령부 군인들이 나와서 경복궁 부근의 최고회의 건물 근처에서 데모를 했어요. "군정을 연장하라"고. 이 사람들이 어떻게 나왔겠어요? 어디서 시켰는지 물씬 냄새가 나지요.

그러자 기다렸다는 듯이 박정희가 번의翻意를 합니다. "썩은 정치가 계속될 것 같으니까 군정을 4년간 연장하겠다." 이러니까 발칵 뒤집혀버렸어요. 야당은 야당대로 미국은 미국대로 큰일이 난 거예요. 내가 아까 이 사람들은 처음부터 장기집권을 하려고 했다고 그랬죠?

그러나 미국이 아주 강경한 압력을 넣고 해서 '4·8성명'이 나옵니다. 군정연장을 보류하겠다는 것이었어요. 그 직후 김동하·박임항·박창암 등이 쿠데타 사건으로 구속됩니다. 이들은 모두 함경도 출신이어서 '알래스카파'를 숙청했다고도 세간에서는 말했어요.

야당 대통령 후보 난립

4·8성명에 대한 해설에서 이후락 공보실장이 박정희 의장이 군복을 벗고 출마할 것이라고 시사했습니다. 출마하겠다는 얘기였죠. 그 정도에서 타협을 보자는 거지요.

중앙정보부장에 임명된 김재춘은 4대 의혹 사건을 파헤치면서 공화당이 문제가 심각하니까, 야당 정치인까지 참여하는 범국민정당을 만들어서 선거를 치르자고 했어요. 중앙정보부장이 되면 당을 하나씩 만들어내네요. 얼마나 막강한 자리길래 그럴까요?

어쨌든 박정희가 그것을 수락하면서 이제 '범국민정당 파동'이 일어나게 됩니다. 그러나 믿을 만한 사람은 자신이 중매를 했던 조카사위 김종필 쪽이었어요. 그래서 공화당 쪽으로 가면서 박정희는 범국민정당을 버리게 되는 겁니다. 그러면서 제5대 대통령 선거의 막이 열리죠.

박정희는 1963년 8월 30일 육군대장으로 전역식을 가졌어요. 소장에서 별 두 개가 후딱후딱 올라간 것인데, 박정희 이전에는 별 4개가 3명밖에 없었습니다. 나중에 전두환도 12·12쿠데타 이후 소장에서 대장으로 예비역이 되지요. 박정희는 전역식을 가진 다음 공화당에 입당을 하게 됩니다.

야당은 12월 말에 계엄령이 풀리면서 1963년 새해부터 정치활동을 할 수 있게 되었습니다. 제일 활발하게 움직인 게 민주당 구파 계통입니다. 왜냐하면 신파 쪽은 장면이 구속되는 등 쿠데타세력한테 호되게 당했거든요. 그렇다고 당 하나 못 만들겠어요. 허정도 이범석도 변영태도 각각 당을 하나씩 만들었지요. 범국민정당도 이름을 자유민주당(자민당)으로 바꿔 야당이 되었어요. 자유당은 독자적으로 움직일 수 없으니까 상당수가 공화당으로 가게 됩니다.

야당이 난립하게 되니까 통합해야 한다는 요구가 많았어요. "야당이 난립하면 당하는 거 아니냐?", "저쪽에서는 후보가 한 명 나오는데, 우리는 여러 명이 나오면 되겠느냐?"라는 거지요. 그래서 통합야당으로 국민의당을 만들게 되지만, 바로 깨져버렸어요. 아주 난장판이 되었어요. 이렇게 된 데에는 민주당 구파의 실력자 유진산의 역할이 대단히 컸습니다. 이 당시 유진산은 윤보선의 오른팔 노릇을 하고 있었죠.

윤보선이라는 사람을 1960년 4·19가 나기 전까지는 세상에서 잘 몰랐어요. 그런데 그 사람이 갑자기 대통령이 된 거죠. 신구파가 서로 국무총리를 차지하려는 과정에서 운 좋게 윤보선이 대통령이 돼버린 겁니다.

그전까지 윤보선은 "영국 에든버러대학을 나온 신사다", "대부호 명문집 자식이다" 이렇게만 알았는데, 아주 잘못 안 거였어요. 상당히 정치적이고 야심도 있는 사람이었는데, 그걸 알게 된 것은 대통령이 된 직후 장면 국무총리와 싸우기 시작하면서부터였습니다. 국무총리가 일을 못하게 된 큰 이유가 대통령이 딴지를 걸었기 때문이라고 나중에 장면이 쓴 글에 나와요. 내각책임제였는데도 말입니다.

윤보선은 특히 1963년 대통령 선거에서부터 박정희와 라이벌이 되어 1970년대 유신체제가 붕괴될 때까지 박정희와 격렬한 투쟁을 벌였어요. 윤보선처럼 박정희와 정면으로 붙은 사람이 없어요. 그걸 보면 사람은 겉보기하고 다르다는 생각이 들어요.

야당은 국민의당도 쑥밭이 되고 하니까 난감했어요. 가인 김병로 선생을 대통령 후보로 모시려고 했지만, 건강이 좋지 않았습니다. 가인은 내가 앞에서 우리나라에서 제일 존경받을 만한 사람 중에 한 분이라고 얘기를 했습니다만, 참 좋은 분이죠.

1963년 대통령 선거와 국회의원 선거

1961년 8월 12일 국가재건최고회의 의장 박정희는 1963년 여름을 정권이양의 시기로 발표하고, 헌법 개정안을 12월 17일 국민투표로 확정하였다. 1963년 1월 공포된 국회의원 선거법에 처음으로 전국구 비례대표를 두었다. 가능한 한 군장을 연장하고자 했던 박정희는 민정이양 후 군에 복귀하겠다는 약속을 어기고 공화당 전당대회에서 대통령 후보로 지명되어 대통령 선거에 입후보하였다. 야당은 분열되어 여러 정당이 생겨나고 각각 대통령 후보를 추대하였다. 국민의당에서 허정, 민정당에서 윤보선이 후보로 나왔는데, 허정 후보와 송요찬 후보가 사퇴해 박정희와 윤보선의 양자대결이 되었다. 선거 결과 박정희 후보가 윤보선 후보를 불과 15만여 표 차이로 누르고 당선되었다. 박정희는 경상도와 전라도 등에서 많은 표를 얻었고, 윤보선은 서울·경기 지역과 충청도·강원도에서 많은 표를 얻어 남북 현상을 보여주었다. 11월 26일 국회의원 선거에서는 무소속 출마 금지로 인한 야당 난립으로 공화당이 무난히 다수 의석을 확보했다.

야당은 단일후보를 내세우지 못해 윤보선과 허정이 나오고, 자민당은 송요찬이 나오고 변영태도 나오게 됩니다. 그렇지만 군사정권에서 내각 수반을 한 송요찬을 가만두지 않았습니다. 송요찬은 구속되지요.

격렬한 사상논쟁

제5대 대통령 선거에서 가장 큰 논쟁거리가 된 것이 이른바 '사상논쟁'이라는 거였어요. 사상논쟁은 사실은 박정희의 발언 때문에 시작되었습니다. "새 일꾼에 한 표 주어 황소같이 부려보자"를 선거 구호로 내세운 박정희는 1963년 9월 23일 KBS 방송을 통해 뭐라고 윤보선을 공격했냐 하면, "이번 선거는 개인과 개인의 대결이 아니라 민족적 이념을 망각한 가식의 민주주의 사상과 강력한 민족적 이념을 바탕으로 한 자유민주주의 사상의 대결"이라고 말했어요.

"기아·부패·실업·분열 등 군정의 5악을 몰아내고 민정으로 새 질서를 수립하자"라고 외치던 윤보선은 바로 다음 날 전주 유세에서 정면으로 치

▲ 1963년 제5대 대통령 후보 선거전

▲ 1963년 제5대 대통령 후보 선거 벽보

고 나왔어요. "내가 할 말 그 사람이 했다"라고 서두를 꺼내고, "지금은 민주주의와 가장된 민주주의, 즉 이질적 민주주의와 대결하고 있는 것"이라고 말했어요. 문제는 '이질적 민주주의'가 무엇을 가리키느냐인데, 윤보선은 이어서 "23일의 여수 강연에서 특별히 느낀 것은 여순 반란 사건의 관계자가 지금 정부에 있다는 것을 상기했다"라고 말한 것에 들어 있어요. 박정희가 여순 사건 관계자이기 때문에 그의 민족 사상이나 민주주의 사상을 의심할 수밖에 없다는 것이지요.

그 뒤 계속해서 두 사람과 찬조 연설자들은 사상 문제를 가지고 논쟁이라기보다 언쟁을 벌였지요. 그러한 과정에서 중앙정보부는 북한 무역상 부상(副相)인 황태성이 박정희 형수를 포섭하려다 군재에서 사형 판결을 받고 대법원에 계류 중이라고 밝혔어요.

나는 신기하다고 생각하는 것이, 박정희는 여순 반란 사건에 관련된 사람이 아니에요. 여순 사건과 관련해 박정희에 대해 하우스만 회고록에 잘 나옵니다만, 한국 국군의 아버지라고 얘기되는 하우스만이 여순 반란 때 박정희와 같이 있었어요. 그리고 조금 있다가 여순 사건으로 야기된 군 내부의 남로당 프락치 사건으로 박정희가 체포되었어요. 그 사실을 윤보선 같은 사람이 몰랐다는 것이 신기하지 않아요?

그 당시는 박정희의 전력에 대해서 거의 알려진 것이 없었어요. 그렇게 정보가 차단된 사회였습니다. 그가 만주군관학교와 일본육사를 나오고 창씨개명도 두 번이나 해서 일본군 장교로 복무했다는 사실도 잘 알려져 있지 않았어요. 알았다 하더라도 말을 못했을 거예요.

박정희의 형 박상희는 좌익으로 1946년 '대구 폭동'이라고도 불리는 '10월항쟁'에 가담해서 죽었어요. 그 박상희의 동지가 황태성이었고, 박상희의 사위가 김종필이었습니다.

박정희는 형의 영향을 받아 남로당 프락치가 되었는데, 군 내부에서 대대적인 숙청이 일어나자, 박정희는 자신이 알고 있는 프락치 조직을 넘겨줘 간신히 살아났다고 해요. '동지'를 넘겨줬다고 볼 수도 있지요. 이 당시에 상당히 특이한 성격이 형성되지 않았을까요?

이처럼 좌익 경력이 있었던 박정희와 김종필은 쿠데타를 일으켰을 때 빨갱이가 아니라는 것을 입증하기 위해 유난히 혁신계에 대해 가혹하게 대했다고 해요. 황태성은 북에서 보낸 일종의 밀사 또는 특사인데, 만나지도 않고 처형한 것도 그 때문이다, 그렇게 주장하는 사람들이 있습니다. 모두 다 서글픈 이야기이지요.

많은 사람들이 사상논쟁은 윤보선 쪽이 손해를 본 걸로 분석하고 있습니다. 이것만 없었더라면 윤보선이 이긴 것 아니냐? 왜냐하면 경상도·전라도 쪽이 좌익이 강했는데, 그렇기 때문에 한국전쟁을 전후해서 그 지방에서 얼마나 많은 희생이 있었습니까? 특히 '국민보도연맹원 학살' 때 대량으로 죽었거든요.

보도연맹원 학살은 1950년 7~8월에 일어난 것이기 때문에 이 선거 13년 전 일이어서 그때까지 기억에 생생하게 남아 있었어요. 그렇게 좌익으로 몰려 많이 죽고, 또 살아남은 가족들은 연좌제에 묶여서 몹쓸 고생을 하고 있던 터라, "윤보선 같은 사람이 대통령 되면 큰일 나겠다. 여순 관계로 저렇게 몰아세우는 사람이니……" 이런 소리가 나왔습니다. 이 때문에 막판에 박정희 지지 쪽으로 돌아섰다는 거예요. 감옥소에 들어가 있는 혁신계 일부도 한민당 간부였던 윤보선을 지지하지 않았다고 합니다. 혁신계는 한민당을 굉장히 미워했거든요.

▲ 1963년 박정희 민주공화당 대통령 후보 광주 선거 유세

▲ 1963년 윤보선 민정당 대통령 후보 서울 선거 유세

▲ 윤보선 민정당 대통령 후보 부부 선거 투표 후 기념촬영

"나는 정신적 대통령"

하여튼 간에 야당이 단일화되어야 한다고 해서 허정·송요찬은 사임을 했습니다만, 끝끝내 사임을 안 한 사람이 변영태예요. 변영태만 사임했어도 윤보선이 되지 않았겠느냐, 그렇게 생각할 수도 있어요.

중앙정보부가 가만있었겠습니까? 변영태한테 편지작전을 한 걸로 돼 있어요. "변영태 선생을 지지하는 사람이 열화와 같이 많습니다. 선생이 사퇴하시면 절대 안 됩니다"라는 식의 편지를 막 보냈다는 거예요. 그것도 주소가 전국 각지로 돼 있었다고 해요. 한 군데서만 보내면 설득력이 없으니까. 그래서 변영태는 "사퇴하면 안 되겠구나. 국민이 날 이렇게 지지하는구나" 이렇게 생각을 했다는 것이지요.

선거 결과를 라디오로 중계를 해주었는데, 내가 그 당시 중학교 3학년인가 그랬어요. 꼬맹이인데도 불구하고 열심히 들었어요. 라디오 방송 중 제일 재미난 게 선거 때 중계해주는 거였어요. 초반전에 윤보선 표가 아주 많이 나왔어요. 서울 쪽을 먼저 해서 그럴 테지만. 서울이 제일 개표하기 쉬운 데 아닙니까?

박정희가 떨어졌다고 생각했어요. 10월 15일 선거 다음 날인 16일 새벽 3시경까지만 해도 윤보선이 이기고 있었어요. 그랬는데 마지막에 가서 아슬아슬하게 박정희가 추격해서 이겼어요. 그 뒤부터 개표할 때 박정희 표가 많이 나올 쪽을 먼저 하고, 야당표가 많은 데는 나중에 했다는 얘기가 있어요. 개표 때문에 밤새도록 수많은 사람을 잠 못 자게 한 선거였지요.

선거 결과 박정희가 4,702,640표, 윤보선이 4,546,614표로, 15만여 표밖에 차이가 없어요. 지금까지 있었던 대통령 선거 중에 가장 표 차이가 적습니다. 이 선거는 경상남북도와 전라남북도·제주도에서는 박정희가, 충청

남북도와 서울·경기도·강원도에서는 윤보선이 이겨서 남북선거가 되었어요.

구체적으로 보면 서울에서는 3 대 7이었어요. 37만 표가 박정희 표고, 윤보선은 무려 두 배가 넘는 80만 표가 나왔습니다. 압도적이죠. 경상북도는 이때만 해도 몰표가 아니어서 박정희가 83만여 표였고, 윤보선 표도 54만 표나 나왔어요. 강원도조차 윤보선 표가 더 많이 나왔어요. 충청북도도 그렇고. 두 지역은 여당표가 많이 나오는 곳인데.

선거가 끝난 직후에 윤보선이 "나는 정신적 대통령"이라고 얘기했어요. 사상논쟁은 더 얘기할 것이 없었고, 윤보선 측에서는 막판에 개표 부정이 있지 않았겠느냐고 추측하지만, 증거가 없어요. 그 당시는 공무원 가족, 경찰을 포함해 관권에 좌우되는 표를 10퍼센트 내지 20퍼센트로 보고 있었는데, 그것을 생각하면 윤보선이 정신적 대통령이라고 말한 것도 근거가 없는 것은 아니네요.

15만여 표가 너무 근소한 차이여서 여러 가지 얘기가 있었지만, 1956년 정부통령 선거와 관련해서도 나온 얘기인데, "설령 박정희가 졌다고 하더라도 물러났을 것 같으냐?"라는 말이 있었어요. 그 사람들은 절대로 안 물러난다고 언성을 높였지요.

1963년 국회의원 선거는 별 특징이 없었어요. 다만 공화당에서 자유당 관계자들한테 공천을 많이 준 것에 대해 썩은 공화당 아니냐 그러기도 했고, 많이 당선시키려면 할 수 없다는 얘기도 했지요. 지원유세에서 박정희는 여순 사건에 대해 변명했고, 윤보선은 진해에서 "대통령 선거 때 나는 투표에서 이기고 개표에서 졌다"고 조봉암과 비슷한 얘기를 한 것이 관심을 끈 정도였어요. 케네디 미국 대통령이 암살당해 투표 3일 전인 11월 23

▲ 청와대 길목에서 대치 중인 학생과 군경
1964년 6월 3일 "박 정권 물러가라", "굴욕외교 중단하라" 등의 구호를 외치는 대학생들이 청와대 길목에서 트럭으로 만든 바리케이드를 사이에 두고 군경과 대치하고 있다

일에 선거운동을 24시간 중지한 것도 이색적이었습니다.

민주공화당은 득표를 33.5퍼센트 했습니다만, 예상대로 131석 중 88석이나 차지를 했어요. 야당이 난립해서 전체 선거구의 60퍼센트 이상을 휩쓴 거예요. 하지만 제1당의 전국구 22석을 합치니까 110석으로, 개헌선에 육박하는 의석수를 33.5퍼센트를 득표한 여당이 차지하게 된 겁니다. 야당은 민정당이 제일 많아 27석, 전국구 합치면 41석을 차지하는 등 여러 당이 나눠가졌어요.

1963년 12월 27일 박정희가 대통령에 취임했습니다. 제3공화국이 출범한 것이지요.

1967년 대통령 선거와 국회의원 선거

1967년 5월 3일 제6대 대통령 선거에서 박정희는 윤보선을 누르고 재선되었다. 치열하게 싸웠던 제5대 선거 때와는 달리 박정희 후보가 여유 있게 당선되었다. 경제 성장도 영향을 미쳤지만 윤보선 후보가 구태의연한 모습을 보여준 것도 큰 요인으로 작용했다. 이 선거에서는 서울 등 서부 지방에서는 윤보선이 동부 지방에서는 박정희가 우세해 1963년의 남북 현상과 다르게 동서 현상을 보여주었다.

이어서 6월 8일 치러진 제7대 국회의원 선거는 대통령과 여당, 고위 공무원들이 선거운동에 앞장선 타락한 선거였다. 정부는 관계 법령을 고쳐 대통령을 비롯한 고위 공무원들이 선거운동을 할 수 있는 법적 근거를 마련했다. 특히 박정희는 지방유세에 나서지 않겠다고 해놓고 각 지방을 돌아다니면서 각종 선심공약을 남발했다. 이처럼 대통령과 공무원이 앞장서서 부정선거운동을 감행한 것은 3선개헌을 위한 의석수 확보를 염두에 두었기 때문이다. 공화당은 야당인 신민당을 누르고 개헌선을 상회하는 129석을 확보하였다.

야당의 분열과 대통령 후보

이제 1967년 대통령 선거와 국회의원 선거를 말씀드리지요. 1967년 대통령 선거는 역대 대통령 선거 중 가장 재미없는 선거가 될 것으로 관측이 됐어요. 무엇보다도 야당에서 "대통령 후보감이 누구냐?" 이게 대단히 불투명했어요. 그리고 야당이 싸움질한다고 욕을 참 많이 먹었어요.

왜 그런 사태가 일어났느냐? '한·일협정 비준 파동'에서부터 시작된 사태 때문입니다. 한·일회담 반대시위는 1964년 3·24데모에서부터 격렬하게 일어납니다. 그해 5월 20일에는 서울대 문리대에서 민족적 민주주의 장례식이 있었어요. 박 정권을 반민족적·반민주주의 정권으로 규정하면서 학생데모에서 화형식이 처음으로 있었어요. 박 정권은 대단히 충격을 받았습니다. 그러고서 6·3사태가 났지요.

다음 해인 1965년에는 유명한 비준 파동이 일어나는데, 이때 야당이 심각한 분열을 겪게 됩니다. 그 이전에 민정당에서 윤보선과 유진산이 심한 싸움을 벌입니다. 윤보선 측은 유진산을 박 정권과 모종의 흑막이 있다고 해서 벚꽃의 일본말인 '사쿠라'라고 하면서 권력과 내통하고 있는 사쿠라를 당에서 축출해야 한다고 했어요. 이것이 '진산 파동'입니다. 중앙정보부가 박정희 집권기 내내 야당에 깊숙이 파고들어 분열을 시켰지요.

그런데 한·일협정이 조인된 1965년 6월 22일 직전에 윤보선의 민정당과 박순천의 민주당이 민중당으로 통합했습니다. 그때 유진산이 박순천 쪽을 밀어 박순천이 당수가 되었어요. 우리나라 최초의 여자 당수가 출현한 것이었는데, 옛날 민주당 구파였던 유진산이 신파와 손을 잡은 것이지요.

그러면서 한·일협정 비준 반대투쟁에 나섰는데, 박순천은 한·일협정 반대투쟁에 적극적이 아니었고, 더군다나 박정희와 단독회담을 한 뒤로는 이상하게 돼버렸다는 얘기를 들었어요. 그래서 한·일협정 비준에 초강경투쟁을 벌이던 윤보선은 따로 나가서 당 하나를 만듭니다. 신한당이지요.

민중당은 1967년 대통령 선거에 대비해서 박순천으로는 안 되겠으니까 고려대 총장을 지낸 유진오를 당수로 영입했습니다. 그 당시에 여자가 대통령 후보로 나오는 걸 생각할 수가 있었겠어요? 유진오는 약은 사람인데, 야심이 있었던 거 같아요. 대통령 후보까지 생각을 했으니까. 그렇지만 당에서 유진산한테 당할 수밖에 없었죠. 유진산 머리 쓰는 거 하고 상대가 됩니까? 결국 나중에 유진오는 병을 얻어 당수를 그만두게 됩니다.

그러고 저러고 민중당은 유진오를 당수로 모셔 대통령 후보로 내세우려고 해봤는데, 유진오를 국민들이 잘 알아야 말이죠. 지금 서울대 총장 정운찬도 잘 모르잖아요. 그때는 더 어두웠던 시대니까 유진오를 알 만한 사람이 많지가 않았죠. 그리고 윤보선은 대통령에 나올 것이 확실했어요.

그래서 장준하가 주선을 해 윤보선·유진오·백낙준·이범석 4자회담을 가졌어요. 대통령 후보에는 윤보선, 그리고 당수에는 새로 통합야당을 만들어서 유진오가 차지하기로 했습니다. 그래서 생긴 당이 신민당입니다. 우리나라 야당에서 제일 역사가 길고 지지를 많이 받은 야당이 민주당하고 신민당이에요. 이 때문에 1980·90년대에도 민주당이나 신민당이라는 이름을 서로 붙이려고 하는 걸 볼 수가 있어요.

남북투표에서 동서투표로

1967년 대통령 선거에 여당은 말할 나위도 없이 박정희가 나오고, 야당은 윤보선이 대표주자가 되었습니다만, 이 선거에서는 쟁점이 별로 없었어요. 공화당이 "황소같이 일하겠습니다" 하면서 황소를 내세운 정도였어요.

윤보선도 이제는 사상논쟁을 할 생각이 없었고, 박 정권이 부정부패가 심하니까 "부정부패 바로잡겠다", "썩은 정치 바로잡겠다" 이 소리만 하고 다녔어요. 그런데 그거 하나 가지고는 별 설득력이 있는 게 아니란 말이에요. 무엇보다도 윤보선 하면 낡은 정치인, 늙은 정치인이 연상되어서 신선한 맛을 느낄 수가 없었습니다.

한국에서 돈 또는 자본이 많이 돌기 시작한 시기를 1965년경부터라고 볼 수 있습니다만, 경제도 1965년부터 상당히 좋아졌어요. 1964년에도 성장률이 약간 높게 나타나지만, 그건 높은 거라고 보기가 어렵습니다. 그 전해까지 경제가 나빴고, 그래서 1964년에도 곡가 파동 등 경제가 나빴다고 생각했는데, 1966년경부터는 좋아졌다는 것을 실감할 수 있었어요. 파병으로 월남에서도 돈이 들어오고, 일본에서도 청구권 자금과 함께 다른 자금이 들어오고, 미국·서독에서도 차관이 들어오고, 여러 곳에서 경제를 발전시킬 수 있는 자금들이 들어왔습니다. 그것도 이 선거에 영향을 줬어요.

▲ 1967년 5·3대통령 선거 개표 현황 속보판
치열한 접전을 보였던 1963년 대통령 선거와 달리 1967년 선거는 별다른 쟁점도, 눈에 띄는 선거운동도 없었다. 투표 결과 박정희가 무난히 재선에 성공하였다.

뚜껑을 여니까 이번에는 동서투표였어요. 동쪽인 강원도·경상남북도와 충북에서는 박정희가 이기고, 서쪽인 서울·경기·충남·전라남북도에서는 윤보선이 이겼지요. 그렇지만 동쪽, 특히 경상남북도에서 압도적으로 박정희한테 표를 많이 주어, 총득표에서는 박정희가 5,688,666표, 윤보선이 4,526,541표여서 116만여 표 이상을 더 얻었어요. 경제가 꽤 좋아졌는데도 불구하고 박정희가 그다지 큰 지지를 받았다고 보기는 어려워요. 이 선거에서 풍겼던 윤보선의 이미지를 생각하면 더욱 그렇다고 볼 수 있어요.

대통령과 장관들이 나선 국회의원 선거운동

1967년 6·8부정선거는 상당히 연구해볼 만한 선거라고 생각합니다.

이 선거에서는 우선 몇 명이 옥중 출마를 했어요. 한 사람은 서민호인데, 1966년에도 민사당 창당준비대회에서 남북 간 서신 교류 등을 하자는 제의와 함께 자신이 김일성을 만날 용의가 있다고 말해 구속된 적이 있었는데, 이때에는 인구비례에 의한 남북한 군축 등의 발언으로 구속이 되었어요. 이런 제안은 북측이 절대 받아들일 리가 없는 것인 데도요.

장준하는 『사상계』 사장으로 1950~60년대에 명망이 높았습니다. 그때는 『사상계』를 끼고 다녀야 문화인이라는 말을 들었고, 고등학생이고 대학생이고 읽지 않더라도 연애하려면 『사상계』를 끼고 다녀야 한다고 했어요.

5·16쿠데타가 났을 때 처음에는 군사정권과 사이가 나쁘지 않았는데, 얼마 후부터 『사상계』가 군사정권을 비판하기 시작했고, 특히 한·일회담에 대해서 반대파의 맹장으로 활약했어요. 장준하는 1966년 한국비료 사카린 밀수 사건(한비 밀수 사건)* 이 크게 문제되었을 때, 그 밀수 사건에 박 대통령이 관계가 있다는 식으로 발언했다가 구속된 적도 있었고, 윤보선과 함께 베트남 파병을 반대했어요.

1967년 선거 때는 박정희가 동남아와 미국을 다녀오더니 청년들을 베트남에 팔아먹을 것을 구상했다는 얘기를 하는 바람에 구속이 되었어요. 그 당시에 윤보선과 장준하만 베트남 파병을 맹렬히 비난했습니다.

그리고 오재영은 박정희의 일본군 장교 전력을 얘기했다가 구속이 되었어요.

6·8선거가 특별히 문제가 된 것은 박 대통령과 고위 공직자들이 적극적

---

*한국비료 사카린 밀수 사건(한비 밀수 사건) 1966년 5월 삼성 계열의 한국비료가 일본에서 도입한 자재 속에 사카린의 원료인 OTSA 2,259포대(약 55톤)를 밀수한 것이 부산 세관에서 적발되었는데, 9월에 신문에 보도되면서 크게 문제가 되었다. 이 사카린 밀수 사건은 정경유착 논란으로 번지며, 해방 이후 최대 의혹으로 확대됐다. 삼성은 한국비료 주식 51퍼센트를 국가에 헌납하면서 가까스로 사건을 수습할 수 있었다.

으로 선거운동에 나섰기 때문이었어요. 5월 9일 국무회의에서 대통령·국무총리·장관·차관, 이런 사람들이 특정 후보를 지지하는 선거운동을 할 수 있게끔 대통령과 국회의원 선거법 시행령을 고쳐버렸어요.

이게 바로 1960년 3·15부정선거에서 최인규가 한 짓 아닙니까? 3·15부정선거의 핵심은 관권 선거로, 공무원 선거였고 또 하나는 3인조·9인조 선거였다고 얘기했잖아요. 말이 안 되는 짓이지요. 대통령이 국회의원 선거운동을 하고 다닌다는 게 어떻게 말이 됩니까? 장관도 마찬가지죠.

국가정책과 관련되는 사항을 그 지역 주민들한테 가서 선거운동의 일환으로 약속해주는 건 선심공약 정도가 아닌 거죠. 그리고 이렇게 대통령과 장·차관이 움직이면 일선 공무원 조직이 공정하게 일을 할 수 있겠어요?

이미 4월 27일 중앙선거관리위원회(중앙선관위)는 국무위원이 국정을 위한 지방출장에서 특정 후보를 지지하는 연설을 하는 경우 대통령 선거법에 위반된다고 해석했어요. 5월 13일 중앙선관위는 별정직 공무원을 포함한 모든 공무원은 선거운동이 불가하다고 해석하면서 국무회의의 시행령 개정은 부당하다는 공식 견해를 밝혔습니다.

논란이 커지자 박 대통령은 국무위원들에게 선거유세에 나서지 말라고 지시하고 자신도 유세에 나서지 않겠다는 뜻을 분명히 했어요. 그런데 박 대통령은 5월 18일부터 '지방순회시찰'이라는 명목으로 나섰어요. 그는 수원에 가서 관광도시로 발전시키겠다고 약속하고, 천안에 가서는 공장 추진을 지시하는 등 돌아다녔습니다. 이게 다 이승만이 역마다 들려 플랫폼에서 연설하고 다니면서 "나는 유세 안 한다"라고 한 것과 똑같은 짓이지요. 중앙선관위가 무슨 힘이 있습니까? 조금 뒤에는 장관들도 막 돌아다닙니다.

망국적인 선거풍토

1967년 6·8선거에서 가장 주목받은 선거구는 목포였어요. 김대중 후보가 그때는 참 젊었어요. 김대중 후보에 대항해서 공화당에서는 김병삼을 내세웠습니다. 군인 출신으로 체신부 장관을 했습니다만, 박정희가 이 선거에서 아주 큰 힘을 실어줬어요.

박 대통령은 목포에 와서 장기영 경제기획원 장관 겸 부총리와 다른 경제각료들을 불러 모아놓고, 호남 푸대접을 불식하기 위한 구체적 방안을 검토하고 즉석 공약도 했습니다. 그리고 목포 유세에서 이번만은 여당 의원을 꼭 선출해서 지역사회 발전의 성과를 볼 수 있게 해달라고 호소했어요. 목포에서는 갖가지 '유비(유언비어의 준말)통신'이 돌고 흑색선전이 난무했어요.

앞에서 이 선거 때부터 돈이 많이 들어왔다고 했는데, 선거 역사에서 이 점을 주목할 필요가 있습니다. 그전에는 막걸리 사주고 고무신 나눠주고 싸구려 옷 같은 것 나눠주는 정도밖에 안 됐어요. 그런데 이 선거 때부터 돈이 무지하게 많이 돌았습니다. 박정희가 일본으로부터 어떤 루트로 받았다느니 하고 얘기되고 있잖아요. 한비 밀수 사건도 얘기했습니다만, 이병철의 장남인 이맹희의 글에 자세히 나오는 것처럼 그 사건도 박정희가 정치자금을 마련하려고 하다가 생긴 사건이거든요.

한 신문은 1면 톱으로 "이 선거는 첫째 향연 및 금품 제공 등 막대한 자금 살포, 둘째 지방사업 공약의 남발, 셋째 간교한 득표작전, 넷째 국무위원들의 이례적인 지방출장으로 빚어진 공무원 사회의 동요 및 관권 개입 시비로 말미암아 역대 총선거에서는 유례없는 이상 분위기를 빚어내게 되었다"라고 썼습니다만, 대통령에서부터 장·차관에 이르기까지 선심공약을 한 것도 상당히 의미가 있습니다.

왜냐하면 그전에는 공약을 할 게 별로 없었어요. 국회의원들한테 군대 안 가게 해달라는 청탁이 산더미처럼 올라온다거나 취직시켜달라는 청탁은 많이 있었지만, 그건 공약이 아니지요.

그런데 이 선거에서부터 지방 선심공약을 많이 합니다. 다리 놓아주고 아스팔트 깔아주고. 새마을사업 비슷한 거죠. 공장도 지어주겠다, 조그만 공장 같은 걸 지어서 취직시켜주겠다. 이제는 한두 명 취직시켜주는 게 아니라 지역 사람들이 집단으로 취직할 수 있다면 기대될 것 아닙니까?

국무위원들이 이러한 약속을 하니까 도처에서 여당 찍자고 하는 거죠. 우리나라 역대 선거 중에 제일 타락한 선거를 이 선거라고 많이 얘기합니다. 그래서 이 선거를 '망국선거'라고 불렀습니다. 인간을 이렇게 타락시킬 수가 없었다. 그런 점에서도 이 선거는 연구해볼 만한 선거입니다.

역사상 처음으로 한국 사회에 돈이 막 돌기 시작한 시기와 선거가 맞아떨어졌고, 유권자도 돈맛에 제정신이 아닌, 그런 점에서 망국적인 현상이 나타난 선거였어요.

이 선거에서부터 1980년대에 이르기까지 세계 선거사상 유별난 풍경이 연출되었어요. 후보자들이 부녀자들을 주로 그룹으로 관광도 시켜주면서 유원지에서 놀게 하는 거예요. 전국 방방곡곡 유원지에는 부녀자들의 노래와 춤으로 떠들썩했어요. 여자들이 밤새도록 춤추는데, 우리나라 여자들 참 잘 추더라구요. 똑같은 동작인데도 밤새도록 해도 질리지도 않은가 봐요. 이때부터 1980년대까지 버스 태워서 관광지에 가서 그렇게 하는 행태가 선거철마다 벌어졌어요. 창피한 일이지요.

나는 모럴이 상실된 이 선거가 금년(2007년) 연말에 치러질 선거와 유사성이 있는 것 같아 걱정이 듭니다. 최근 몇 년간 여론조사를 보면 민주주의나 인권을 중시하여야 한다는 사람이 20퍼센트 내외인데, 경제 성장, 경제 발전을 추구하는 사람이 70~80퍼센트로 나오거든요.

지독한 선거 후유증

이 선거에서 공화당은 50.6퍼센트나 득표했고, 지역구에서 103석, 전국구를 합치면 130석으로 개헌선인 117석보다 무려 13석이나 더 많아 역사상 여당이 최대 의석을 차지하는 기록을 세웠어요. 신민당은 27석에 전국구 17석을 더해 44석밖에 안 되었습니다. 그렇지만 서울은 14개 지역 중 신민당이 13석을 차지했어요. 물론 장준하도 당선되었습니다. 서민호도 고향에서 당선되었고요.

　1967년 6·8부정선거는 대규모 시위를 유발했어요. 6월 11일 춘천에서 기독교인들이 '부정선거규탄종교인궐기대회'를 가졌고, 6월 12일부터 데모를 했어요. 13일에 학생시위는 전국 여러 대학과 일부 고교로 번졌습니다. 이때 만병통치약 비슷한 것으로 '휴교령'이라는 게 있었습니다. 대학문을 딱 막아버렸죠.

　6월 14일 현재 서울 시내 18개 대학과 지방 4개 대학이 휴업조치를 취했어요. 15일에는 서울 시내 20개 고교 등이 데모를 해, 이날 28개 대학과 57개 고교가 임시휴교에 들어갔습니다. 신민당도 강경투쟁을 벌였고요. 6월 하순에 데모는 약화되었지만 부정선거 폭로는 꼬리를 물었어요.

　사태가 이렇게 확대되자 박 대통령은 부정선거 관련 공화당 당선자를 제명하도록 지시해 7명이 제명되었고, 국무총리 이하 장·차관, 그 밖에 주요 공직자들이 일괄사표를 제출했습니다. 그 뒤에도 여러 명이 국회의원직을 사퇴하고 그랬습니다만, 국회는 무려 6개월간이나 파행을 거듭했습니다.

12월에서야 공화당과 신민당의 여야합의서가 통과가 되었습니다만 여전히 문제가 남았습니다. 이만큼 긴 파행이 그전에 한 번 있었어요. 1958년 24파동 때도 6개월 정도 국회가 아무 일도 못했습니다.

6·8부정선거 규탄시위가 한창일 때 중앙정보부에 의해 '동백림 사건'* 이 크게 발표됩니다. 동백림이라고 하니까 학생들은 무슨 무협소설에 나오는 지명 아니냐고 그러던데, 독일의 동부 베를린을 가리키는 것이지요. 그전에도 선거에 이용하려고 무슨 사건을 발표한 적이 있었지만, 이렇게 큰 사건을 발표하여 선거 후유증을 무마하는 데 이용하지는 않았습니다. 부정선거 비판의 분위기를 막기 위해서 감춰뒀다가 터뜨렸다는 것이 도덕적으로 있을 수 있느냐? 6·8선거는 이 점에서도 도덕성이 상실되었다고 할 수 있겠습니다.

동백림 사건으로 한국이 낳은 세계적인 음악가 윤이상, 유명한 화가 이응노와 유학생들이 서독 등에서 대거 체포되어 특수작전으로 국내에 압송되었어요. 그 때문에 서독과 외교 분쟁까지 야기됐지요.

또 황성모 교수가 독일 유학생 아닙니까? 다시 제3차로 걸려들어 엮인 것이 서울대 문리대 학생서클이었던 '민족주의비교연구회', 일명 '민비련 사건'* 입니다. 김중태·김도현 등이 관련되었는데, 1964년 한·일회담 반대투쟁 때가 제1차 사건이고, 그 다음 해 한·일협정 반대데모 때가 제2차 사

---

*동백림 사건(동베를린 간첩단 사건) 1967년 7월 중앙정보부는 유럽에 유학 중인 교수·유학생·학자·광부 등이 북한 공작원에 포섭되어 거액의 공작금을 받고 간첩활동을 했다고 발표했다. 이 사건은 무려 200여 명이 체포되는 등 해방 이후 최대의 '간첩단 사건'으로 발전했고, 서독과 프랑스의 언론관계자와 정부의 공식 항의단 등이 국내에 들어와 관련 피고인의 재판을 방청하는 등 국제적 관심사로 비화했다.

*민족주의비교연구회(민비련) 사건 1967년 7월 중앙정보부가 6·8부정선거에 대한 대규모 학생 규탄시위를 무력화하기 위해 1964년 한·일회담 반대데모 때 대표적인 학생서클이었던 서울대 문리대 민족주의비교연구회를 동백림 사건과 연관 지어 수사를 확대하고, 관련 인물들을 구속한 사건.

▲ 1967년 6·8부정선거 신민당 규탄시위

1967년 6·8총선은 1960년 3·15부정선거 이래 최악의 부정선거로 기록될 정도로 선거 부정이 아주 심각했다. 선거가 끝나자 대학에서 부정선거 규탄시위가 일어났고, 신민당도 항의의 표시로 국회 등원을 거부하고 부정선거 반대운동을 벌였다.

건이었어요. 박정희나 중앙정보부한테 한 번 밉보이면 얼마나 큰 어려움을 당할 수 있는가를 보여주는 대표적인 사건이 이 민비련 사건이죠.

40대 기수론의 충격

박정희가 망국적 부정선거를 치룬 이유는 앞에서 이미 얘기했죠. 이승만도 집권한 지 6년 만에 영구집권을 하기 위해 사사오입개헌을 했는데, 박정희도 집권한 지 6년 만에 영구집권을 위한 개헌선을 확보하기 위해서 이런 있을 수 없는 부정선거, 망국선거를 저지른 것 아니겠어요.

당시 박정희는 공화당 주류로서 여전히 막강한 힘을 가지고 있던 김종필계를 분열시키고 약화시켜야만 3선개헌으로 갈 수 있었어요. 사실 김종필계가 계속 단결만 했더라면 3선개헌은 불가능했습니다. 그래서 먼저 박 대통령은 '한국복지연구회 사건'* 으로 김종필계 중간 보스인 김용태 등을 제거해버렸죠. 그러자 김종필은 정계 은퇴까지 선언을 하고 그러는데, 결국 1969년 3선개헌을 앞두고 김종필과 김종필계는 굴복을 하고 말지요.

3선개헌도 발췌개헌, 사사오입개헌처럼 불법적이었어요. 표결을 앞두고 야당은 본회의장에서 농성을 하고 있었는데, 9월 14일 새벽 2시 50분경에 여당 의원들이 몰래 빠져나가 자기들끼리만 국회별관에 모여 변칙적으로 날치기 통과를 시킨 거예요. 국회법에 표결이 있을 경우 반드시 국회의원들한테 통고를 하게 돼 있거든요. 그런데 이 표결은 개헌 표결인데도 통고

*한국복지연구회(복지회) 사건 1968년 5월 24일 공화당 내 김종필계 중간 보스 김용태 회장, 최영두 부회장, 송상남 사무총장이 조직한 한국복지연구회가 김종필을 1971년 차기 대선 후보로 추대하기 위한 비밀 조직이었다 하여 박정희가 이들을 제명 조치한 사건이다. 당시 복지회가 김종필을 대선 후보로 추대하려 했는지, 제명 조치 배경이 박정희 3선개헌을 위한 것인지는 밝혀지지 않았다. 이 사건은 김종필계를 제거하기 위해 조작된 것으로 얘기하는 사람들도 많다. 이 사건으로 유력한 차기 대선 후보로 얘기되던 김종필은 5월 30일 정계 은퇴 선언을 하고 당의장직에서 물러났다.

를 하지 않고 자기들끼리만 표결한 것이에요.

　1956년 정부통령 선거와 함께 선거 역사에 길이 남을 1971년 대통령 선거로 들어가도록 하겠습니다. 40대 기수론, 들어보셨어요? 이 선거는 신선한 느낌을 줬던 40대 기수론부터 시작을 합니다.

　42살밖에 안 된 신민당 원내총무 김영삼이 1969년 11월 8일에 "내가 대통령 후보로 나서겠다"라고 선언을 해버렸어요. 당시 유진오 당수가 와병 중이긴 했지만, 유진산·정일형·이재형 등 당권에 야심을 불태우고 있었던 이른바 거물들이 있는데, 감히 42살밖에 안 된 사람이 선거를 1년 이상 앞두고 대권에 도전하겠다니까 신민당 안팎이 시끌시끌해질 수밖에 없었지요.

　유진산 등 당 중진들이 대선배이긴 하지만 대통령 후보로는 아무래도 안 되겠다 싶은 분위기가 있었는데, 김영삼이 마땅한 대통령 후보감이 없다는 약점을 정면으로 치고 나온 거였어요. 김영삼의 선언은 3선개헌 저지 실패로 좌절감에 빠진 당내에 신선한 바람을 불어넣었고, 일반 사람들한테도 호감을 주었어요.

　김영삼이 도전하니까 민정이양 이후 숙명의 라이벌이 된 김대중이 가만있겠어요? 그는 호적 나이로 김영삼보다 두 살 위예요. 민주당 신파 쪽에 속했던 김대중은 원내총무 등의 대결에서 구파였던 김영삼한테 번번이 패배했지만, 똑똑하고 연설도 잘해서 장래가 주목되고 있었어요.

　김영삼보다 5년 위인 이철승도 뛰어들었어요. 이철승은 장면 정권 때 소장파의 우두머리였고 실력자였지만, 쿠데타세력한테 밉보여서 정치활동정화법에 묶여 있다가 1967년 6·8선거 후에 풀렸습니다.

중앙정보부의 야당 대통령 후보 공작

40대 기수론에 유진산만 당황한 것이 아니라 박정희도 당황했어요. 이게 문제가 간단하지 않아 보인단 말이에요. 그래서 중앙정보부에서 작전에 나서게 됩니다. 박정희로서는 대통령 선거전에서 유진산 같은 사람과 붙어야 편하거든요. 그런데 난데없이 새로운 경쟁자들이 나타난 겁니다.

중앙정보부는 유진오에 이어 1970년 1월에 신민당 당수가 된 유진산을 대통령 후보로 옹립하는 공작에 나섰어요.

유진산이 보기에도 자기 밑에 있던 자들이 서열을 파괴하고 나서는 것이 정말 건방지단 말이에요. 유진산이 '구상유취口尙乳臭'라고 그랬어요. 젖비린내 나는 것들이 덤벼든다는 것이지요. 또 '정치적 미성년자'라고 일갈했어요. 유진산의 눈초리가 매섭다고 하는데, "이제 40살 갓 넘은 것들이 무슨 정치를 한다고 하느냐" 하고 큰소리친 거죠.

그러나 사태는 박정희나 유진산 마음대로 되지 않았어요. 유진산은 1960년대 내내 중앙정보부와 밀착했다는 소문이 있어서 '사쿠라'라는 얘기를 들었거든요. 대통령 후보 문제로 밤에 중앙정보부 사람이 유진산 집에 들락거리는 게 발견되고 그랬습니다.

이것도 문제가 됐지만, 김영삼이 "우리는 만년 야당만 하란 말이냐", "우리도 정권교체 해보자", "신선한 바람을 일으키자"라고 했습니다. 이런 것이 대단한 호소력이 있을 수밖에 없었어요. 신민당으로서는 자신들의 존재 의의 내지는 존재가치를 확인해주는 거였어요. 국민들도 이때는 박정희한테 신물을 많이 내고 있었거든요. 그래서 야당 쪽에서 뭔가가 있기를 기다렸는데, 드디어 40대가 나온 거죠. 결국 유진산은 주저앉을 수밖에 없었습니다.

1970년 9월 신민당 대통령 후보 지명대회는 많은 국민들이 비상한 관심을 가졌어요. 결과는 1979년 5월 이철승과 김영삼의 대결에서 예상을 깨고 대역전극이 벌어진 것과 비슷한 현상이 일어났어요. 이때는 김영삼이냐 김대중이냐였고, 이철승은 그저 끼어든 것이었습니다.

1차 투표에서 김영삼이 1등을 했어요. 885표 중 421표. 이때는 중앙

▲ 1971년 신민당 대통령 후보로 선출된 김대중

정보부도 김영삼이 차라리 낫다고 생각했어요. 유진산은 어차피 안 되는 거니까. 김대중이 제일 무서웠죠. 김영삼은 같은 경상도이고 연설도 잘 못하니까 호남의 김대중이 무서운 거지요. 그 때문에 6·8총선에서 목포에서 격전이 벌어진 것 아닙니까? 하여튼 1차에서 김대중은 382표로, 어느 누구도 과반수 이상을 획득하지 못했어요.

중앙정보부는 1979년에도 실패합니다만, 1970년 공작에 실패하고 말았어요. 역사라는 것이 묘해요. 아무리 막강한 중앙정보부라고 하지만, 가장 중요할 때 무력함을 내보이거든요. 역사의 힘은 어쩔 수 없습니다. 거스르려고 아무리 발버둥 쳐도 안 되는 게 있어요.

2차 투표에서 김대중 458표, 김영삼 410표로 김대중이 대통령 후보로 결판 났어요. 이철승 쪽이 같은 전라도이기도 하니까 김대중 쪽을 밀었어요. 역전승을 거두게 된 것이죠.

1971년 대통령선거와 국회의원 선거

1971년 4월 27일의 대통령 선거는 박정희가 3선개헌 이후 처음 치르는 대통령 선거로서 큰 전환점이었다. 야당에서는 40대 기수론을 내세운 김영삼과 김대중이 부각되었다. 1970년 9월 신민당 대통령 후보 지명대회 2차 투표에서 김영삼을 누르고 역전승한 김대중은 빈부 격차의 해결, 4대국 안전보장, 남북 간 비정치적 교류 등 파격적인 공약으로 신선한 바람을 일으켰다. 이에 비해 박정희는 "이번이 마지막 출마"임을 강조하며 눈물로 표를 호소하였다. 이 선거에서는 영남 지방 중심으로 지역감정을 부추기는 흑색선전이 난무했다. 개표 결과 영남에서 몰표를 받은 박정희가 김대중을 누르고 다시 당선되었다.

민심이 변화를 원한다는 것은 국회의원 선거에서도 드러났다. 1971년 5월 25일에 치러진 국회의원 선거에 이변이 일어났다. 전체 의석 204석 중 공화당은 113석, 신민당은 89석으로 개헌 저지선을 20석이나 상회했다. 역사상 최초의 균형 국회가 탄생한 것이다.

김대중의 파격적인 공약

45세의 김대중은 이미 1970년 10월 16일 기자회견에서 신선한 공약을 내걸었습니다.

헌법에 있는 3선 조항은 대통령이 되면 폐지하겠다. 그리고 너무 심한 관권경제인데, 이것을 지양하겠다. 이 시기를 행정독재라고 말하잖아요. 차관이라도 들여오려면 경제기획원 승인이 없으면 안 됐어요. 경제활동이 관권의 지배를 받아 관권경제라고 그랬어요.

그때는 빈부 차이가 아주 심하고 도시와 농촌 간의 격차도 아주 심했던 때입니다. 대기업과 중소기업 간의 격차도 심했어요. 이런 양극화도 시정하겠다고 했습니다.

그리고 남북 간에 비정치적 교류를 하겠다. 그래서 서신 교류라든가 체육인 교류라든가 이런 걸 하겠다. 조봉암이 1956년 선거에서 제시한 집단안전보장체제와 흡사합니다만, 미·소·중·일 4대국의 한반도 안전보장 공약도 호소력이 있었습니다. 군의 중립화와 정예화는 야당이 계속 주장했던 거죠. 향토예비군도 폐지하겠다. 그러면서 희망에 찬 대중의 시대를 열자고 '대중경제'를 외치면서 아주 기염을 토하는 기자회견을 가졌습니다.

기자회견에 이어 김대중은 부산에 내려가더니 한발 더 나아가 유고슬라비아와 영사관계도 갖겠고, 동유럽 몇 나라와는 통상관계를 갖겠다고 했습니다. 적극외교로 나가겠다는 것인데, 그 당시에는 대담한 주장이었습니다. 참모들이 좋은 사람들이 있었죠. 학생운동권도 돕고 있었고. 대표적으로 경제 부문의 참모를 맡았던 박현채를 들 수 있어요.

1971년 선거의 해가 되었습니다. 1월 23일에 김대중은 올해 선거가 마지막 선거가 될지 모른다는 얘기를 했습니다. 총통제가 실시될 거라는 얘기가 이미 1970년경부터 돌기 시작했어요. 서울대 법대 학장과 총장을 하면서 말이 많았던 형법학자 유기천 쪽에서 대만 총통제 연구 문제가 나왔다는 얘기가 있었는데, 김대중이 선거의 해 벽두에 그 문제를 꺼낸 것이지요.

그런데 김대중은 너무 일찍 선거 공약을 했기 때문에 손해 보는 면도 있었어요. 왜냐하면 상대방이 공격할 수 있는 시간 여유를 준 것이니까요. 여당은 관권도 이용할 수 있고 돈도 동원할 수 있고 조직도 동원할 수 있지만, 제일 큰 것 중 하나가 KBS 등 매체를 최대한 활용할 수 있었어요. 이 당시에 TV 매체라는 게 어디 야당하고 관련이 있었겠어요?

궁지에 몰린 박정희

하여튼 그런 매체들을 최대한 활용해서 "향토예비군 폐지하면 북한이 또 1968년에 청와대를 기습하러 내려왔던 124부대 같은 특수부대를 내려보낸다" 이런 식으로 공안 분위기를 조성하고, "도대체 동유럽 공산국가하고 통상한다는 게 말이 되느냐", "4대국 안전보장은 사대주의 발상이다", 또

"소련과 중국이 어떻게 우리나라 안전보장을 시켜준단 말이냐" 하고 계속 공격을 한 것이지요. 이렇게 공격해오니까 김대중은 향토예비군 폐지에서 한발 뒤로 물러서고, 안보 공약 같은 것도 주춤하고 그랬습니다.

선거전으로 들어가자 바람이 불었어요. 1971년 4월 10일부터였어요. 그날 박정희가 대전에서 5만 명을 모았는데, 김대중은 부산에서 16만 명을 모았습니다. 이때부터 국민들이 흥분하기 시작했어요.

이때 김대중은 1956년 민주당의 구호처럼 아주 호소력 있는 소리 많이 했습니다. "10년 세도 썩은 정치 못살겠다 갈아보자" 이것도 그렇고, "논도 갈고 밭도 갈고 대통령도 갈아보자" 이것도 인기가 있었어요. 장기집권과 부정부패에 염증이 난 유권자를 마구 흔들어댔어요. 이때 김대중은 젊음을 마음껏 발휘했어요. 과시한 것이지요.

이 선거에서 야당은 자기네 당 후보가 인물 좋고 말 잘한다는 것을 크게 내세웠어요. 여당 후보를 빗대서 외치고 다닌 것이었는데, 여당은 얼마나 속상하고 기분 나빴겠어요? 인물 좋은 아무개를 찍자고 큰소리치면서 다니는 것에.

재야도 선거사상 처음으로 정면에 나섰어요. 공명선거를 다짐하는 '민주수호선언문'이 나오고, '민주수호협의회'가 만들어지고 '민주수호청년협의회'도 만들어졌습니다. 교련 반대, 즉 학원병영화 반대투쟁을 벌이던 학생들도 민주수호를 외치며 시위를 했어요. 박정희 쪽에서는 낭패가 아닐 수 없었어요.

박정희 덕에 1964년부터 국회의장을 계속 역임한 이효상의 발언이 문제가 되었어요. 이 사람은 그전 선거에서도 이상한 소리를 했는데, 이 선거에서 또 지역감정을 건드리는 소리를 했어요. "영도자란 모름지기 군부의 지지를 받아야 한다." "경상도 대통령을 뽑지 않으면 우리 영남은 개밥에 도토리가 된다." 이러고 다녔어요.

여당 선거를 사실상 총괄한다고 볼 수 있는 중앙정보부는 큰 고민에 빠졌습니다. 지금 총력을 기울여서 박정희를 당선시켜야 하는데, 각지 여론조사를 해보니까 이게 심상치가 않았거든요. 여러 가지로 이 선거에 대한 대비책을 강구했어요.

박정희의 비장한 호소

그러다가 드디어 메가톤급 특효약을 발견했어요. 제일 센 약이 하나 있다. 뭐냐 하면 "나는 이번이 마지막 선거로, 다음에는 선거에 나서지 않겠다. 후계자를 육성하겠다"라고 말하는 거예요. 바로 국민이 바라는 것이잖아요. 한 번만 더 하고 그 다음에는 절대로 안 한다고 국민들에게 밝히는 것이지요.

그것을 확실히 공약해야 할 터인데, 박정희가 그럴 생각이 있었겠어요? 처음부터 그 사람은 이승만처럼 장기집권을 구상하고 있었거든요. 중앙정보부에서 여러 여론 같은 것을 통해서 확실하게 이것밖에 없다는 걸 알아냈지만, 그럼에도 불구하고 박정희가 말을 안 들을 것 같으니까 영향력 있는 사람들을 동원시켜서 박정희 후보한테, "이것 빼고는 없습니다" 이런 식으로 얘기를 하게 했어요. 박정희는 전주 유세에서부터 그 비슷한 얘기를 하기 시작해요.

김대중은 4월 18일 서울 장충단 유세에서 기염을 토했어요. 그 유세장에는 30만 명 이상이 모였는데, 그때까지 선거 역사에서 가장 많은 사람이 모인 것이었습니다. 앞에서 본 한강 백사장의 신익희 유세보다 더 많았지요.

장충단 일대가 사진을 보면 아시겠지만 빽빽했어요. 하층 서민이 몰려온 것도 인상 깊었습니다.

이 유세장에서 김대중은 "지금 어느 나라에 가서 총통제를 연구 중이다. 이번에 정권교체를 못하면 영구집권의 총통제가 실시되어 선거도 없을 것이라는 확실한 증거를 가지고 있다"라며, 전국 공무원들에게 4월 20일부터 부정선거를 중단하라고 외쳤어요. 그러면 선거 부정을 용서하겠다는 얘기였지요. 계속 박수가 쏟아져 나왔습니다.

박정희 정권의 최대 약점인 부정부패도 건드렸어요. "부정부패를 일소하여 세금을 내리겠다" 그러니까 또 열화와 같은 박수가 나왔어요. "나는 기필코 승리할 것이다. 그리고 여러분은 나와 함께 승리할 것이다. 오는 7월 1일 새로운 대통령 취임식에 청와대에서 만납시다"라고 하면서 끝을 맺었어요.

유세 후 수많은 인파가 장충단에서 동대문을 거쳐 광화문까지 "정권교체", "김대중 이겼다"를 연호했어요. 이날 김대중의 승리가 명백한 것처럼 보였어요.

박정희는 4월 25일 장충단 유세를 가졌는데, 김대중 때보다 적어서는 안 되겠기에 버스니 뭐니 모든 걸 동원했고, 가마니 깔아 놓고 자리도 다 마련해놓았어요. 지방에서도 올라오게 했어요. 김대중 때와 비슷하거나 그보다 약간 숫자가 더 많다고 동아일보에 나올 정도였습니다.

장충단 유세에서 박정희는 전주에서 한 그 얘기를 더 강하게 했어요. "한 번 더 뽑아주면 부정을 일소하겠다"면서 비장하게 "나에게 마지막이 될 이번 선거에서 다시 한 번 신임해준다면 유능한 후계 인물을 육성하겠다"라고 말했어요.

▲ 1971년 제7대 대통령 선거 후보 벽보
안정된 미래를 강조하는 박정희 공화당 후보의 선거구호와 썩은 정치의 혁신을 요구하는 김대중 신민당 후보의 선거 구호가 대조적이다.

▲ 1971년 대통령 선거에 신민당 후보로 출마한 김대중의 서울 장충단 공원 유세
유세장에 30만 명 이상이 모였는데, 그때까지 선거 역사에서 가장 많은 사람이 모인 것이었다. 하층 서민이 몰려온 것도 인상적이었다.

경상도 지역 몰표로 당선된 박정희

박정희의 장충단 발언은 시기를 잘 맞춘 게 됐어요. 김대중이 이걸 공격을 해야 하는데, 다시 말하면 박정희가 얼마나 말을 잘 바꾸는가, 신뢰할 수 없는 사람인가를 설득해야 하는데, 27일이 선거니까 이틀밖에 안 남았잖아요. 시간이 너무 없었고 이용할 매체가 별로 없었어요.

김대중이 KBS 연설을 할 때, KBS는 그 앞뒤 프로에서 6·25전쟁 모습을 보여주고는 지금 경제 발전을 열심히 하고 있다, 현 정부가 황소같이 열심히 일하고 있다는 것을 보여주었어요. 김대중 선거연설을 무력하게 하고 박정희 선거운동을 해주던 시대였어요.

박정희는 4월 26일 선거 전날 MBC 저녁 방송에서 비장한 얘기를 또 했어요. "정말 마지막 선거입니다." 그 말은 맞지요. 진짜 마지막 선거였으니까요. 그러면서 "나에게 마지막이 될 이번 선거에서 다시 한 번 신임해준다면 유능한 후계자를 육성하겠다"라는 얘기를 아주 간곡하게 한 거예요. 이게 마지막 부동표를 움직였다고 합니다. 이때 대구 지방에서는 "호남인이여 단결하라!" 등의 구호가 붙은 유인물이 '호남향우회' 명의로 뿌려졌는데, 이는 지역감정을 조장하는 공작이었어요.

뚜껑을 열었더니만 박 후보가 6,342,828표, 김 후보가 5,395,900표, 94만여 표 차가 났어요. 문제는 이 차이가 지역 차이보다 적었다는 데 있습니다. 그때 관권 선거가 여전했기 때문에 호남에서는 6.4 대 3.6으로 62만여 표 정도밖에 차이가 없었어요.

김대중이 호남에서 차지한 게 많지 않았는데, 경상도에서 박정희가 휩쓸어버린 거예요. 158만여 표나 더 차이를 냈어요. 158만 표에서 62만 표를 빼면 전체 차이인 94만 표보다 더 많습니다. 경북에서 7.6 대 2.4, 경남에서 7.4 대 2.6이었습니다.

서울에서는 김대중이 6 대 4로 39만여 표나 더 많았습니다. 영남의 지지율은 1967년보다 더 높았고, 투표율도 영남이 호남보다 더 높았어요. 자금, 행정력, 조직에 망국적인 지역 몰표가 당선을 결정한 것입니다.

1956년의 선거에서처럼 국민은 변화를 바랐던 거예요. 1971년에는 사건도 많았고, 경제도 그다지 좋지 않았어요. 1969년부터 부실기업이 막 늘어났는데, "기업은 망해도 기업주는 잘산다" 그런 역설이 마구 돌았어요. 박정희 정권의 부정부패와 장기집권에 대한 염증도 큰 영향을 미쳤고요.

김대중은 선거 후 "중앙정보부와 온갖 관권·금력이 나를 때려잡은 폭거였다. 나는 국민의 지지를 도둑맞은 것이 분명하다"라고 말했어요. 그런데 박정희가 한 말이 더 실감나게 권력의 실체를 적나라하게 보여주고 있어요. 박정희는 "까딱 했으면 정권을 도둑맞을 뻔했다"라고 아주 자연스럽게 말한 거예요.

때 아닌 도둑 논쟁이 일어날 뻔했는데, 유권자가 아무리 지지해도 권력을 내놓지 않겠다는 의미이기도 하고, 정권을 자신의 사유물로 착각한 데서 아주 자연스럽게 나온 소리 같기도 한데, "대통령은 내 자리다. 그것을 노려서는 안 된다. 그걸 노리는 자는 나쁜 놈이다" 이런 기이한 삼단논법식 사고를 하고 있었던 것이죠. 이승만과 너무 닮았다는 생각이 들지 않으세요? 어쨌든 참 쓸쓸한 말이지요. 생각해보면 그 당시 한국처럼 무한 권력을 누릴 수 있는 곳에서는 당연한 것처럼 나올 수 있는 말인지도 모르지요.

살아 있는 유권자 양심

민심이 변화를 원한다는 것은 국회의원 선거에서도 드러났습니다. 1971년 국회의원 선거에서도 이변이 일어났어요.

　신민당의 경우 이맛살을 찌푸릴 일이 한두 가지가 아니었습니다. 전국구 공천에서 '진산 파동'이 또 한 번 일어났어요. 당수인 유진산이 누가 봐도 당선이 확실한 자신의 지역구인 영등포 갑구로 나와야 하는 건데, 그곳을 포기하고 전국구 1번으로 나왔어요. 말은 전국유세를 해야 한다지만 그건 김대중한테 맡기면 되는 거예요. 김대중은 전국구 2번을 줬어요.

　영등포 갑구에 공화당에서는 장덕진이 나왔는데, 장관 등을 역임한 힘 있는 사람이었지요. 그러다 보니까 유진산이 또 '사쿠라짓'을 했다는 겁니다. 이 때문에 신민당의 내분이 갈 데까지 가게 됩니다.

　이 선거에서는 재야와 학생들이 대통령 선거 때와는 다른 모습을 보여주었습니다. 4·27대통령 선거가 부정으로 얼룩졌기 때문에 김대중 후보가 낙선되었다고 하면서 선거 거부론을 주장했어요. 신민당사에 들어가 선거 거부에 야당도 동참하라고 농성을 벌이기도 했어요. 4·27선거 때는 수천 명의 학생들이 전국 각지에 내려가 선거 참관인을 하는 등 선거를 감시했잖아요.

　5월 25일 뚜껑을 열어보니까 예상치 않은 결과가 나왔어요. 서울의 경우 19군데 중에서 신민당은 한 군데만 진 거예요. 영등포 갑만. 유진산 때문입니다. 대구에서 5곳 모두, 부산에서 8곳 중 6곳에서 야당이 되었어요. 놀랍게도 유권자의 양심과 양식이 발휘된 것이지요. 이것을 보면 이때까지는 지역이기주의가 심각하게 내면화되지는 않았던 것 같아요. 32개 도시에서 신민당이 47석을 확보한 반면 공화당은 17석밖에 차지하지 못했어요. 도시에서 공화당이 그야말로 참패를 한 것이지요.

　전체 의석 204석 중 공화당은 113석, 신민당은 89석으로 개헌 저지선을

20석이나 상회했어요. 이제는 쿠데타 빼놓고 다른 방법으로는 장기집권할 수 없다는 것이 확실해졌어요. 신민당은 임시국회도 단독으로 소집할 수 있게 됐습니다. 장관을 출석시켜 따질 수도 있게 됐어요. 역사상 최초의 균형국회가 탄생한 겁니다.

우리는 너무 비관만 할 필요도 없고 그렇다고 낙관만 하는 것도 안 된다고 생각합니다. 1967년에 있었던 4년 전 선거는 썩을 대로 썩어서 어떻게 한단 말이냐, 우리에게 미래가 있느냐는 개탄이 절로 나왔지만, 4년 뒤에는 완전히 다른 상황이 전개되었거든요. 역시 우리 사회는 역동성이 강한가봐요. 그렇지만 또 강권이 발동되면 고개를 수그리지요.

박정희는 일찍부터 장기집권과 독재를 생각하고 있었고, 그것이 3선개헌에서부터 구체화되었지만, 1971년의 선거를 치르고서는 이제 후계자를 육성하여야겠다는 생각을 갖는 대신 "민주선거를 해서는 안 되겠구나" 하는 쪽으로 기울어졌어요. 대통령 선거에서 이번 선거가 마지막이라고 말한 것이 극단적으로 나쁜 형태로 지켜진 셈인가요?

3강을 마치며 – 박정희 신드롬의 이해

여기까지가 오늘 강의인데, 오늘도 무척 빨리 말을 했네요. 내가 충청도 사람이라 느려요. 그렇지만 하나라도 더 얘기를 해야잖아요. 질문하시죠. 질문 없습니까? 박정희 시대 뭐 생각나는 거 없으세요?

● 오늘 강의를 들으니까 당시에 박정희에 대한 지지가 의외로 약한 것 같은데요, 근래에 들어 죽은 박정희 지지가 높아졌어요. 젊은 층의 지지율도 그렇고. 상징적이란 말이에요. 내가 보기에는 극복을 해야 되는데

요. 그걸 좀 묻고 싶습니다.

쉽게 극복될 것 같지 않네요. 극복해야지 해서 극복되는 성격의 문제는 아닌 것 같고 우리가 몇 번 더 과정을 겪어야 할 것 같아요. 그것은 우리 사회의 가치관이나 의식과 긴밀히 관계가 있어요.

1967년 6·8부정선거와 관련해서도 시사했습니다만, 우리는 근대화지상주의라고도 하는 성장제일주의에 너무 매몰된 사람이 많아요. 무슨 짓을 해서든지 돈만 벌면 된다, 투기가 무슨 상관이냐, 남한테 해를 끼쳐도 된다, 나만 잘살면 된다 등등의 사고가 있습니다. 박정희 시대의 천민자본주의와 이기주의가 몸에 배어 있는 것이지요.

대표적인 예가 1971년 선거에서 노골적으로 드러난 지역이기주의입니다. 거기에는 같이 잘살자는 생각이 없어요. IMF사태 이후 살기가 팍팍해지고 불안감이 높아지면서, 그렇게 된 근본 원인이나 자신에 대해 성찰이나 반성보다는 우선 내가, 그리고 우리 쪽이 살고 봐야겠다는 생각이 더 많아진 것은 아닐까요?

우리는 민주주의나 인권·정의·정직·양식·성실, 이런 것과 연결된 사회가치관, 시민사회가 요구하는 시민의식을 일제강점기이건, 이승만 집권 12년이건, 박정희 집권 18년이건, 전두환·신군부 집권 8년이건 어느 때도 가져보지 못했어요. 오히려 강권 지배, 파쇼적 억압이나 인간관계에 익숙해 있었다고 생각할 수 있어요. 박정희를 유난히 찬양하는 사람들 가운데는 민주주의나 인권이 뭐가 그리 소중하냐, 박정희 식으로 통치하는 것이 우리 적성에 맞다고 얘기하잖아요. 오늘 유신체제 이전의 박정희 집권기의 선거를 살펴보았지만, 박정희 정권에 대해서 객관적으로 알고 있는 것이 너무 적다는 생각이 들지 않으세요? 경제 성장에 대해서도 일면적으로만 판단하면 안 되지요.

박정희 신드롬을 극복하려면 무엇보다도 진실이 많이 전달돼야 하고 현대사회에 대한 이해가 높아져야 하는데, 우리 현대사를 강의할 수 있는 사람이 몇 안 됩니다. 현대사를 모르는 데도 현대사를 배울 필요가 없다고 생각하는 한 박정희 신드롬은 깨지지 않습니다.

1972
- 10월 17일 유신쿠데타(비상계엄령 선포)
- 11월 21일 국민투표(유신헌법)
- 12월 15일 제1대 통일주체국민회의 대의원 선거
- **12월 23일 통일주체국민회의 체육관 대통령 선거**(대통령 박정희)

1973
- **2월 27일 제9대 국회의원 선거**
- 3월 10일 유신정우회(유정회) 창립
- 8월 8일 김대중 납치 사건
- 10월 1차 석유 파동

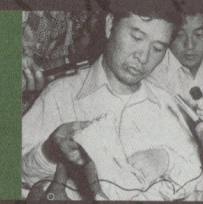

1974
- 1월 8일 긴급조치 1호 선포
- 4월 3일 긴급조치 4호 선포 – 민청학련·인혁당 사건

1975
- 2월 12일 국민투표
- 4월 9일 제2차 인혁당 사건 관련자 사형 집행
- 5월 13일 긴급조치 9호 선포

1976
- 2월 12일 국민투표
- 3월 1일 3·1민주구국선언

1978
- 2월 동일방직 파업 사건
- **7월 6일 통일주체국민회의 체육관 대통령 선거**(대통령 박정희)
- 12월 2차 석유 파동
- **12월 12일 제10대 국회의원 선거**

4강

유신체제와 전두환 정권을 뒤흔든 두 총선
— 1978년 12·12총선과 1985년 2·12총선

1979
- 8월   YH무역 여성노동자 농성 사건
- 10월 4일   신민당 김영삼 의원직 제명
- 10월   부산·마산 지역 항쟁
- 10월 26일   박정희 대통령 피살
- <u>12월 6일</u>   통일주체국민회의 체육관 대통령 선거
  (대통령 최규하)
- 12월 12일   전두환 등 신군부쿠데타

1980
- 5월 17일   5·17쿠데타(비상계엄 확대)
- 5월 18일   광주민중항쟁 시작
- 5월 31일   국가보위비상대책위원회(국보위) 설립
- <u>8월 27일</u>   통일주체국민회의 체육관 대통령 선거
  (대통령 전두환)
- 8월 16일   대통령 최규하 퇴진
- 10월 22일   국민투표(신군부헌법)

1981
- 2월 11일   대통령 선거인단 선거
- <u>2월 25일</u>   체육관 대통령 선거(대통령 전두환)
- <u>3월 25일</u>   제11대 국회의원 선거

1985
- <u>2월 12일</u>   제12대 국회의원 선거

4강 유신체제와 전두환 정권을 뒤흔든 두 총선

거꾸로 가는 민주주의

이제 현대사에서 가장 어두운 시대에 치러진 선거를 살펴보겠습니다. 유신 시대부터 1985년 2·12총선에 걸친 얘기를 하도록 하지요.

우리나라는 어떻게 된 것이 시간이 갈수록 인권도 지켜지고 민주주의도 발전하는 것이 아니라 오히려 민주주의가 후퇴한 것이 아니냐, 이렇게 얘기들을 많이 합니다. 특히 선거를 보면 거꾸로 돌아가는 것 같은 생각을 갖지 않을 수 없습니다.

1987년 6월민주항쟁 때 주로 외친 구호가 '직선제 쟁취'였잖아요. 그런데 그런 구호가 나왔다는 것이 무엇을 의미하느냐? 정부통령 직선제가 이미 1952년부터 시행되어 1971년까지 쭉 있어왔던 건데, 그걸로 되돌아가자, 16년 전에 있었던 직선제로 되돌아가자는 것이니 얼마만큼 거꾸로 되돌아간 역사를 우리가 살았는지를 단적으로 알 수가 있습니다. 참으로 어두운 시대여서 그렇게 된 것이지요.

그러한 선거가 어떻게 시행됐는지 되살펴보겠습니다만, 먼저 이 시기에는 "선거 같은 걸 할 필요가 뭐 있느냐?", "선거를 하지 말자"라는 선거 포기론이 여러 차례 나왔는데, 그 점을 생각해보지요.

선거 포기론이 이승만 집권기에 없었던 것은 아닙니다. 특히 1960년 3·15선거에서는 투표 이전부터 나왔고, 투표일에는 선거 포기를 주장한 것이

▲ 1972년 10월 17일 국가비상사태선언 보도를 접한 시민들
1961년 5·16쿠데타 이후 11년 5개월 만에 다시 중앙청 앞에 탱크가 등장했다. 박정희는 이날 비상계엄령을 선포하고, 11월 21일 국민투표를 거쳐 12월 27일 유신헌법을 공포했다.

아니고 아예 선거 포기를 선언했지요. 마산 민주당 시당에서는 이미 10시 30분에, 다음에 민주당 경남도당에서는 오후 1시 30분에 선거 포기를 선언했고, 민주당 중앙당이 4시 반에 선거가 불법·무효라고 선언했습니다.

1971년 5·25국회의원 선거 때에도 선거 포기론이 학생들 중심으로 제기되었어요. 그 직전에 치러졌던 4·27대통령 선거가 지독한 부정선거였다는 것이었지요. "부정선거로 대통령이 바뀌었는데, 무얼 또 합리화시켜주려고 선거를 하느냐?" 그렇지만 5·25국회의원 선거에서 유권자들이 얼마나 현명했습니까? 역사상 처음으로 균형국회가 탄생했잖아요.

1985년 2·12총선도 학생운동권에서 처음에는 선거 포기 주장이 우세했다가, "선거에 참여하는 게 바른 길이다. 그게 우리 운동에 도움이 된다"라는 주장이 승세를 얻으면서 참여를 하게 되었던 건데, 만일에 그 선거에 참여를 하지 않았더라면 과연 그렇게 엄청난 선거바람이 불 수 있었겠느냐는 생각을 안 해볼 수가 없죠.

그렇지만 또 전두환 등 신군부가 실세로서 등장한 이후에 치러진 선거나 유신체제에서 치러진 선거 같은 것을 보면 과연 그런 선거를 할 필요가 뭐 있느냐, 이런 생각을 안 할 수도 없습니다.

탄압에도 불구하고

1972년 10월 17일 유신쿠데타를 일으킴과 동시에 박정희는 야당 국회의원들 가운데 똑똑하다고 얘기되는 사람들을 가혹하게 다루었습니다. 중앙정보부에 10여 명이 끌려가 지독한 고문을 당하게 됩니다. 그 사람들이 나중에 생생한 증언을 많이 했습니다.

그 가운데에서도 김대중·김영삼에 이어 다음 세대의 야당 지도자가 될 수 있으리라 생각된 사람 세 명이 있었어요. 김상현, 조연하, 조윤형. 이 세 명은 구속돼버렸어요. 여러 해 동안 감옥에서 썩었습니다. 조윤형이 아버지 조병옥을 닮아서 술을 많이 마시기는 한 것 같습니다만, 똑똑하다는 분이었거든요. 조윤형이 그렇게 심하게 고문당한 것은 한강변 정인숙 피살

＊정인숙 피살 사건 1970년 3월 17일 서울 한강변에서 정인숙이 총을 맞고 죽었다. 그때 정인숙의 수첩에서 수십 명의 고위 관리와 정치인들의 명단이 나왔다. 당국은 정인숙의 오빠가 죽였다고 발표했고, 그에 따라 사건이 처리되었다. 하지만 중앙정보부의 개입 가능성 등 여러 의혹이 불거져 나와 크게 문제가 되었으나 아직까지도 진상이 밝혀지지 않았다. 이 사건은 최고권력층의 도덕성을 적나라하게 보여주었는데, 특히 정인숙 아들의 '아버지'에 대해서 화제가 되었다.

사건*과 관련해서 국회에서 박정희로서는 참을 수 없는 말을 한 것도 작용했다고 합니다. "정인숙의 아들이 정승일이냐, 박승일이냐? 이렇게 세상에서 얘기하고 있다"라고 말했다는 거예요.

뿐만 아니라 야당으로 선거에 나올 가능성이 있는 사람, 또는 전직 국회의원들 가운데 유신헌법에 의한 선거에도 나오겠다는 사람들, 김영삼 같은 사람은 각서를 쓰지 않은 것이 확실한 것 같습니다만, 상당수 사람들이 중앙정보부에 불려가서 각서를 썼어요. "유신체제에 어긋나는 발언이나 행동을 하지 않겠다"라고 약속을 한 거죠.

그런 사람이 국회의원 되어서 뭐하겠어요. "유신체제를 비판 안 하겠다라고 각서를 쓴 사람이 국회의원 되어서 뭐하냐? 선거는 해서 뭐하느냐?" 이런 주장이 나올 수밖에 없었던 겁니다.

야당에는 정상배나 기회주의자로 '사쿠라' 노릇을 하는 사람도 있고 그렇지 않은 사람도 있었겠지만, 야당이 유신체제 선거에 참여한 것은 잘했다고 생각을 합니다. 선거는 독재자들의 요식행위가 될 것 같더라도 간단하게 몰아붙여서 참여하지 말자고 할 수 있는 그런 것이 아니에요. 앞에서도 얘기했지만, 때로는 이게 상당한 위력을 가질 수가 있어요. 레닌 같은 급진적인 혁명을 주장한 사람도 차르 치하의 의회였던 "두마에 참여할 수 있는 한 우리가 참여해야 한다"라는 말을 했습니다. 멘셰비키를 그렇게 혹독하게 비판한 사람이 차르 치하의 별것 아닌 것 같은 러시아 의회조차도 일단 의원으로 들어가면 활동할 수 있는 여지가 있다는 말을 한 거지요. 뿐만 아니라 의원은 그리 쉽게 잡아가둘 수가 없어요. 국민이 선출했다는 게 굉장한 힘이 되는 겁니다. 어디서나 대개 국회의원은 그 자체가 헌법기관이에요.

예전에 싱가포르에서, 지금도 싱가포르는 야당이 힘이 없는 나라로 알고 있는데, 이광요가 수상할 때였어요. 40명인가 되는 국회의원 중에 한 명만 야당인 적이 있었어요. 독재자로 유명한 이광요 수상이 그 한 사람 때문에 상당히 골치를 앓았습니다. 집어넣자니 그것도 그렇게 간단한 문제는 아닌 것 같고, 그렇다고 떠들어대는데 멈추게 할 수도 없고, 독재하는 데 큰 방해물이었죠. 그래서 해외 뉴스로 몇 번 그 사람이 보도되고 그랬습니다.

사실 각서를 쓰고 국회의원이 된 사람들이라도 어떤 여건이 주어지면 유신타도에 나서기도 합니다. 유신정권 중반기에 유신체제를 비판한 김옥선 의원 파동이 일어나게 되는데, 김옥선은 남장한 여성 국회의원이었지요. 그러한 김옥선 의원 파동은 박정희 입장에서는 그다지 바람직한 것이 아니죠. 김옥선 의원이 견디다 못해 자진사퇴하기는 했지만요.

나쁜 사람들이 타락한 선거에서 많이 당선될 수도 있지만, 어쨌든 유신 치하나 신군부 치하에서 선거를 그야말로 요식행위에 지나지 않는 방식으로 처리하더라도 반독재투쟁을 하는 가장 효과적인 방법은 의회로 들어가는 겁니다. 들어가서 싸우는 거예요.

해괴한 대통령 선거

유신체제에서는 선거가 많이 치러지진 않았어요. 그나마 치러진 선거들도 그렇게 순탄하게만 됐다고 보기도 힘든 편입니다.

박정희는 앞에서 본 대로 서울 장충단 유세에서, 또 마지막 MBC 방송 연설에서 이게 마지막 선거라고 얘기를 했단 말이에요. 이제는 선거를 통해서는 자신이 대통령이 되기 어렵다는 걸 그때 뼈저리게 느낀 겁니다. 다시는 선거로 대통령 자리를 도둑맞아서는 안 되겠다는 생각이 그 이전부터

1972년 유신헌법과 선거

1971년 대선과 총선 결과를 지켜본 박정희는 정상적인 방법으로는 재집권이 불가능하다고 판단하여, 1972년 10월 비상계엄령을 선포하고 국회를 강제로 해산시켰다. 그리고 11월 21일 유신헌법을 통과시키고, 12월 27일 이를 공포했다. 대통령 선거는 직선제가 폐지되고, 유신헌법에 따라 조직된 통일주체국민회의에서 간접선거를 하도록 했다.

국회의원 선거 방식도 바뀌었다. 총의석의 3분의 2는 한 선거구에서 2명씩 뽑는 중선거구제 방식을 택했다. 또한 국회는 국정감사권도 박탈당하고, 정기국회·임시국회 회기도 줄어들어 활동기반이 상당히 취약해졌다.

1972년 12월 23일 박정희는 통일주체국민회의에서 무효 두 표를 제외한 99.9퍼센트의 지지를 얻어 대통령에 당선되었다. 그 다음 해 2월 27일에 치러진 국회의원 선거에서도 예상대로 공화당은 도시뿐만 아니라 각지에서 별 어려움 없이 당선되었다.

구상해왔던 총통제와 연결된 것이라고 볼 수 있습니다.

그래서 친위쿠데타를 일으킨 다음에 '통대'라는 걸 만들어냈어요. '통일주체국민회의 대의원', 통대는 대통령만 뽑는 게 아니라 헌법기관입니다. 사실은 헌법기관 정도가 아니라 국민 주권의 수임 기관으로 되어 있었어요. 국민만 주권을 갖는 것이 아니라 통대도 가지고 있는 거예요. 대통령 선거 외에도 국회가 발의해서 의결한 헌법 개정안을 확정하고, 국회의원의 3분의 1을 선출하고, 통일정책을 결정하거나 변경할 수 있는 권한을 가졌습니다.

통대가 이렇게 막강한 권한을 행사할 수 있다고 했지만, 대의원 2천 명이 모여서 무슨 권한을 행사하겠어요. 하는 일이 뭐 있겠어요. 대통령이 이걸 위임받은 게 돼버리는 거예요. 통대에서 대통령한테 이걸 다 위임시켜버리고 대통령이 그 권한을 행사하는 식이지요. 웃기는 거죠.

중앙정보부 역할이 클 수밖에 없지만, 어쨌든 대의원 2천 명 내지 5천 명을 선거 형식으로 선출해서 그 사람들이 대통령을 뽑는 간접선거 형태를 택

▲ 1972년 12월 27일 박정희의 대통령 취임식
유신헌법에 따라 선출된 통일주체국민회의에서 단독출마한 박정희는 99.9퍼센트의 지지율을 얻으면서 역사상 처음으로 '체육관 대통령'으로 당선되었다.

했습니다. 그래서 장충체육관에서 대통령 선거를 했더니만 2,395명이 만장일치로 박정희를 뽑아야 하는데, 어떻게 해서 무효표가 2표가 나왔어요.

그래도 99.9퍼센트임에는 틀림없지만, 이 무효표 2표가 나오는 것은 어떻게 할 수 없었나 봐요. 대의원들의 반란을 막으려고 대의원 필적을 전부 다 보관하고 있었다고 합니다. "우리가 필적을 다 알고 있으니까 거기에 어긋나는 투표를 하면 가만 안 두겠다." 이런 의미가 다분히 담겨 있었을 겁니다. 그리고서 1972년 12월 27일, 장충체육관에서 대통령 취임식을 가졌습니다. 역사상 처음으로 '체육관 대통령'이 탄생한 것이지요.

그런데 취임식 때 동아일보 기자였던 이경재 의원이 쓴 책에 의하면, 이상하게 단상에 있는 국기봉이 꺾였다고 그래요. 나는 동아일보사에 있을 때, 청와대 출입기자로 그걸 보면서 아주 불길하다는 생각을 했는데 하여튼 말년에 그런 식으로 박정희가 죽었다는 얘기를 이경재 기자로부터 몇 차례 들은 바 있습니다.

불쌍한 국회, 불쌍한 국회의원 선거

유신체제에서 대통령의 권한이 얼마나 막강한가는 길게 얘기할 필요가 없겠지요. 쉽게 얘기해서 중국 황제처럼 3권을 장악하다시피 했다는 얘기들을 하죠. 국회와 사법부가 엄연히 있었는데 그게 무슨 소리냐? 대통령은 긴급조치권 등의 특별 권한뿐만 아니라 대법원장과 대법관, 법관 임명권까지 갖고 있었어요.

법관 임명이 그전에도 없었던 건 아니지만, 유신체제하에서 대통령의 눈 밖에 난 사람이 법관으로 설 수 있었겠느냐는 얘기입니다. 대법원장에 대를 이어 친일행위를 했고, 박정희의 수족처럼 박정희 밑에서 검찰총장·법무부 장관 등의 요직을 다 지낸 사람을 시키고 했기 때문에 법원이 하수인 노릇을 할 수 밖에 없었다고 하지요.

국회의원이 왜 있으나 마나 한 존재라는 얘기를 들었느냐? 대통령은 긴급조치권 외에 국회해산권, 법률안 거부권을 갖고 있었어요. 대통령중심제에서 있을 수가 없는 제도이지요. 또 헌법 개정 발의권과 관련해서도 대통령 권한이 세다고 얘기할 수 있지만, 그것보다도 통대 몫으로 되어 있는 국회의원의 3분의 1을 임명할 수 있었어요. 유신체제를 수호하는 데, 또는 자기 부하들을 감독·지휘하고 회유·포섭해나가는 데에 감투를 하나씩 나눠주는 걸로 이 73석의 국회의원 자리를 이용하였죠.

그것뿐만 아니라 국회의원의 국정감사권도 박탈하고 정기국회·임시국회 회기도 줄여버려서 국회활동이 매우 취약해졌어요. 1954년 5·20국회에서부터 '거수기 국회'라고 얘기했는데, 특히 박정희 때는 군사체제·군사문화 방식으로 일사불란하게 움직이기 위해 거수기 체제를 훨씬 더 강화시켰어요. 더 나아가서 유신체제하의 국회는 다른 어느 때보다도 힘없고 불쌍한 국회가 된 것입니다.

이렇게 국회의원들을 무력한 존재로 만들어놓은 상태에서 국회의원 선거가 그 다음 해인 1973년 2월 27일에 치러지게 됩니다. 국회의원 선거 방식도 확 바뀌었습니다. 서울 같은 경우엔 19개 선거구에서 한 군데 빼고 여당이 다 떨어졌다고 그랬잖아요. 부산이나 대구에서도 야당 의원들이 많이 당선되었고요.

그러다 보니까 도시에서 어떻게 하면 공화당이 당선되느냐, 여기에다가 초점을 맞추었어요. 선거구제 하면 소선거구제·중선거구제·대선거구제가 있는데, 우리나라에서 대선거구제는 딱 한 번 있었죠. 1960년 7·29선거에서 참의원을 대선거구제에 의해서 뽑았습니다.

중선거구제도 몇 차례 얘기가 되긴 했습니다만, 시행된 적은 없다고 볼 수 있어요. 왜냐하면 유신체제처럼 한 선거구에서 두 명의 국회의원을 뽑는 방식은 중선거구제라고 하기가 어렵습니다. 중선거구제는 인구나 여러 가지를 감안해서 한 선거구에서 두 명이나 세 명 혹은 네 명을 뽑는데, 우리나라는 일사불란하게 두 명씩 딱 뽑았고, 그 이유도 아주 야비했지요. 그러니까 이것은 중선거구제 취지에 어긋난 거예요. 그러나 소선거구제는 아니기 때문에 다른 말로 할 수가 없을 경우, 할 수 없이 중선거구제다, 그렇게 얘기를 하죠.

따라서 73개 선거구에서 공화당은 다 한 명씩 나오게 돼 있었습니다. 그리고 유신헌법에서는 재미나게도 10년 만에 무소속 출마를 허용했어요. 이것 한 가지만 보더라도 박 정권이 얼마나 작위적·정략적으로 이용했는지 생각을 안 할 수가 없습니다.

5·16쿠데타 후에는 야당을 분열시키기 위해 무소속을 못 나오게 하더니만, 이제는 다시 무소속을 나오게 해야만 단일 야당, 즉 신민당이라는 거대 야당이 힘을 못 쓰게 할 수 있다, 이런 생각을 한 거예요.

그래서 무소속에서 무려 19명이나 당선되었고, 통일당은 딱 두 명 – 전라도에서 딱 두 명이 됐습니다. 물론 73명은 박정희가 임명했으니까 공화당 당선자 73명을 합치면 그것으로도 개헌을 할 수 있게 되었지요. 유신헌법보다 더 나쁜 헌법으로 바꾸기도 어려웠겠지만.

"닭의 목을 비틀어도 새벽은 온다"

유신쿠데타가 일어났을 때에는 아무도 반항을 안 하는 것처럼 보였습니다. 물론 못하는 것이었지만. 그러나 '김대중 납치 사건'* 이 발생하면서 달라지게 됩니다. 어떻게 그런 일을 저지를 수가 있느냐? 공공연하게 중앙정보부 고위 간부가 직접 하수인 역할을 하면서 이 사건을 일으켰던 것 아닙니까? 어쨌든 김대중이 살아서 온 것이 참 다행이죠.

김대중 납치 사건이 나면서 학원가가 동요하기 시작했고, 1973년 10월 2일부터 드디어 유신 반대데모가 상당히 큰 규모로 일어나게 됩니다. 그것

---

*김대중 납치 사건 1972년 신병 치료차 일본에 체류 중이던 김대중은 유신체제가 선포되자 귀국을 포기하고, 1973년 7월 재미교포단체인 한국민주회복통일촉진국민회의(한민통)를 결성하는 등 해외에서 반유신활동을 벌였다. 그러던 중 도쿄 한민통 결성을 5일 앞둔 8월 8일에 통일당 당수 양일동을 만나러 그랜드 팰리스 호텔에 갔다가 납치되었다. 중앙정보부가 직접 저지른 일이었는데, 납치된 지 129시간 만인 8월 13일에야 서울 자택 근처에서 풀려났다.

이 일파만파로 번져 학교마다 동맹휴업이 벌어지고 그랬어요. 10월 2일 서울대 문리대에서 일어난 유신 반대투쟁은 아주 지독하게 탄압을 받았어요. 박정희는 그렇게 무섭게 탄압하면 반유신 학생운동이 일어나지 않을 것으로 봤던 건데, 큰 오산이었지요.

대학으로 워낙 크게 번지니까, 12월 초로 기억납니다만, 박정희가 모든 구속자들과 제적·정학당한 학생들을 전부 다 원상복귀시켰습니다. 박정희가 집권한 이래 이렇게 백기를 든 것은 처음이었어요.

그 다음에 장준하가 '유신헌법개정청원 백만인 서명운동'을 벌이면서 또 일파만파로 분위기를 타니까 긴급조치 1호를 선포해서 무서운 억압통치시대로 가는데, 이것이 1974년 1월부터 일어나는 상황이죠. 그리고 4월 3일 긴급조치 4호가 발동되어 주동자는 사형까지 처하겠다고 했는데, 유명한 '민청학련·인혁당 사건'*이 터졌다고 해야 할지, 터트렸다고 해야 할지……

그때 야당에서도 변동이 일어났어요. 드디어 유진산이 4월에 사망을 했습니다. 유진산에 대해서는 앞에서 많이 얘기했으니까 더 이상 얘기할 필요가 없죠.

당수인 유진산이 죽으니까 8월 22~23일에 임시전당대회를 열었는데, 3

---

*민청학련·인혁당 사건 학생들이 유신체제에 반대하기 위해 전국 각 대학·재야세력·종교세력 등과 조직적인 연결을 해나가자 그것을 차단하고 반유신세력을 철저히 탄압하기 위해 폭력적인 용공좌경 사건으로 조작한 유신 최대의 조작극이자 국가권력에 의해 무차별적인 고문이 가해진 인권 탄압 사건이다. 1974년 4월 박정희는 민청학련 사건을 발표하면서 긴급조치 4호를 발동, 학생들의 수업 거부와 집단행동을 일체 금지시켰다. 이 사건으로 천여 명을 조사하였고, 비상군법회의 검찰부는 200여 명을 기소하였다. 비상고등군법회의에서 이른바 인혁당 재건위원회 관련자 7명과 민청학련 관련자 1명에게 사형을 선고했고, 나머지 인혁당 재건위 관련자와 민청학련 관련자에게 무기징역 등 중형을 선고했다. 1975년 2월 대통령특별조치에 의하여 대부분이 형집행정지로 석방되었으나, 인혁당 재건위 관련자들과 유인태 등 민청학련 관련자는 계속 감옥에 있었고, 1975년 4월 8일 대법원에서 8명에 대해 사형 판결을 확정하자 바로 다음 날 4월 9일에 사형에 처하는 만행을 저질렀다. 이들 8명은 2007년 초에 재심에서 무죄를 선고받았고, 국가는 보상을 하게 되었다.

차까지 투표를 한 끝에 김영삼이 유진산 직계가 아닌데도 신민당 총재가 되었습니다. 3차 결선투표에서 만장일치로 추대받는 형식을 취했어요.

이때 김영삼이 아주 기염을 토했습니다. "닭의 모가지를 비틀어도 새벽은 온다." 어디서 그런 말을 알았는지, "닭의 모가지를 비틀어도 새벽은 온다" 참 멋진 말이죠. 아무리 철권통치를 해도 유신체제는 무너진다, 이런 뜻인 셈인데, 그러고는 "나는 민주주의 제단에 피를 뿌리겠다" 또 "민주주의를 위해서 결사항쟁을 하겠다" 이런 얘기를 했어요. 뿐만 아니라 "우리 신민당은 이제 정권에 도전하는 정당이 되겠다." 앞에서 본 것처럼 유신체제에 영합하는 자들을 선거에 나서게 했는데, 이제 김영삼이 그것과는 확연히 다른 얘기를 했습니다.

이때부터 '선명야당'이라는 말이 많이 사용됩니다. 선명야당, 그러니까 독재권력에 순응하지 않고 한판 붙겠다는 야당을 우리는 선명야당이라는 말로 쓰기 시작한 것이죠. 그래서 1974년 11월에는 '개헌추진본부' 현판식까지 가졌어요. 유신체제를 학생·재야인사·개신교 목사·천주교 사제, 이런 사람만 반대투쟁을 벌이는 게 아니라 야당에서 개헌을 추진하겠다고 해서 현판식을 가지니까 박정희로서는 대단히 화가 나고 놀라기도 했겠지요.

박정희를 살린 인도차이나 사태

1975년에 들어가면 국내외 압력 때문에 2월에 긴급조치 1호와 4호로 구속된 사람들을 인혁당 관계자와 지금 정치 일선에서 활약하고 있는 유인태·이강철 등 몇 사람만 빼놓고는 석방을 했습니다. 석방될 때 이 사람들이 개선장군처럼 무등도 타고 대단했어요. 기자들이 "세상 뒤집어졌네, 뒤집어졌네" 그러더라고요. 박정희가 얼마나 화가 났겠습니까?

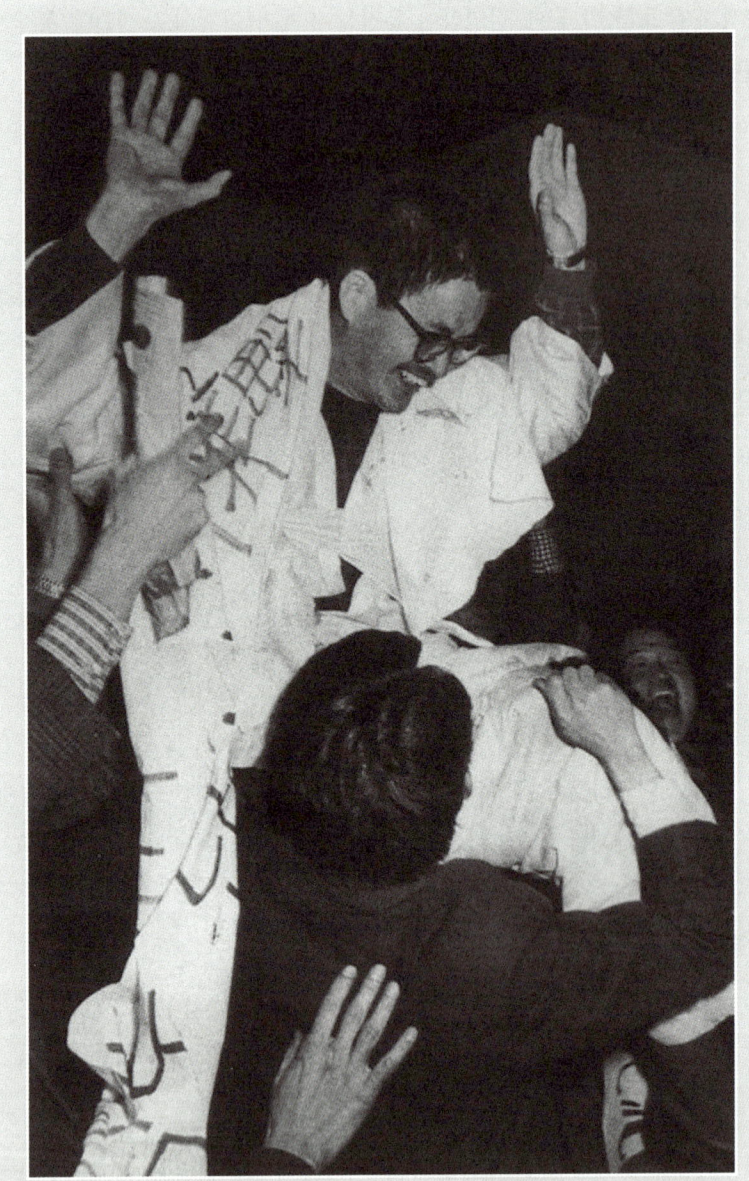
▲ 민청학련 사건으로 구속되었다가 1975년 2월 17일 석방된 필자

그런데 시인 김지하가 인혁당 고문 사건을 폭로해버렸어요. 더 나아가서 김지하가 김대중을 만났어요. 박정희가 제일 미워하는 두 사람이 만난 거예요. 두 사람 다 호남 사람, 목포 사람인데, 박정희는 바로 김지하를 구속시킵니다.

그럼에도 불구하고 3월 하순부터 연세대에서 불이 붙기 시작해 나중에는 고려대에서 큰 시위가 벌어졌어요. 그래서 긴급조치 7호가 발동됩니다. 긴급조치 7호는 순전히 고려대 하나만 대상으로 해서 내린 거예요. 이런 긴급조치도 다 있냐 하겠지만, 하여튼 고려대에 휴교조치를 취하고, 더 이상 데모하면 가만 안 두겠다면서 내린 것이 긴급조치 7호입니다.

이 무렵 인혁당 관계자 7명과 민청학련 관계자 1명에게 대법원에서 상고기각을 하자마자 다음 날 새벽에 사형을 집행하고 그 시신을 강제로 화장하는 법살法殺 사태가 벌어졌습니다. 그야말로 천인공노할 만행이었지요.

그랬는데 유신체제를 살리는 새로운 사태가 일어났습니다. 뜻밖에도 박정희와 아주 깊은 관련이 있는 베트남 등 인도차이나에서 일어난 것이지요. 4월 말에 북부 베트남 군대가, 베트콩도 포함된 이 군대가 사이공을 함락시켰고, 남부 베트남 대통령은 정식으로 항복을 선언했어요. 박 정권이 깊숙이 개입했던 베트남 전쟁이 북부 베트남의 승리로 돌아가고 말았죠.

캄보디아에서도 친미 론놀 정권을 무너뜨리고 크메르루즈 군대가 프놈펜 시가로 들어왔어요. 아주 앳된 소년들이 많았어요. 이 소년들이 가담해 피

＊**부마항쟁**　1979년 10월 김영삼이 국회의원직에서 제명당하자 김영삼의 정치적 본거지인 부산과 마산 지역에서 일어난 유신독재 반대시위 투쟁. 10월 15일 부산대학에서 민주선언문이 배포되었고, 16일 5천여 명의 학생들이 시위를 주도, 시민들이 합세하여 대규모 반정부시위가 전개되었다. 이 같은 시위는 곧 마산으로까지 번져나갔다. 박정희는 18일 새벽 0시를 기해 부산 일원에 비상계엄을 선포하고 66명을 군사재판에 회부하였으며, 20일 정오 마산 및 창원 일원에 군을 출동시켜 59명을 군사재판에 회부하였다. 계엄령과 위수령 발동 후 부마 사태는 진압되었다. 그러나 그 뒤 1주일도 안 되어 박정희 대통령은 살해되었고, 유신체제도 종말을 고하였다.

의 학살이 벌어지면서 유명한 캄보디아 사태가 일어나는 거 아니겠습니까?
또 라오스에서도 사태가 일어난 거예요. 서민적으로 알려져 있던 공산계 왕자 수파누봉이 우파를 축출하고 집권을 하게 됐어요. 그래서 사회주의 정권이 들어서게 된 거죠. 인도차이나 3국이 다 공산주의화됐는데, 그때 김일성이 중국을 갔어요. 이것도 영향을 주었습니다. 남한의 반공 기류에 불을 지르는 역할을 했던 겁니다.

남한에 보수반공세력의 영향력이 얼마나 컸습니까? 특히 기독교 반공세력, 개신교 쪽이 아주 세죠. 이 개신교 측이 총화단결·반공 궐기대회에 앞장섰고, 그 밖에 수많은 반공단체들이 있잖아요. 또 대학교수들, 총장단도 동원시키고 심지어 학생회장단, 조금 있으면 그게 자유당 정권 때와 똑같은 명칭인 '학도호국단'으로 바뀝니다만, 학생회장단도 총화안보 궐기대회를 열었어요.

이러한 반공 분위기가 2~3년 정도 갔어요. 1976년에 명동성당에서 '3·1민주구국선언 사건'도 일어나고 합니다만, 유신체제를 흔들 만한 사건이 못 됐어요. 1978년에 들어서서 학생운동이 다시 상당한 규모로 살아나긴 합니다. 그렇다 하더라도 유신체제가 망할 때까지 '부마항쟁'*을 제외한다면 큰 규모의 시위는 별로 없었습니다.

꿀 먹은 벙어리가 된 김영삼

인도차이나 사태 후 야당도 싹 바뀌었어요. 야당이 인도차이나 사태가 일어난 지 불과 며칠 뒤에 "우리 당도 총화단결하는 데 앞장서야 한다"라고 하는 거예요. 그리고 박정희와 김영삼이 1975년 5월 21일 단독회담을 가졌습니다. 유명한 '박·김회담'이라는 겁니다.

이때부터 김영삼은 꿀 먹은 벙어리가 됐어요. "닭의 모가지를 비틀어도 새벽은 온다", "민주주의 제단에 내 피를 뿌리겠다" 이렇게 말한 사람이 모가지를 비틀리지도 않았고, 민주주의 제단에 피를 뿌릴 생각도 없어져버렸어요. 도대체 말을 안 하는 거예요.

박정희와 단독회담을 하면 대개 이상한 일이 일어난다고 했습니다. 예컨대 박정희·박순천 회담 이후 박순천이 변했다고 하고, 심지어 '사쿠라'라는 얘기도 듣거든요. 그러면서 한·일회담 반대투쟁에서 약화된 모습을 보이지 않습니까? 또 박정희·유진산 회담, 뭐 유진산이야 워낙 사쿠라 소리를 많이 들은 사람입니다만, 하여튼 유진산이 박정희 만나고 나서 유신체제에 대해서 더 협력적인 태도를 보였다고 하거든요.

그렇지만 김영삼 같은 사람이 그럴 줄을 누가 알았겠어요? 아까 얘기한 '김옥선 파동' 때에 특히 말이 많았습니다. 남자 옷을 입고 다니던 김옥선 의원은 아주 배짱 있는 발언을 많이 했어요. 인도차이나 사태로 반공 분위기가 강했던 1975년 10월, 아주 비장한 각오로 의사당 단상에 올라가서 유신체제를 정면으로 비판하기 시작했어요. 일부 천주교 신부를 빼면 제대로 얘기도 못하던 시절이었는데, 대담하게 발언을 했어요.

그러니까 공화당, 유신정우회가 가만히 있겠습니까? 제명시켜버리겠다고 나오면서 크게 압력을 넣었어요. 눈물을 뿌리면서 김옥선 의원이 의원직에서 물러나게 됩니다. 그런데 그때에도 그랬고, 그 이후에도 오랫동안 김옥선 파동에 대해 분명히 책임이 있는 김영삼 총재가 한마디도 안 하는 거예요. 그래서 김영삼이 욕을 많이 얻어먹었어요. "어떻게 참……, 닭의 모가지를 비틀어도 새벽이 온다고 하던 사람이 저렇게까지 될 수가 있느냐?" 하고요.

그러고 나서 1976년 5월에 신민당 전당대회가 열린 겁니다. 이 대회는 '각목대회'가 되어버렸고, 두 군데로 갈라져 열린 반쪽 전당대회가 되어버렸어요. 하나는 김영삼 쪽에서 하는 전당대회, 하나는 이철승 쪽에서 하는 전당대회로 나뉜 거예요. 각목대회라는 것은 양쪽에서 깡패들이 각목을 휘두르며 대회를 엉망으로 만든 것을 말하지요. 서울 시내에서 공공연하게 깡패가 각목을 휘두를 수 있었던 건 유신정권이 봐줬기 때문이에요. 봐주지 않았으면 어떻게 그런 일이 일어나겠어요.

중앙선거관리위원회 해석도 흥미가 있습니다. 중앙선관위가 이철승과 김영삼이 서로 자기가 당수라고 주장을 하고, 자기가 한 전당대회가 제대로 한 것이라고 주장을 하고 있는데, 김영삼 총재의 임기는 이미 끝나 총재직이 소멸되었다는 유권해석을 내렸어요. 김영삼이 버텨보려고 하다가 '사태'를 파악하고 총재직을 물러나고 말았어요.

그러면서 새로 수습위원회라는 게 만들어져서 전당대회가 열렸는데, '중도통합론'이라는 이상한 주장을 내세운 이철승이 대표 최고위원이 됐습니다. 중도통합론은 실제로는 유신체제에 도전을 안 하겠다는 거였어요. 원래 중도통합론의 논리는 서울대 노재봉 교수의 발상에서 나왔다고 해요. 노태우 정권에서 잠깐 총리를 한 사람이죠.

당수직에서 쫓겨난 김영삼이 박정희에 대해서 어떤 심정을 가졌을까? 이런 저런 추측들을 많이 하더라고요. "내가 그렇게 입을 다물었는데 그럴 수가 있느냐?" 정치라는 건 무자비한 거죠. 김영삼이 바보 노릇을 했다면 바보 노릇을 한 것이지요. 다른 의도가 있다면 그것을 밝히면 되었을 터인데, 뭐 다른 사람을 나무랄 일은 아닐 겁니다. 그렇지만 부메랑도 있고 대역전逆轉도 있지요. 박정희가 계속 이기는 것이 아니거든요.

1978년 12·12총선

1972년 대통령 선거와 1978년 대통령 선거는 국민들의 실질적인 참여가 없는 가운데 박정희를 대통령으로 추대하였다. 국회의원 선거는 2명의 동반 당선을 보장한 중선구제인 데다가 3분의 1은 대통령이 임명하게 함으로써 국회는 더 이상 민의를 반영할 수 없게 된 것처럼 보였다.
그러나 또 한 번의 대역전극이 선거를 통해 연출되었다. 1978년 12월 12일에 유신체제가 들어선 이래 두 번째 국회의원 선거가 실시되었는데, 놀랍게도 이 선거에서 야당인 신민당이 여당인 공화당보다 1.1퍼센트 더 많이 득표하였다. 이것은 유신체제가 국민들의 지지를 잃었다는 징표로 이해되었다. 이에 용기를 얻은 야당과 '민주세력'들의 반유신투쟁이 강화되어, 1979년 부마항쟁으로 전개되었다. 12·12선거 후 기울기 시작한 유신독재 권력은 결국 궁정동 사건으로 몰락하였다.

경제로 망한 '경제 대통령'

드디어 유신체제 붕괴의 드라마가 시작되는, 그래서 김영삼이 우람한 존재로 우뚝 서게 되는 사태가 벌어져요. 12·12선거가 바로 그겁니다.

유신체제가 들어선 지도 어언 6년이 흘러서, 1978년에 두 번째 선거를 하게 되었거든요. 무소불위의 강권을 휘두르는 유신독재에서 선거는 있으나 마나 하다는 얘기들이 돌았고, 국제적으로 "한국은 문제다", "저런 독재국가가 있을 수가 있느냐?" 이렇게 비난의 표적이었는데, 그런 나라에서 놀라운 선거 결과가 나오니까 국내외에서 모두 깜짝 놀랐습니다. 한국에 대해 정치적 관심을 가진 전 세계가 다 놀랐습니다.

어째서 12·12국회의원 선거에서 야당 득표율이 1.1퍼센트 앞설 수가 있었느냐? 선거라는 게 이래서 묘미가 있는 겁니다.

신민당이나 공화당이나 득표율이 다 30퍼센트를 약간 넘었습니다. 그런데 공화당은 불과 31.7퍼센트밖에 득표를 못했습니다. 역대 선거 중에 여당의 득표로는 이게 제일 적은 축에 들어갈 겁니다. 선거 다음 날 동아일보 톱뉴스가 "신민, 득표율로 공화 앞질러"였습니다. 1980년대까지 우리나라

정치 보도는 동아일보가 권위가 있었는데, 그 동아일보가 이렇게 썼어요. 의석수야 공화당이 많았지만 1선거구 2인 당선에서는 너무 당연한 일이었고, 중요한 것은 득표율이었습니다. 야당이 이겼다는 겁니다. 통신이 전 세계에 즉각 이걸 보도했습니다.

어째서 이렇게 상상하기조차 어려운 사태가 벌어진 것일까?

우리는 "박 정권이 경제 하나는 잘했다" 이렇게 생각하고 있지 않습니까? 심지어 유신체제가 중화학을 발전시키기 위해서 생겼다는 전혀 근거가 없는 주장을 하는 학자도 있습니다.

우선 1971년에 박정희가 다시 대통령에 취임했으니까 1975년까지 대통령을 하고 그 다음에 김대중이나 김종필·김영삼이 대통령을 했다면 어땠을까요? 과연 한국 경제가 1975년에서 1979년 그 시기에 박정희가 집권한 것보다 더 못했겠느냐는 문제를 제기해보는 것은 중요한 의미가 있습니다.

부마항쟁이 일어난 가장 큰 요인 중 하나가 경제 문제였습니다만, 경제 때문에 박 정권이 붕괴됐다면, 이건 참 씁쓸한 얘기죠. 사람들이 얼마만큼 허상에 매달려 사는지, 뭘 잘 몰라도 한참 모르는 것 아니냐, 이런 생각이 드는 겁니다. 물론 이것은 논란이 있을 수 있어요.

12·12선거에서 공화당이 패배한 것에 대해 그 당시 신문은 경제 문제, 장기집권에 대한 염증, 그리고 부정부패와 정경유착, 대개 이런 것을 원인으로 제시하고 있습니다.

박 정권이 경제적으로 잘한 적도 있지만, 1960년대 후반기에서 1970년대의 놀라운 경제 성장은 여러 국내외적인 조건을 객관적으로 살펴봐야 합니다. 여기서는 1978·79·80년에 한국 경제가 왜 나쁜 상태였느냐, 그 부분과 관련해서만 간단히 설명을 하겠습니다.

박정희 발목 잡은 중화학공업

우선 벼농사 흉작을 지적할 수 있어요. 이상할 정도로 1980년대 하반기부터 지금까지 우리나라 농사가 대체로 풍작입니다. 태풍 피해가 좀 있었습니다만 그것 빼놓고, 또 지역에 따라 집중호우가 쏟아진 것을 제외하면 심한 홍수나 가뭄이 별로 없었어요.

그런데 기억하실지 몰라도 1968·69년에 가뭄이 대단했고, 1970년대에도 가뭄이 좀 있었어요. 통일벼 강제 재배나 이중곡가제로 1970년대 쌀 생산량이 늘고 농촌 생활도 나아졌습니다만, 1978년에 흉작이 든 거지요.

해방 후 인플레가 매우 심한 나라였는데, 1956년경에야 비로소 잡혔죠. 한국 경제가 발전하기 위한 계기가 그때부터 마련된다고 설명들을 합니다. 그런데 1970년대에는 인플레가 거의 다 두 자릿수였습니다. 한 해인가를 빼놓고는 다 두 자리 숫자였어요. 어떤 때는 20~30퍼센트를 넘고 그랬어요. 1970년대에 인플레가 아주 심했습니다.

그와 함께 부동산 투기가 1977·78년경부터 아주 심해지기 시작했습니다. 아파트가 대량으로 보급되기 시작한 것도 이 무렵부터라고 볼 수 있어요.

1977년에 박정희가 수도를 옮기겠다고 발표한 것은 부동산 투기 열풍을 몰고 오는 데 큰 몫을 했지요. 충청도뿐만 아니라 전국을 투기꾼들이 누비기 시작했어요.

1976년 초에는 포항에서 석유가 난다고 발표해 사람들 눈을 온통 그쪽으로 쏠리게 했는데, 포항에서는 석유가 거의 안 나거나 조금밖에 나지 않아 경제성이 없다는 걸 뻔히 잘 알면서 유신체제에 대한 불만을 돌리기 위해 그런 짓을 한 거예요.

우리나라가 수도 이전설 발표 무렵부터 지금까지 두 가지만은 어떤 독재

정권이 들어서도 못 잡아요. 하나는 부동산 투기고, 하나는 교육 문제입니다. 근데 이 부동산 투기가 얼마나 위화감을 조성합니까? 이때에 처음으로 위화감을 맛보기 시작했습니다. 박 정권의 부정부패도 못마땅했는데, 투기까지 일어나니 서민들이 박 정권을 보는 눈이 좋을 수가 없었지요.

투기는 박 정권에서 조장한 면도 있었거든요. 부동산 경기가 좋아야 다른 경기가 살아난다고 해서 소위 경기 부양책으로 역대 정권들이 많이 이용했잖아요. 이것도 박 정권 때부터 시작한 거예요.

이런 여러 가지 문제 중에서 제일 크게 박정희 정권의 발목을 잡은 것이 중화학공업이었습니다. 우리나라가 1960년대에는 노동집약적 공업으로 수출을 해 '수출 입국'을 가능케 했습니다. 1970년대 들어오면서부터 한계가 드러나기 시작했고, 그래서 일본에서 사양산업이 돼가던 중화학공업을 우리가 가까운 이웃에 있으니까 들여옵니다. 그렇지만 포항종합제철 경우는 신식공법으로 세워 후발주자로서 이득을 톡톡히 보았지요.

외채망국론

중화학공업을 발전시키겠다는 야심찬 계획 때문에 유신쿠데타를 일으켰다는 자료는 어디에도 나오지 않습니다. 그러한 계획이 발표되는 것은 유신체제 성립 얼마 후입니다. 야심찬 계획이 세워진 것은 유신체제가 굉장히 웅장한 경제 발전을 해내겠다는 선전을 할 필요가 있었기 때문이라고 판단됩니다.

그래서 1973년 1월 박정희는 연두 기자회견에서 '중화학공업화'를 선언했고, 그해 5월 '중화학공업추진위원회'가 출범함으로써 중화학공업을 대대적으로 발전시키게 됩니다.

그렇지만 거대한 중화학공장이 제대로 가동이 안 되는 거예요. 창원의 한국중공업을 미국 국무부 차관보 홀부르크가 와서 보고, "세계에서 제일 큰 창고를 세워놨다"라고 그랬습니다. 나도 거기 가봤는데, 엄청난 시설인데 돌아가지를 않으니 창고였죠. 울산 등의 중화학공장도 가동이 잘 안 됐습니다.

1970년대 말에 가면 중화학공업 가동률이 50퍼센트에서 30퍼센트를 오르내립니다. 중요한 이유는 과열·과잉 중복투자 때문입니다. 이 무렵에는 박 정권이 재벌들을 통제하지 못했어요.

재벌들은 정부 보증으로 외국에서 엄청난 차관을 들여와 그걸로 누가 공장을 더 크게 짓느냐 하는 경쟁을 벌였어요. 그것에 따라서 재벌의 판도가 바뀌는 거예요. 그러니 재벌들은 누구든지 큰 공장을 짓는 것, 거액의 차관을 들여오는 것, 이런 것을 무엇보다도 우선해서 생각했지요.

그러다 보니까 과열경쟁과 중복투자가 일어나고, 해외에서 우리 물건을 사겠다는 수주가 끊기고, 그러면서 중화학공업이 휘청휘청하기 시작한 거죠.

그래서 1978년경부터 불황이 서서히 스며들다가 1979년에 그게 훨씬 심해지니까 박 정권으로도 더 이상 어떻게 할 수가 없어 '중화학공업 조정 정책'을 내놓게 됩니다. 그러나 그걸로 해결할 수가 없었어요.

결국 1980년에는 오일쇼크와 흉작도 겹쳐서, 자료마다 약간씩 차이가 있지만, 5.2퍼센트 또는 5.7퍼센트의 마이너스 성장을 하게 됩니다.

그리고 이때 '외채망국론'이 등장합니다. 외채 때문에 한국이 망할 것 같다. 그때 세계에서 4대 외채 망국이 생길 가능성이 있다고 얘기했어요. 어디겠어요? 브라질·아르헨티나·멕시코·한국, 이 네 나라 외채가 500억 달러 내외였는데, 네 나라가 다 갚을 길이 막연했던 거예요.

우리나라가 전쟁이 일어난 1950·51년에 마이너스 성장을 한 이후 29년 만에 처음 있는 마이너스 성장이었어요. 1960년 장면 정권 시기에는 정권이 세 번이나 바뀌고, 세 차례에 걸친 지방자치 선거를 포함해서 선거만 다섯 번인가를 치르고, 부정축재자 처벌 문제가 있었는데도 2퍼센트 정도의 성장을 했어요.

경제 대통령이라는 박정희 때 이렇게 경제가 망가져 어려움을 맞이한 겁니다. 아이러니컬한 일이죠. 전두환이 "내가 경제 대통령"이라고 큰 소리 쳤던 것도 박 정권 때 어려워진 경제를 자기가 다시 살려냈다는 뜻입니다.

사실 외채 문제가 해결되고 경제가 잘 돌아간 것은 '단군 이래 최대 호황'이라는 1986~88년 들어서예요. 그때가 우리 경제의 황금기였습니다. 전두환이 잘해서 그랬느냐? 저금리·저달러·저유가의 국제적인 '3저低 현상' 때문이었습니다.

1978년 12·12선거에서 여당이 패배한 원인에 대한 설명이 길어졌습니다만, 너무나 많은 사람들이 잘못 알고 있고, 또 경제 불황은 유신정권 붕괴와 긴밀한 관련이 있기 때문에 대단히 중요하다고 생각해서 자세히 얘기를 했습니다.

여기서 경제 발전이 어떤 한 사람에 의해서 더 잘될 수도 있고 더 못될 수도 있지만, 역사적인 여러 조건, 국내외 제조건이 맞아떨어져야 한다는 점을 다시 확인하게 됩니다.

국제 고아가 된 체육관 대통령

12·12선거 이후 유신독재 권력은 기울기 시작했어요. 선거가 얼마나 우리

역사에 역동성을 불어넣느냐 하는 게 바로 여기서 나타나는 겁니다. 재미난 현상이죠.

1978년에는 통대에 의해 두 번째 대통령 선거가 있었어요. 이때도 한 명이 표를 잘못 찍었는지 2,578명 중 2,577명이 박정희를 찍었어요. 만장일치로 당선되다 시피 했는데, 99.9퍼센트가 더 되나요?

12월 27일 두 번째 체육관 대통령 취임식은 유신체제의 운명을 얘기하는 것 같은 징후가 있었어요. 대통령 취임식을 근사하게 해서 국내외적으로 과시하려고 했어요. 그래서 임시공휴일로 지정하고, 고궁도 공짜로 개방하고, 심지어 야간통금까지 해제시켰어요. 야간통금 해제는 1년에 잘해야 두 번 내지 세 번밖에 없었는데, 어떤 해는 크리스마스 이브에만 딱 한 번 해주는 건데, 그 야간통금을 해제했으니까 큰 경사였겠지요.

그런데 쓸쓸하기 짝이 없는 취임식이었습니다. 미국·일본에 사절단을 보내달라고 요청했는데, 다 거부했어요. 대만에서조차 거부했어요. 장개석은 박정희와 사촌 간이라고 얘기할 정도로 독재정치를 하던 사람으로, 서로 도와야 할 형편인데, 그런 국민당 정부조차도 사절단을 일절 안 보냈어요. 박정희 정권과는 되도록 멀리 하지 않으면 안 된다고 판단한 것이지요. 이런 정권이 오래 갈 수 있겠습니까? 국제적으로 이렇게 버림받은 정권이.

다만 박 정권을 18년간 돌봐준 기시 전 일본 수상, 그 사람은 대륙 침략의 원흉으로서 패전 직후 도쿄 전범재판에서 A급 전범으로 수감이 돼 있다가 살아난 사람 아닙니까? 그 기시가 쿠데타가 날 때부터 만주국 후배인 박정희를 공공연하게 돕겠다고 했지요. 이 일행만 왔어요. 그러고는 아무도 안 왔습니다.

나라가 그 꼴이 된 것은 다 유신체제에 책임이 있다고 생각합니다. 다행히 얼마 후 붕괴되었으니까 우리나라가 괜찮았던 것이지요.

1979년에 들어와 야당이 달라지기 시작합니다. 1979년 3월 12일에 박정희가 백두진을 국회의장으로 지명했는데, 야당이 거부를 했어요. 왜냐하면 백두진은 그전에도 국회의장을 했는데, 백두진도 친일행위를 한 자죠. 백두진이 이때는 유신정우회 쪽으로 가서 국회의원이 됐어요. 그러니까 야당이 "저 사람은 진짜 국회의원이 아니다. 그러니 어떻게 국회의장이 되느냐?"라고 항의한 것이죠. 유신체제에 대한 우회적인 반대인 겁니다. 그래서 이철승 당수와 원내총무만 남고 다 퇴장을 해버렸어요. 이걸 '백두진 파동'이라고 합니다.

그 다음 5월 30일 신민당 당수 선거에서 드디어 대역전이 일어났어요. 이때 김재규가 정보부장이었는데, 박 정권 측에서 보면 이철승이 꼭 돼야 했어요. 또 어떻게 계산을 해도 이철승이 되는 걸로 계산이 나왔다고 그랬어요.

이게 재미난 일인데, 앞에서 얘기한 대로 40대 기수론이 제기되고 1970년 신민당 대통령 후보를 결정할 때에도 공작을 많이 했지만 실패했잖아요. 그래서 중앙정보부장이 쫓겨났죠. 그런데 이때에도 그런 문제가 발생했습니다.

유신독재 붕괴의 드라마

1차 투표에서 이철승이 292표, 김영삼이 267표, 이기택이 3등으로 92표, 4등을 신도환이 했어요. 2차 투표에서 신도환 표는 이철승한테 갈 것이라고 많이 봤어요. 그런데 이게 좀 분산됐죠. 이기택 표도 이철승한테 갈 것이라고 생각했는데, 그렇지 않았어요. 이기택은 보수적인 면이 있고, 신의 같은 것을 강조하면서 김영삼은 믿기 어렵다고 했는데, 이기택 표가 바람을 일으킨 거예요. 이때 당 바깥에서 김대중이 김영삼을 밀고 있었죠. 2차 투표에서 11표 차이로 김영삼이 이겼습니다.

김영삼이 이때부터 "민주제단에 피를 뿌리고, 닭의 모가지를 비틀어도 새벽은 온다"는 것에 대해 실증을 보여줍니다. 김영삼의 투지가 대단했어요.

김영삼은 머리가 나쁘다는 것을 자신도 알아서 지혜는 다른 사람한테 배우고 밀고 나가는 것은 내가 한다는 스타일이라고 하는데, 정말 머리가 좋은지 나쁜지는 모르겠습니다만, 정치적으로는 귀신 같은 감각이 있다고 그래요. 단식투쟁으로 전두환 정권을 어렵게 만든 것도 김영삼이지요.

김영삼은 신민당 당수 선거에서 총재가 되자 6월 2일에, 바로 며칠 후죠, 유신헌법 폐지를 요구했어요. 6월 11일에는 유신체제를 비판한 다음에 남북긴장을 완화하기 위해서라면 김일성과 면담할 용의도 있다고 말했는데, 이건 곁다리로 한 얘기였어요.

곁다리로 한 얘긴데도 불구하고 지금까지 기회를 못 잡고 있던 공화당과 유신정우회가 벌떼처럼 들고일어났어요. 반민족적 언사를 하고 있다 이거예요. "김일성을 만난다니 말이 되느냐?" 하면서 마구 김영삼을 공격하기 시작했습니다.

그 정도면 다른 사람 같으면 조금 뒤로 물러날 텐데, 김영삼은 물러나지 않았어요. 그리고 카터 미국 대통령이 방한하기 전에 몇 번 경고를 했어요. 카터가 박정희의 타락한 독재에 도움이 되는 방한을 해서는 안 된다는 것이지요. 그것도 박정희와 여당 의원들을 분노케 했죠.

미군 철수 문제라는 중대한 과제를 갖고서 카터가 방한을 하게 됐는데, 이상하게 한국에 왔어요. 수원에 있는 미 공군기지로 온 거예요. 도대체 다른 나라를 방문하는데 그 나라 서울로, 공항으로 해서 들어와야지, 이건 말이 안 되는 겁니다. 아무리 상대방에게 수모를 준다 해도 이렇게까지 한다는 건 너무 지독한 거예요.

그렇지만 박정희로서는 어쩔 수가 없었어요. 대통령 취임식 때도 이미 수모를 당했고, 어쩔 수가 없었지요.

한국을 방문한 카터로부터 설교도 들었죠. 인권이 이럴 수 있느냐 하고. 하지만 미군 철수 문제는 안심을 시켰어요. 이때 김영삼은 카터와 만나서 1시간 20분 동안이나 단독면담을 했어요. 이것도 유신체제 쪽에서는 몹시 불쾌한 일이었어요.

그런 다음에 유명한 'YH여성노동자 농성 사건'이 일어납니다. 1970년대 후반에는 주로 여성노동자, 그것도 방직공장이나 제봉업체, 가발업체 여성노동자들이 '도시산업선교회'와 연관을 맺으면서 투쟁을 많이 벌였어요. 그때만 해도 여성노동자들을, 낮잡아보는 말이지만, 그냥 '여공'이라고 그랬습니다. 그래서 YH여공이라고 했지만 YH여성노동자라고 해야겠지요.

가발업체인 YH가 휴업상태에 들어가고 임금은 체불상태인데 호소할 곳이 마땅치 않으니까 신민당 당사로 뛰어들어온 거예요. 이들을 김영삼 총재는 박대하지 않고, 지원하겠다는 입장이었어요.

그러나 이틀 후 특공작전이 벌어집니다. 경찰이 대규모로 동원되어 새벽 2시에 신민당사를 뚫고 들어왔어요. 여성노동자들만 폭행당하고 끌려간 것이 아니라 신민당 간부들도 폭행을 당했어요.

이성을 상실한 박정희 정권

김영삼 총재는 두드려 맞지 않았지만, 신민당 당원이나 다른 국회의원들은 마구 두드려 맞았어요. 박권흠 의원은 그 당시 대변인인가 그랬는데, 얼굴을 알아볼 수 없을 정도로 두드려 맞았어요. 얻어맞은 얼굴 사진이 신문에 나고 했지요. 여성 노동자 김경숙은 죽었어요. 사인은 논쟁이 많아요.

이 사건으로 또 국내가 소란스럽게 됩니다. "저런 야만적인 정권이 있느냐?" 하고 국민들이 동요했어요. 이때 동아일보에 인상적인 사진이 실렸습니다. 경찰 닭장차에 끌려가는 YH여성노동자들의 울부짖는 모습이 생생하게 실렸어요.

▲ YH무역 여성노동자들의 농성과 김경숙의 사망을 보도한 1975년 8월 15일자 동아일보 기사

YH사건으로 김영삼과 박정희의 관계는 한층 더 악화되었습니다. 박 정권은 김영삼을 정계에서 내쫓아버리려고 했어요. 이것도 운명이라고 할까? 자신이 죽을 묘수를 찾았다고 할 수가 있죠.

신민당 5·30전당대회에 자격을 갖지 못한 대의원들이 들어와서 투표를 했다고 주장하면서 '김영삼 총재 직무정지가처분신청'을 세 명의 원외지구당 위원장이 낸 겁니다. 이것을 법원에서 인정을 해버렸어요.

김영삼은 "절대로 승복할 수 없다. 극한 투쟁을 하겠다"라고 전면 선전포고를 했어요. 그런가 하면 서울민사지법은 신민당 전당대회 의장인 정운갑을 총재직무대행으로 등록을 받았어요. 이 때문에 신민당은 또다시 두 쪽이 났습니다.

그런데 이때 김영삼 쪽으로 줄을 서는 의원과 정운갑 총재직무대행 쪽으로 줄을 서는 의원, 어느 쪽 국회의원이 많았냐 하면 위기에 처한 김영삼 쪽으로 줄 서는 사람이 많았어요. 김영삼이 여차하면 큰일 날 것 같은 상황에 처해 있었는데도 불구하고, 서릿발같이 무서운 유신정권이 김영삼을 가만두지 않으려고 하는데, 아주 신기한 일이죠.

정치인은 참 신기한 존재예요. 이상한 후각을 가진 건지. 짐승들도 갑작스럽게 재해를 만나 위기에 처했을 때 놀랍게 후각 같은 것이 작동한다고 하잖아요. 나는 신민당 의원들이 민주의식이나 양심을 가졌기 때문에 그런 일이 일어났다고 보지만은 않습니다. 왜냐하면 다른 때에는 기회주의적 태도를 보인 적이 많았거든요.

결과적으로 하는 말일 수도 있지만, 역사가 어느 쪽으로 가고 있다는 것을 이들 정치인들은 알아챘던 거예요.

김영삼은 한 치도 물러서지 않았어요. 뉴욕타임즈와의 회견을 통해서 "지금 이란에서 미국이 지지한 팔레비 왕이 쫓겨나 미국이 아주 난처한 상황에 몰렸는데, 미국이 박정희를 지지한다면 제2의 이란 사태가 한국에서 일어난다"라고 아주 노골적으로 화끈하게 얘기해버렸어요.

이제 박 정권은 1954년에 만 26세로 최연소 국회의원이 된 이래 한 번도 국회의원에 낙선된 적이 없는 김영삼을 국회의원에서 제명시키는, 있을 수 없는 어리석은 짓을 저지릅니다. 이경재 등 당시 청와대 출입기자들한테서도 얘기를 많이 들었습니다만, 박정희는 이 시기에 정신적으로도 문제가 있었다고 나는 여러 번 썼어요.

독재자도 권력을 계속 유지하려면 정상적이어야 합니다. 아주 냉정해야

독재자가 될 수 있어요. 그렇지 않습니까? 권력에서 조금이라도 빈틈을 보여서는 안 됩니다. 독재자 프랑코는 40년 이상을 집권하면서 한 번도 스페인을 떠난 적이 없었어요. 무서울 정도로 자기 관리를 했습니다. 술도 안 먹었어요. 여자관계도 없었다고 들었습니다. 그런데 박정희는 차지철에 대해서도 그랬고, 여자관계나 자녀 문제나 얼마나 말이 많았어요.

김영삼의 의원 제명 처리 역시 변칙적으로 했어요. 3선개헌안 통과 때와 비슷하게 변칙 처리한 것이지요. 카터는 글라이스틴 주한 미국 대사를 소환하는 강경조치를 취했습니다. 외교상 아주 드문 일이 일어난 거예요.

며칠 후 결국 부마항쟁이 일어납니다. 부마항쟁이 일어난 원인은, 학생들의 경우 반유신투쟁의 일환이었지만, 전체적으로는 두 가지를 얘기할 수 있어요. 하나는 어째서 부산에 있는 상인들, 광복동·남포동 일대 상인들이 그렇게 열심히 가세했느냐? 경기가 나빴기 때문이지요. 물론 직접적으로 불을 지른 요인은 김영삼을 의원직에서 제명한 것입니다. 그러면서 10·26이 일어나게 됩니다.

1978년 야당이 득표율에서 1.1퍼센트 이긴 12·12선거가 종국에는 박정희 정권의 파멸을 불러오게 됩니다.

두 번째, 세 번째 통대 대통령

이제 전두환·신군부 시기로 넘어가지요.

1979년 10·26 직후 정승화 계엄사령관 등이 참석한 군고위급 회의에서 유신체제는 박정희한테만 맞는 옷이기 때문에 민주화 쪽으로 추진해가도록 하겠다고 의견을 모았어요. 그럼에도 불구하고 또다시 통대에 의한 대통령 선거가 있을 것이라고 하니까, 11월 24일 YWCA에서 400명 정도의 재야인사와 운동권 학생들이 결혼식에 참석한다는 핑계를 대고 모였습니다. 비상계엄상태라 어떤 집회도 못하게 돼 있었기 때문입니다.

YWCA회합에서 통대 대통령을 뽑아서는 안 되고, 민주일정을 밝혀야 한다고 주장했어요. 그러자 보안사령부 병력에 의해 함석헌·백기완 등이 끌려가 무지막지한 수모와 고문을 당했어요. 젊은 군인들이 개 패듯이 팼는데, 백기완 같이 힘을 쓰던 분도 오랫동안 운신을 못할 정도였어요. 그분이 그러더라구요. "내가 개를 세 마리 고아먹고 살아났네." 부인이 개 고아주느라 얼마나 고생하셨겠어요.

예정대로 1979년 12월 6일 통대에서 최규하가 선출되었어요. 두 번째 통대 대통령이 나온 거예요. 그리고 '12·12쿠데타'가 일어나지요. 박정희가 키워놓은 '하나회'* 군인들이 일으켰으니, 이런 식으로 박정희가 다시 살아났는지도 모르겠습니다.

최규하가 대통령에 취임하면서 다음 해 2월 29일에는 대규모 사면이 있었습니다. 윤보선·김대중 등이 사면되거나 사면·복권되었어요. 그러면서 '서울의 봄'이 시작되었지요.

서울의 봄 당시 김영삼·김대중이 바짝 정신을 차렸어야 하는 거 아니냐? 대권의 꿈을 갖기 전에 민주화도 간단하지 않고, 12·12쿠데타를 일으킨 사람들이 간단한 사람들이 아니다, 이런 것들에 대해서 크게 신경을 썼어야 했던 것 아니냐? 이런 얘기들을 많이 했습니다만 신경을 안 썼어요. 대권에 눈이 어두워 전두환 쪽을 못 봤죠.

---

*하나회 전두환·노태우·김복동 등 주로 영남 출신의 육사 11기생 중심으로 조직된 군부 내의 비밀 사조직. 유신시대 박정희의 비호를 받으며 군부의 실세로 성장했고, 1979년 10·26 직후 권력 공백기를 이용해 군의 정상적인 지휘체계를 무시하고 12·12쿠데타를 일으켜 군권을 장악하였다. 1980년 5·17쿠데타 이후 6공 시절까지 군부와 권력의 모든 요직을 독차지하면서 끊임없이 조직을 확대하다가 김영삼 정권의 군대 내 사조직 척결에 따라 해체되었다.

전두환·신군부 시기 대통령 선거와 국회의원 선거

1980년 8월 27일 박정희·최규하에 이어 세 번째 '체육관 대통령'이 된 전두환은 곧바로 국민투표로 헌법안을 확정·공포하였다. 변형된 유신헌법에 다름 아닌 이 헌법은 임기 7년인 대통령을 5,000명 이상으로 구성된 선거인단에서 선출하도록 하고, 대통령에게 비상조치권과 국회해산권을 비롯해 사법부 및 헌법위원회도 실질적으로 통제할 수 있는 권한을 부여하였다. 또 국회의원의 3분의 1은 전국구로 배정하고, 그 전국구의 3분의 2는 제1당이 차지하게 했다. 전두환은 이 헌법에 의거하여 1981년 2월 대통령 선거인단 투표로 제12대 대통령에 선출되었다. 신군부의 지휘 아래 치러진 1981년 3월 25일 국회의원 선거 또한 민정당의 압도적인 승리로 끝났다.
그러나 신군부의 강권통치에 대항한 민주화투쟁이 거세게 일어나 1985년 2·12총선에서 예상치 못한 선거바람이 불었다. 학생들과 시민들의 지원에 힘을 얻은 신민당이 서울 등 대도시를 중심으로 득표율에서 여당인 민정당보다 앞섰다. 전체 득표율도 민정당 35퍼센트, 신민당 29퍼센트로 별 차이가 없어, 민정당의 참패나 다름없었다.

5월 17일 전두환·신군부가 전면으로 나와 집권하기 위한 쿠데타를 일으키기 며칠 전부터 군대가 이동을 했어요. 서울의 중요한 곳에 군대가 들어오기 시작했고, 광주에도 들어갔습니다.

5월 17일 국무회의가 열리는 복도에 군인들이 쫙 서 있었어요. 그런 상황에서 계엄령을 전국적으로 확대하는 데 반대할 장관이 있겠습니까? 군대가 바깥에서 총을 들고 도열해 있는데. 전격적으로 처리해버렸죠. '5·17쿠데타'가 일어난 겁니다.

김종필·이후락 등은 부정부패로 때려잡았습니다. 박정희 세력 중에 불필요한 세력을 제거하고자 한 의도였습니다만, 국민들의 쌓인 감정을 시원하게 하는 면도 노렸겠지요. 김대중은 소요 조종 혐의로 체포하고, 김영삼은 연금시켜버리는 방식으로 처리하면서 신군부시대가 열립니다.

신군부는 광주학살 이전에 이미 권력접수 시나리오를 만들었습니다만,

광주항쟁 직후인 5월 31일 발족한 '국가보위비상대책위원회', 일명 '국보위'라는 걸 통해서 권력을 행사하지요. 전두환이 국보위 상임위원장이 되었는데, 국보위는 일종의 군사평의회 비슷한 거예요.

최규하는 자신이 꼭두각시가 되는 국보위를 인정하고 싶지 않았겠지만, 인정 안 할 수가 있습니까? 굴복을 했죠. 그러다가 대통령도 그만두고 나가라고 하니까 멈칫멈칫하다가 사임하고 말았죠. 나가라고 하니까 안 나갈 수 없잖아요.

그런 다음에 또 통대 대통령이 생겼어요. 여러분이 아시는 대로 세 번째는 전두환입니다. 통대 2,525명 중에 2,524명이 찬성을 했네요.

우스꽝스러운 대통령 선거

그런 다음에 10월 22일 새로운 헌법안을 국민투표로 확정했습니다. 이 헌법에서 제일 큰 특징은 유신체제의 변형이라는 점이에요. 유신체제를 너무 똑같이 살려냈다가는 저항에 부딪칠 수 있으니까, 살짝 바꾸어서 신군부가 계속해서 집권을 할 수 있도록 고안해낸 거라고 볼 수가 있어요. 대통령 임기는 7년인데, 이제는 5,000명 이상의 선거인단을 가지고 뽑는다고 했어요. 이것도 애교라고 해야 할지, 말도 안 되는 짓이죠.

대통령한테 비상조치권·국회해산권을 부여했어요. 박정희는 국회의원 3분의 1을 자신이 임명해서 의석의 3분의 2를 자동적으로 장악하는 방식으로 국회를 운영했는데, 그것도 그대로 쓸 수는 없으니까 약간 바꿨어요.

불쌍한 전국구였어요. 전국구에 국회의원의 3분의 1, 유신정우회와 똑같이 3분의 1을 배정했어요. 그러고는 무조건 제1당이 전국구의 3분의 2를 차지하게 했습니다. 지역구는 여전히 한 선거구에서 두 명씩 뽑았으니까,

전두환·신군부체제에서는 3분의 2에 가까운 숫자가 여당이 되게 한 것이지요. 박정희처럼 3분의 2를 만들기에는 약간 미안하니까 그런 식으로 했던 거죠.

다른 것도 박정희와 김종필이 한 짓을 본받으려 했어요. 박정희의 정치활동정화법을 그대로 본받아 '정치풍토쇄신위원회'를 발족한 거예요. 그래서 국회의원 등 811명을 정치활동 피규제자로 묶어버렸습니다. 김영삼·김대중을 포함해서 국회의원을 잘할 것 같은 사람들을 이렇게 묶어버리고, "우리들이 해먹을 동안 너네들은 쉬고 있어라" 한 거죠.

그러고는 군인들답게 순서에 따라 구체적인 정치일정에 들어가게 됩니다. 무엇보다도 미국의 지지를 받는 게 대단히 중요했지요. 그전에도 미국의 지지를 여러 형태로 받았습니다만, 1981년 1월 21일 레이건이 미국 대통령에 취임했는데, 그 다음 날 전두환이 미국을 방문한다고 발표를 했어요.

미국을 방문하려면 1심·2심에서 사형선고를 받은 김대중을 처리해야 했어요. 미국 측에서 요구한 사항이었지요. 그래서 1월 23일 김대중에 대한 사형을 불쌍한 대법원에서 확정시켰고, 그리고 그날로 바로 국무회의에서 무기로 감형했죠. 순서에 따라 다음 날 비상계엄을 해제했고요. 그러고 나서 1월 28일 전두환은 미국을 방문하게 됩니다.

전두환은 미국에 갔다온 직후인 2월 11일 대통령에 선출되었어요. 이번에는 5,277명의 선거인단에 의한 대통령 선거 형식을 밟았는데, 유신체제 그대로 할 수는 없잖아요. 조금 바꿨어요. 애교라는 말을 앞에서 썼습니다만, 이때도 애교가 있어요. 야당이나 다른 사람도 대통령 후보로 나오라는 겁니다. 그 대신에 너희들은 조금씩만 표를 가져가라. 그래서 제1야당으로 만들어진 민한당의 당수로 내정된 유치송한테 나오라고 해서 404표를 줬어요. 그리고 다른 사람들한테도 조금씩 나눠주고, 전두환은 4,755표를 차지했어요.

이러한 전두환 정권을 미국과 일본이 적극 지지했기 때문에 '반미투쟁'이 벌어지고, '부산 미문화원 방화 사건'도 터지게 되는 거죠.

정당들의 행진 - 1대대 2중대 3소대

국회의원 선거도 재미나게 했어요. 과연 이런 선거를 할 필요가 있느냐? 그런 생각이 그 당시에 들었는데, 어쨌든 국회의원 선거에 후보를 내는 당을 특수기관에서 정해놨어요. '여당 만들기'에 대해 정리를 해본다면 자유당은 이승만의 8·15특별담화부터 시작해서 몇 달이 걸렸어요. 12월 23일까지 넉 달 이상의 시간이 걸렸어요. 공화당은 1961년부터 중앙정보부에서 사전 작업을 하고 1962년에 들어와 구체적인 모습을 드러냈죠. 그런데 이때 여당 만들기 노하우가 많이 생겼어요. 그래서 신군부가 민정당을 만들어내는데, 민주정의당이지요. 조금도 민주적이지 않고 정의롭지도 않은 민주정의당을 만들어내는 데 불과 얼마 안 걸렸어요. 보안사가 중심이 됐기 때문이죠. 그 당시 보안사가 제일 힘이 셌으니까.

신군부는 친절하게 실질적으로 야당도 만들어줬어요. 그전에는 야당은 안 만들어줬잖아요. 민한당은 모처에서 만들고 당수는 누구로 하고, 제2야당은 김종철을 중심으로 국민당인가를 만들었어요.

혁신정당도 만들게 했어요. 노동 문제가 간단한 문제가 아니라고 봤습니다. 정확하게 본 거예요. 그래서 이미 아주 고약한 노동악법을 소위 '입법회의'라는 데에서 만들어내지 않습니까? 고정훈을 중심으로 민주사회당(민사당)이 생겨났습니다.

▲ 1980년 12월 3일 민정당 창당 발기인 총회
구정치인들의 정치활동을 규제한 가운데 신군부세력은 1980년 12월 3일 창당 발기인 총회를 거쳐, 1981년 1월 15일 민주정의당을 창당하였다.

    사람들은 제1중대, 제2중대, 제3중대, 제4중대 이렇게 부르기도 하고, 규모가 다르니까 민정당은 제1대대, 민한당은 제2중대, 국민당은 제3소대, 이런 식으로 부르기도 했어요.

    신군부는 국회의원 후보도 조정해주고 그랬어요. 예컨대 나는 민한당으로 나오고 싶다고 해도, "아니야. 당신은 가만히 보니까 다른 당으로 나가는 것이 좋겠어." 내가 아는 모 선배는 자기 고향이 지방 어디였는데, 그리로 나가겠다고 하니까 서울로 나오게 했어요. 지방에는 신군부 실력자가 나왔습니다. 윤길중은 나중에 국회부의장도 합니다만, 조봉암과 특별한 관계였는데, 혁신계 쪽으로 안 보내고 민정당으로 가게 했습니다. 윤길중은 자기들한테 써먹을 가치가 많은 사람이라고 본 거였어요.

1981년 3월 25일 선거에서 민정당이 압도적으로 많이 차지했어요. 151석이나 차지했지요. 지역구 90석에 전국구의 3분의 2인 61석을 자동적으로 차지했으니까 그런 결과가 나왔죠. 다음으로는 민한당이 57석, 국민당이 18석, 민사당이 2석이었어요.

유화국면이 분기점

이제 1985년 2·12총선을 살펴보도록 하겠습니다. 2·12총선이나 학생운동에서 중요한 것은 1983년 12월에 유화국면이 나타났다는 점입니다. 이게 잠재해 있던 것을 폭발시키는 역할을 했어요. 학생들 131명을 포함해 172명을 특별사면하고, 100명 가까운 해직교수를 복직시켰어요. 강만길 선생이 이때 복직이 되었죠. 1,300여 명이나 학교에서 쫓아냈는데, 그 학생들을 복학시켰습니다.

무엇보다도 학원에서 경찰병력을 철수시켰다는 것이 중요합니다. 유신시기부터 오랫동안 경찰병력이 학원에 있었는데, 일단 철수하게 된 거죠.

왜 학생운동이 유화국면을 계기로 해서 거세질 것을 알면서 이런 조치를 했느냐?

이것에 대해서 여러 가지 설명이 있습니다. 이철희·장영자 사건, 김철호 사건* 등등으로 전두환 정권이 스캔들에 휘말리게 되자 전두환이 이미지를 만회하려는 의도도 있었고, 그해 11월에 레이건 미국 대통령이 방한한

---

*이철희·장영자 사건, 김철호 사건 이철희·장영자 사건은 1980년대 일어난 대표적인 금융사기 사건으로, 1982년 5월 4일 당시 사채시장의 큰손으로 불리던 장영자와 그의 남편 이철희가 어음사기 혐의로 검찰에 구속되면서 대규모 어음사기 사건의 윤곽이 드러났다. 이들은 최고권력층과의 끈을 과시하며 무려 7천억 원 규모의 어음사기극을 벌였다. 뒤이어 1983년에 일어난 김철호 사건은, 명성그룹 김철호 회장의 부탁을 받은 상업은행 혜화동 지점의 김동겸 대리가 수기 통장을 발행해 1천여억 원 규모의 사채놀이를 하다 덜미가 잡힌 사건이었다. 두 사건은 권력형 금융비리의 대표적 사례로, 1980년대 한국 사회 병폐의 한 단면을 보여주었다.

것에 대한 선물의 의미도 있었고, 다음 해에 교황이 방문하는 것에 대한 선물이었다고 생각할 수도 있습니다.

무엇보다도 전두환·신군부가 너무나도 극단적으로, 도에 지나치게 권력을 휘둘렀지요. "석사 위에 박사 있고, 박사 위에 육사 있다", "자식을 군인으로 못 보낸 게 한이다" 이렇게 얘기들을 했어요. 사실은 박정희의 5·16 때가 훨씬 심했는데도 사람들은 당장에 일어나고 있는 일을 더 크게 보고 분개하지요. 하여튼 사람들은 우선 당할 때는 총칼 앞에서 꼼짝 못하지만 좀 지나면 불만이 쌓이는 거죠. 뺏긴 사람은 말할 것도 없고. 이러한 전두환·신군부에 대한 염증이랄까, 불만 같은 걸 회유하려는 것으로도 생각해볼 수 있습니다.

이때쯤 되면 정치계가 크게 달라집니다. 김영삼이 단식을 1983년 5·18에 맞춰 시작하는데, 아까 얘기했죠. 김영삼이 어떤 때는 굉장한 힘을 발휘한다고. 5·17쿠데타를 일으키면서 전두환·신군부가 김영삼이 정치활동을 일절 못하게 했는데, 5월 18일 광주민주화운동이 일어난 지 3년이 된 그날을 기점으로 해서 단식을 했어요.

국내 언론이 보도를 못하게 막고, 재야인사들도 여기에 가담하지 못하도록 아예 연금시켜버렸어요. 1970~80년대에 연금 참 많이 당했습니다. 장준하니 백기완이니 문익환이니 걸핏하면 연금당했습니다. 이때도 다 연금당했죠.

그런 속에서 해외 언론이 이걸 크게 보도하기 시작했어요. 국내 언론은 막을 수 있었지만, 뉴욕타임즈나 워싱턴포스트가 보도하는 것까지 어떻게 막습니까? 그래서 이게 해외 뉴스를 타고 국내에 역으로 들어오게 됩니다.

그렇게 되니까 다급해졌습니다. 5월 30일쯤 되면 김영삼한테 빌었어요.

"너 해외에 좀 나가 있어라. 바로 나가게 해준다." 김영삼이가 나가겠습니까? 딱 버텨버렸죠. 그리고 6월 1일에는 전에 국회의원 했던 101명, 상당수가 묶여 있던 사람들이었는데, 이들이 중심이 되어 '민주화추진범국민단체'라는 것을 구성했습니다. 그리고 단식 23일째 가서야 김영삼이 "민주화투쟁을 벌이기 위해서 단식을 중단하겠다" 했어요.

그때부터 김영삼의 활동을 막을 수 없게 됐던 거예요. 연금 해제를 안 할 수가 없었어요. 1984년에 가서는 정치활동 피규제자에 대한 해금도 부분적으로 하고 그랬는데, 단식 1년 후인 5·18 때 '민주화추진협의회(민추협)'가 구성됩니다. 미국에 있는 김대중과 연락을 하면서 만들었는데, 김대중 대행을 김상현이 맡게 되면서 김영삼·김상현 체제로 민추협이 활동에 들어갔죠. 이 해에는 다음 해에 선거가 있기 때문에 마지막으로 김영삼·김대중 등 15명을 제외하고는 전부 해금을 시켰어요.

학생운동권의 노선대립

1984년 11~12월을 전후해서 학생운동권 사이에서 다음 해에 치러질 선거를 거부해야 한다는 주장이 강력히 제기되었습니다. '깃발'이라는 유인물이 서울대에 나돌고 했던 때였지요. 어떻게 우리는 독재를 타도할 것인가? 어떻게 노동자와 결합할 것인가? 이런 걸로 학내에서 이론투쟁을 벌일 때 이 문제가 불거진 거예요.

급진적인 쪽에서는 김영삼·김대중이 뭐냐 이거예요. 지금까지 한 짓으로 봐서는 기회주의자, 개량주의자에 지나지 않다. 따라서 조금만 자기들한테 유리한 국면으로 돌아서면 신군부 정권과 야합할 수가 있다. 그런 자들을 위해서 우리가 선거운동을 할 필요가 뭐 있느냐? 선거에 참여할 이유가 있느냐? 그러한 선거는 처음부터 거부해야 한다. 이렇게 나왔습니다.

폭넓은 대중투쟁을 중시하는 쪽에서는 우리가 이런 중요한 기회를 이용해야 한다. 선거라는 건 굉장히 중요하다. 양 김이 우리를 배반할 수도 있지만, 그러나 양 김이 적어도 상당 기간은 반독재투쟁을 안 할 수 없지 않느냐? 그렇게 하게끔 돼 있다. 그러니까 양 김과 함께 반독재투쟁을 할 필요가 있고, 그러면서 이 선거국면을 최대한 이용해서 전두환 정권을 궁지에 몰아넣어야 한다고 주장했어요.

결국은 후자 쪽이 이겼습니다. 12월 하순경인가요? 그때쯤에는 학생운동권이 선거 참여 쪽으로 방향을 잡고, 1985년에 들어와 구체화시켜서 선거 지원활동에 들어가게 됩니다.

이 무렵 전두환 정권이 꾀를 내기를 2월에 총선을 치르자고 했어요. 학생들이 방학이고 엄동설한에는 투표할 사람들도 적을 것이고, 보수적인 사람들이 투표를 많이 하면 될 것이다. 대개 보수 지지층은 투표에 빠지지 않잖아요. 이런 생각을 했던 겁니다.

그랬는데 학생들은 1월 14일에 '민주총선쟁취학생연합'이라는 걸 조직해냈고, 1월 18일에 드디어 '신한민주당'이 창당됐어요. 왜 이름을 신한민주당이라고 했을까요?

신군부는 머리를 많이 썼어요. 정당도 '신민당' 하면 옛날 박정희하고 싸우던 신민당, 이렇게 생각할 것 아닙니까? 그래서 옛날에 썼던 당 이름을 쓰지 못하게 만들어버렸어요. 그래서 옛날에 쓰던 당 이름이 아닌 이름으로 당명을 정할 수밖에 없었는데, 약칭으로 '신민당'이라 부를 수 있도록 지은 이름이 신한민주당이었습니다.

바람, 바람, 바람

'2·12'라고 불리운 1985년 국회의원 선거는 우리나라 역사상 최대의 바람이 불었습니다. 그야말로 바람이었어요, 바람. 서울을 비롯하여 주로 대도시에서 바람이 일었습니다. 각 선거구 유세장마다 저 뒤에 선 학생들이 막 고함을 지릅니다. 소리를 막 질러대는 거예요. 여당 후보, 민한당 후보, 국민당 후보가 연설을 하려면 시끄러워서 어떻게 할 수가 없었어요.

학생들은 "으샤! 으샤!" 하고 막 소리를 지르면서 "헌법에는 대한민국이 민주공화국이라고 했지만 실제로는 군사공화국이다", "요즘 박사 위에 육사가 있다더라", "광주사태 책임져라" 이런 구호나 야유도 외치고 그랬어요. 신민당 후보들은 연설할 때마다 우레와 같은 박수를 받고요.

이때의 광경에 대해서 몇 사람이 쓴 글이 있습니다. 한 민한당 후보는 "학생들의 야유가 귀에 폭음처럼 들렸다. 가슴이 내려앉는데, '이거 큰일 났다. 이거 큰일 났다' 이 생각밖에 안 났다"라고 했어요. 어쩔 줄 모르고 당황한 것이지요. 이것이 바로 민심이었습니다. 학생들이 민심에 거슬려서 그렇게 떠들면 국민이 가만있겠습니까? 그런데 선거구민들이 학생들한테 박수를 치는 거예요. 무서운 사태가 벌어졌습니다.

2월 6일인가요? 종로 유세장에 10만 명이 모였어요. 종로에 누가 나왔어요? 이민우가 나왔지요. 이민우는 급조한 신민당 총재인데, 종로에 안 나가려고 했어요. 종로에 나가면 떨어진다는 것이지요. 총재가 나와서 떨어지면 되겠느냐 그랬어요. 종로는 그 당시만 해도 정치 1번지입니다. 종로는 전력을 기울여서 양쪽이 싸우는 곳이었습니다.

김영삼이 정치 감각이 대단하다 그랬잖아요? 내가 당선시켜주겠다 그랬습니다. 이민우를 강제로 나가게 했습니다. 그런데 이민우가 수십 년 야당

생활을 했지만, 2월 6일 유세처럼 그렇게 대단하게 지지를 받아본 적이 없었어요. 유세장을 나와서도 사람들이 거리에서 막 환호해주고. 세상이 바뀐다고 생각할 수 있게 된 거죠.

성북구에는 내 친구 이철이 나갔어요. 운수가 좋다고 생각할 수도 있습니다만, 선거 전 1984년에 민청학련 사건 관련자들에 대해서 특별복권조치가 있었습니다. 민청학련 사건에 연루되었던 윤보선이 전두환한테 요청한 것이지요. 전두환은 윤보선한테 잘 보이려고 했고, 그래서 윤보선이 사면·복권시키는 데 일을 많이 했습니다. 그 부인 공덕귀 여사도 활약을 많이 했고요.

이철은 복권된 것뿐만 아니라 다른 것에서도 재수가 무지하게 좋았어요. 왜냐하면 처음에 신민당에서 국회의원 후보로 나가라고 추천한 사람은 우리들 선배로 역시 민청학련 관계자였습니다. 그런데 그 선배는 안 될 것 같거든. 기적이 그 이전에는 안 일어났으니까. 그래서 안 나가겠다고 했어요. 세 번째로 이철한테 제의가 온 겁니다. 이 사람은 배짱이 있으니까, 내가 나가보겠다 하고는 "정치사형수, 성북구에서 부활했다"라는 것을 주된 구호로 내세웠는데, 그때 학생들이 이철을 열화와 같이 후원을 했어요. 유세장마다 따라다니면서 막 외쳐대는 거예요. 그래서 당선이 되고, 그 뒤에 내리 3선을 했잖아요.

이 선거에서 제일 재미났던 것은 입후보자들이 김영삼·김대중하고 서로 사진 찍으려고 한 거예요. 기억날지 몰라요. 그때 국회의원 나온 사람마다 김영삼 아니면 김대중하고 사진 찍었다는 걸 자기 팸플릿 제일 중요한 부분에 실었습니다. 옛날 사진까지 들춰내고 그랬어요.

휘청거리는 전두환 정권

투표 3일 전인 1985년 2월 8일 김대중이 김포공항에 귀국할 때는 그야말로 인산인해였어요. 김대중은 아마 평생을 통해서 그날을 잊을 수 없을 겁니다. 그때 자기를 열광적으로 환영한 국민들을. 그뿐만이 아니에요. 서울에 오자마자 국회의원마다 바짓가랑이 잡고 옷자락 잡고 찢어질 지경인 거예요. 사진 찍으려고. 정치인들 가운데 어느 틈에 잽싸게 가운데 들어와 사진 찍는 사람 있죠? 그러고는 출마 지역에 막 뿌리는 거예요. 호남에서는 효과가 절대적이었죠.

이철승 하면 장면 정권 때까지는 김대중·김영삼을 한참 저 아래로 내려다보는 위치에 있었던 사람이에요. 유신체제에서 누구 덕에 의해서든 신민당 당수도 했던 거물인데. 또 전주를 '이철승 왕국'이라고까지 한동안 불렀는데, 전주에서 당선되기 위해서 "김대중 선생, 나하고 사진 좀 찍자" 하고 뛰어들어온 거예요. 세상이 이렇게 변할 줄 몰랐다. 이렇게 달라진 세상이 어떻게 나타난단 말이냐, 꿈도 못 꾸던 세상이 온 거지요. 이철승이 사진 찍으려고 김대중한테 그냥 달라붙었으니.

2·12선거 결과는 새삼스럽게 꺼내지 않아도 될 것 같네요. 대단한 결과가 나왔어요. 민한당이 풍비박산 나고 말았죠. 신민당이 지역구 50석에 전국구 합쳐 67석인데, 81석이던 민한당은 35석으로 줄었어요. 당수인 유치송도 자기 지역에서 2등밖에 못했어요. 민정당은 1구 2인 선거제 때문에 지역구에서만 87석을 차지했지만 참패나 다름없었습니다.

서울의 경우 득표율이 신민당이 42.7퍼센트나 되는데 민정당은 27.0퍼센트였습니다. 부산·대구·인천 등지에서도 신민당이 우세했어요. 전체 득표율도 민정당 35퍼센트, 신민당 29퍼센트로 별 차이가 없었습니다.

신민당은 선명야당의 깃발을 높이 들었습니다. 헌법 개정운동을 적극적으로 벌이게 되었지요. 학생운동도 활발해지고 노동운동·농민운동도 큰 영향을 받았습니다. 1985년 2·12총선으로 6월민주대항쟁으로 가는 길이 트인 것입니다.

1987
- 1월 14일 박종철 고문치사 사건
- 6월 10일~26일 6월민주화항쟁
- <u>12월 16일</u> 제13대 대통령 선거 (대통령 노태우)
- 7~9월 노동자 대투쟁
- 10월 27일 국민투표

1988
- <u>4월 26일</u> 제13대 국회의원 선거
- 11월 5공 청문회

1992
- <u>3월 24일</u> 제14대 국회의원 선거
- <u>12월 18일</u> 제14대 대통령 선거 (대통령 김영삼)

1995
- 6월 27일 지방자치 선거 전면 실시(제1회 전국동시지방선거)
- 11월 16일 전두환·노태우 구속
- 한국 OECD 가입

1997
- <u>12월 18일</u> 제15대 대통령 선거 (대통령 김대중)
- 12월 IMF에 긴급구제금융 공식 요청

1998
- 6월 4일 제2회 전국동시지방선거

5강

민주화시대의 선거와 지역주의
— 1987년 대선에서 2004년 총선까지

2000
- ● **4월 13일** 제16대 국회의원 선거
- ● 6월 15일 6·15남북공동선언 발표

2002
- ● 6월 13일 제3회 전국동시지방선거
- ● **12월 19일** 제16대 대통령 선거 (대통령 노무현)

2004
- ● 4월 15일 제17대 국회의원 선거

2006
- ● 5월 31일 제4회 전국동시지방선거

2007
- ● **12월 19일** 제17대 대통령 선거 (대통령 이명박)

2008
- ● **4월 9일** 제18대 국회의원 선거

5강 | 민주화시대의 선거와 지역주의

16년 만의 직선제 쟁취

자유처럼 좋은 것이 없지요. 그 자유를 우리는 1987년 6월민주항쟁 이후에 여러 가지 형태로 갖게 됩니다. 김민기의 <아침이슬>도 마음 놓고 부를 수가 있게 됐고, 피카소 그림도 훨씬 자유롭게 볼 수 있게 됐죠. 또, 우리나라 사람들은 일제 때부터 간디를 좋아했는데, 1982년에 제작되어 아카데미상도 여러 개 받은 <간디>라는 영화를 보게 된 것도 6월민주항쟁 이후였지요. 이 영화를 보면 간디가 영국의 '소금 전매법'에 반대해 싸우는 장면이 나오는데, 그것 때문에 못 들어왔다고 하는 것 같아요.

우리에게 '장발장'으로 더 잘 알려져 있는 <레미제라블>이라는 유명한 영화도 이제는 무삭제판을 볼 수 있게 되었습니다. 1980년대 중반인가, 텔레비전에서 그 영화를 해줬는데, 중간에 30분쯤 되는 분량이 뭉텅 잘렸더라구요. 그 영화에 1830년대 파리 거리에서 바리케이드 치고 싸우는 장면이 나오는데, 그러한 장면 같은 것을 다 빼버린 거죠.

그런 시절이 있었는데, 6월민주항쟁으로 보고, 듣고, 노래할 수 있는 자유를 쟁취했습니다.

선거와 관련해서는 6·29선언이 있었습니다. 다 알다시피 6월민주항쟁에 굴복한 전두환·노태우 등 신군부가 민주화 일정을 노태우 민정당 대통령 후보 이름으로 6월 29일에 발표한 것이 6·29선언 아닙니까?

6·29선언의 8개 항목 중 제일 중요한 건 여야합의에 의한 대통령 직선제 개헌을 한 뒤에 대통령 선거를 실시한다는 겁니다. 대통령 직선제는 1971년에 있었던 대통령 선거로 되돌아가는 거니까 16년 만이 되나요? 16년 전으로 되돌아가는 거니까, 이걸 영광스러운 일이라 해야 할지 창피하다고 해야 할지 알 수가 없습니다.

대통령 직선제를 실시하기 위해서는 대통령 선거법을 개정해야죠. 무엇보다도 김대중이 대통령 후보로 나올 수 있도록 하는 것이 중요했어요. 그래서 6·29선언에서는 김대중 사면·복권과 시국사범 석방도 약속했습니다.

그 다음에 인권 침해가 아주 심했으니까, 그걸 막을 수 있는 제도를 마련하겠다든가 언론기본법 개폐 등으로 언론 자유를 창달하겠다는 항목도 들어 있습니다.

6·29선언에는 5·16쿠데타 이전으로 돌아가겠다는 사항도 있었습니다. 지방자치제의 조속한 실시가 그것이지요. 그러니까 풀뿌리민주주의라고 말하는 지방자치제를 군인들이 쿠데타로 집권한 지 26년 만에 실시하겠다고 약속했는데, 1991년에 가서야 부분적으로 실행되니까 30년이 지나서야 풀뿌리민주주의가 다시 살아난 것이죠.

6·29선언 가운데 가장 중요한 대통령 직선제와 관련해서 전두환 쪽에서는 6월 26일의 시위, 곧 6월민주항쟁 중 최대 규모의 항쟁이었던 6·26대항쟁 이전인 6월 18·19일쯤 이미 직선제 개헌으로 가려고 했다는 얘기도 합니다. 그것이 전적으로 거짓말 같지는 않습니다.

계엄령이 선포되지 않은 까닭

6월 18일은 최루탄추방대회가 열린 날로 기억되는데, 그게 6월 10일 이후 최대의 격전이었습니다. 그 격전을 보고는 둘 중 하나를 선택할 수밖에 없었지요. 계엄령을 선포하고 군대를 출동시키든가 그렇지 않으면 직선제 실시로 가든가밖에 없었습니다. 그런데 그 당시 군대를 끌어내기가 아주 힘들게 돼 있었어요. 미국은 광주사태와 관련해서 반미투쟁을 경험했기 때문에 또다시 군대가 나오는 것을 지지하기는 어려웠습니다. 하여튼 이 당시 미국의 시거 국무부 차관보인가요? 이런 사람을 보내가면서 전두환한테 자제하라고 권고했어요.

뿐만 아니라 박종철 군 고문치사 사건을 5월 18일 명동성당에서 정의구현사제단의 김승훈 신부가 폭로했는데, 그 직후인 5월 26일 당시 권력의 핵심이 전부 바뀌었어요. 국무총리, 국가안전기획부 부장, 검찰총장, 법무부장관, 내무부 장관이 다 바뀌었습니다. 그러고는 6월 10일부터 항쟁이 일어났기 때문에 전두환 정권이 제대로 대처를 못했습니다. 6월민주항쟁과 관련해서 이 점을 그다지 중시하지 않는데, 나는 그렇게 생각하지 않아요.

전두환이 계엄령을 선포하지 못한 이유 가운데 하나가 5·26개각과 관련이 있어요. 예컨대 그 개각에서 온건한 학자였던 이한기가 총리가 되었지요. 이한기 총리 자신이 광주 출신인데, 어떻게 군대를 끌어내는 계엄령을 선포하는 데 동의하겠습니까? 이한기 같은 사람은 전두환이 계엄령을 선포하겠다고 했으면 바로 사표를 냈을 거예요. 그렇게 될 경우 전두환 정권이 곤경에 처하거나 무너질 수도 있었습니다.

이처럼 여러 가지 이유 때문에 전두환·신군부는 군대를 끌어낼 수가 없었습니다. 그래서 결국은 버티다가 안 되면 직선제 쪽으로 갈 수밖에 없다는 생각을 할 수밖에 없었는데, 그것을 구체화하지 않을 수 없게 만든 것이 대규모로 폭발한 6·26항쟁입니다. 6월 26일에 전국 각지에서 수백만이 들

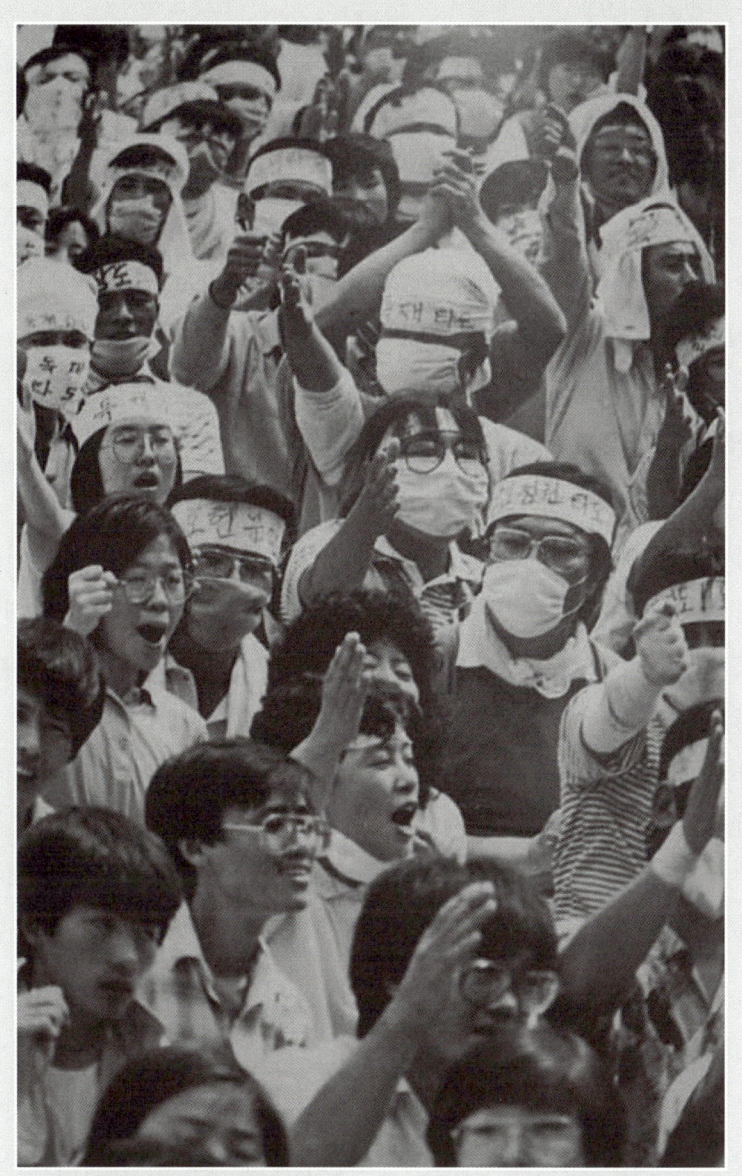

▲ 1987년 6월 18일 최루탄추방대회

고 일어났잖아요?

여러분 가운데는 서울역 앞에서부터 저 퇴계로 회현동 고가도로로 해서 신세계백화점, 남대문 쪽으로 이어지는 그쪽에서 밤 12시경까지 계속된 치열한 공방전을 기억하는 분이 있을 겁니다. 그렇게 치열한 전투가 있을 수 있겠느냐고 할 만큼 엄청난 격전을 치렀을 때, 전두환·신군부세력은 더 이상 버틸 수 없다는 게 확실해졌고, 그래서 6·29선언 8개항을 구체적으로 검토하게 된 것이라고 판단됩니다.

마침내 5년 단임제 개헌

드디어 16년 만에 대통령 선거를 치르게 됩니다. 그러자면 먼저 헌법을 고쳐야 했습니다. 10월 12일 국회에서 개헌안이 통과되는데, 이때 개헌안은 제헌헌법과 비슷하게 여러 정파의 합의에 의해서 이루어졌습니다. 구체적으로 말하면, 김영삼의 통일민주당이 민정당과 대등한 관계로 협상을 해서 개헌안을 만들어낸 거예요. 그러니까 이 개헌안에 대한 책임은 두 당이 똑같이 져야지요. 어쨌든 우리나라 헌법 중에 아주 드물게 여야합의에 의해서 이루어진 헌법이라는 점에서 의의가 있습니다.

이 헌법의 핵심은 대통령 직선제인데, 대통령 임기를 5년으로 하고 연임할 수 없게 한 것도 아주 중요하지요. 이 5년 단임제에 대해서는 그때부터 계속 논란이 있었어요. 그러나 5년 단임제가 역사적으로 상당히 의미 있는 역할을 한 게 아닌가 생각돼요.

물론 새 헌법에서는 대통령의 권한이 많이 축소가 됐어요. 그래도 워낙 박정희가 대통령 권한을 키워놨기 때문에 축소가 되었다고 해도 대통령은 제왕과 같은 존재였습니다.

▲ 6·29선언 호외를 보는 시민들
시민들이 대통령 직선제 개헌을 골자로 노태우 민정당 대표가 발표한 6·29선언 내용이 담긴 호외를 보고 있다. 김대중의 사면·복권 기사도 눈에 띈다.

 국회의 기능이 이 헌법에서 많이 살아났습니다. 국정감사권도 부활되었고, 비례대표제도 개선되었습니다.
 특히 헌법재판소 신설이 중요하지요. 헌법재판소가 생긴 이래 그동안 해온 일을 생각해보면, 이렇게 중요한 기관이 왜 그렇게 늦게 생겼는지 이해가 안 갑니다. 대통령 탄핵 재판 같은 건 나라의 운명을 결정할 정도였잖아요. 헌법재판소의 위력이 참 대단했습니다.
 11월에는 노동관계법이 개정됩니다. 노동관계법은 1980년대 내내 최대 이슈 중의 하나였습니다. 언론기본법보다도 더 중요하게 논쟁이 됐던 거예요. 이 법의 통과에서 중요한 것은 김영삼과 김대중이 인정을 해줬기 때문에 쉽게 통과됐다는 점입니다.
 무슨 얘기를 하려고 하는 거냐면, 김대중이나 김영삼이나 자신이 정권을 잡을 것 같으니까, 그전에는 노동자를 위한다는 주장을 했던 두 사람이 막상 노동관계법 개정에서 후퇴해버린 거예요. 내가 정권을 잡으면 노동자들 활동을 약화시켜야겠다는 생각을 이 사람들이 갖고 있었던 겁니다. 그래서 합의를 해준 건데, 노동자들이 보면 그야말로 야합이라고 할 수 있지요.

그중 제일 악명 높은 '제3자 개입 금지 조항'이 계속 살아 있게 됐고, 상급이건 하급이건 복수노조가 금지되도록 돼 있었고, 노조의 정치활동도 금지했어요. 모두 다 중요 사안으로, 민주화운동세력이 바뀌어야 한다고 강력히 주장했던 악질적인 요소들이 살아 있게 되었습니다.

노동관계법 개정에서 중요한 것은 양 김이 각각 자신이 대통령이 되어야겠다 혹은 될 수 있다고 생각한 점인데, 그것이 바로 야당 단일화와 직결되어 있다는 점에서 얘기하지 않을 수가 없는 겁니다.

야당 후보 단일화와 '4자 필승론'

야당 후보를 단일화해야 한다는 주장은 1956년 정부통령 선거에서도 나왔지요. 그때 신익희 후보와 조봉암 후보를 단일화하려고 얼마나 많은 사람이 노력했습니까? 그리고 1980년 '서울의 봄'에서 김영삼·김대중 두 김이 힘을 합쳐야 12·12쿠데타세력의 집권 음모를 막을 수 있다고 했는데, 결국 다른 길로 갔지요.

서울의 봄 당시의 전철을 밟지 않기 위해서, 또 1987년 대통령 선거에서 전두환·신군부 정권을 끝장내 6월민주항쟁의 유종의 미를 거두기 위해서도 이번만은 김영삼·김대중이 힘을 합쳐야 한다는 여론이 강했습니다. 너무나 당연한 일이었지요.

뿐만 아니라 노태우가 어째서 6·29선언을 했겠느냐? 어쩌면 정권을 빼앗길 수도 있다, 그렇게 생각했다면 6·29선언을 했을 리가 없습니다. 100퍼센트 정권을 잡을 수 있다고 확신했기 때문인데, 그렇게 장담한 건 이유가 딱 하나밖에 없어요. 김영삼하고 김대중이 옛날 하던 수법대로 다른 길을 갈 것이다, 그 성질 못 버린다, 틀림없이 갈라설 것이다, 그러면 노태우가 충분히 당선될 수 있다고 계산했기 때문에 6·29선언이 나온 것이지요.

김영삼·김대중을 빼놓고 나머지 사람들은 그렇게 생각했는데, 정작 두 김은 그렇게 생각하지 않았다는 점이 중요합니다.

사실 김대중이 통일민주당에 들어가서 단일후보 경쟁을 하는 것이 불리하다는 점은 누구나 인정을 했어요. 통일민주당 총재가 김영삼이니까 불리하긴 하지만, 그러나 단일화가 안 되면 군인한테 또 정권이 간다. 노태우한테 간다고 판단될 때에는 한 사람은 다음에 하면 되는 거 아니냐, 이렇게 생각했던 겁니다.

그리고 김영삼과 김대중은 당내 경쟁을 하더라도 막상막하인 데다, 야당 후보나 총재 경선할 때 보면 예상대로 되지 않고 뜻밖의 결과가 나오곤 했잖아요. 그 사람이 꼭 될 줄 알았는데, 다른 사람이 되고 그랬단 말이에요.

그럼에도 불구하고 김대중이 통일민주당에 들어가는 걸 거부하고, 자신이 후보로 나서겠다는 것을 분명히 한 데에는 '4자 필승론'이 작용했다는 겁니다. 4자 필승론을 대통령 선거가 본격적으로 시작하기 전부터, 이제는 민주화운동세력이 정치세력화되어야 한다고 해서 모일 때부터 들은 것 같은데, 이 얘기를 들었을 때 참으로 기가 막혔어요.

4자 필승론이란 게 뭐냐면, 지역 나눠먹기예요. 노태우·김대중·김영삼·김종필 4명이 모두 나왔을 때, 김대중이 유리하다는 논리지요. 왜냐하면 경상북도 쪽은 노태우가 유리하고, 경상남도 쪽과 부산 쪽은 김영삼이 유리하고, 충청도는 김종필이 유리하고, 그리고 김대중은 전라도가 유리하고, 서울·경기는 4자가 나눠먹는데 대체로 김대중이 제일 유리할 것이라고 봤어요. 또 부산 등 대규모 공업도시에 호남 표 또는 김대중 표가 약간 있다는 점도 감안한 것이지요. 따라서 두 김만 나와야 하는 게 아니라 김종필까지 나와야 한다는 거예요.

김대중이 1971년 선거에서, 대선뿐만 아니라 총선 지원유세에서도 얼마나 인기가 좋았는지 앞에서 얘기를 했습니다만, 이 분한테 1971년 선거는 아주 각별했다고 볼 수 있어요.

그 선거에서 다 이긴 줄 알았다가 결과는 예상대로 안 되었지만, 그 까닭이 지역 몰표 때문이었잖아요. 그때 김대중은 선거에 진 까닭이 지역 몰표 말고, 자금 문제도 있었다고 생각한 건 아닌가 싶어요.

우리나라 정치 9단들이 돈을 중시한 건 사실이에요. 이승만은 돈 귀신이었고, 조봉암도 결국에는 돈 때문에 망한 사람이에요. 양이섭한테 돈 받은 것 때문에 간첩으로 몰렸잖아요. 김대중도 돈을 중시했지요. 1971년 선거에서는 돈이 많이 부족했어요. 신민당의 다른 계파에서 자금 지원을 별로 하지 않았거든요. 박정희 쪽은 천문학적인 숫자를 쓴 것이 틀림없을 테고.

김대중은 1971년 총선 지원유세 때 인기가 좋았어요. 특히 부산 국회의원 후보 지원연설에서 청중들이 보여준 지지는 잊을 수 없었을 거예요. 그 당시 밤 12시면 통금인데도 불구하고 김대중 연설을 들으려고 수많은 사람들이 기다리고 있었어요. 도처에서 유세를 하고 다니니까 어느 선거구에는 늦기도 했거든요. 그래도 그때 김대중은 젊을 때 아닙니까? 마흔몇 살, 참 좋았던 때예요. 거기다 연설도 잘하고, 인물도 좋았지요.

이와 같이 여러 가지를 계산해보니, 자금 사정도 1971년보다는 좋고 해

▲ 양 김의 분열 – 단일화 실패
1987년 10월 25일 김영삼 민주당 총재와 김대중 고문이 고대에서 있었던 한 집회에 참석, 나란히 앉아 있다. 그러나 이들의 상반된 시선이 시사하듯 이 집회는 어느 한쪽에 의해 이용됨으로써 양 김 분열의 시발점이 됐고, 결국 야당 대통령 후보 단일화에 실패했다.

서 4자 필승론이 나온 것이겠습니다만, 김대중이 놓친 게 있었어요. 뭐냐 하면, 집권세력이 가질 수 있는 프리미엄을 4자 필승론에 충분히 계산하지 못했어요. 또 박정희 정권과 전두환 정권의 김대중에 대한 일방적인 악선전과 심화된 지역갈등으로 인해, 1971년에 비해 부산 등 비호남권에서 김대중 표가 조금밖에 나오지 않을 것이라는 점도 제대로 계산하지 못한 것이지요.

산산조각 난 민주화운동세력

1987년 대통령 선거는 민주화운동세력을 산산조각 내버렸어요. 문익환 목사가 의장이었던 민주·통일민중운동연합(민통련)과 김근태가 의장을 맡았던 민주화운동청년연합(민청련) 등 민주화운동의 중심 세력이 김대중을 지지했어요. 문익환과 김근태를 김대중계라고 하면 지나칠지 모르지만, 그전부터 김대중과 가까운 사이였고, 김영삼과는 거리가 있었지요.

 민통련·민청련이 중심이 되어 김대중을 비판적으로 지지해야 한다고 얘기했어요. 뭐냐 하면 김대중·김영삼이 비슷한 것처럼 보이지만, 사실은 아니라는 거예요. 김대중이 더 진보적이고, 여러 가지로 더 뛰어난 사람이라는 거예요. 그러니까 두 사람 중에 한 명을 택해야 한다면, 김대중이 좀 못마땅한 점도 좀 있지만, 비판적으로 지지하면 된다는 주장이었지요. 그래서 이 세력을 '비지'('비판적 지지'의 줄임말)라고 불렀어요.

 비지가 4자 필승론을 암묵 중에 받아들이거나 공공연하게 주장하고 다닌 것은 도덕성에 큰 문제가 있었어요. 4자 필승론은 지역갈등 구조를 최대한 이용한다는 걸 전제한 것인데, 어떻게 민주화운동세력이 지역갈등 구조를 깨는 데 앞장서지는 못할망정 그러한 입장을 견지해 특정 후보를 지지할

1987년 대통령 선거와 1988년 국회의원 선거

6·29개헌으로 마련된 신헌법에 의거해 제13대 대통령 선거가 1987년 12월 16일 실시되었다. 개헌안이 확정되기 이전에 이미 야당의 대통령 후보 각축전은 치열하게 전개되었다. 김영삼과 김대중 후보의 단일화 요구가 높았으나 성사되지 못하고, '4자 필승론'을 제기하며 김대중은 평화민주당 후보로 김영삼은 통일민주당 후보로 각각 대선에 출마했다. 16년 만에 실시된 대통령 직선이었던 만큼 국민들의 관심도 아주 높았다. 후보들은 세 과시를 위해 청중 동원에 힘을 다했으며, 상대방에 대한 흑색선전도 대단하였다. 또 처음으로 후보자들이 텔레비전에 출연하여 유세를 하였다. 이 선거에서 노태우는 야권의 분열 덕분에 36.6퍼센트라는 낮은 득표를 했음에도 대통령에 당선되었다. 제13대 대선에서는 지역감정이 기승을 부리는 등 부정적인 사태들이 적지 않게 발생했다. 1988년 4·26총선은 17년 만에 처음으로 소선거구제로 치러진 선거였다. 그 전해 치러진 대통령 선거보다 더 지역주의가 위력을 보인 선거였다. 민정당은 34퍼센트, 민주당은 24퍼센트, 평민당은 19퍼센트, 공화당은 16퍼센트를 획득했는데, 거의 다 지역표였다.

수 있습니까? 문제가 될 수밖에 없는 것 아니겠어요?

조영래 등 상당수는 "단일화가 안 되면 절대로 이길 수 없기 때문에 무슨 일이 있어도 단일화해야 한다"고 계속 주장을 했어요. 그런데 조직적인 힘이 약해서 단일화는 그냥 계속 소리만 내고 별 힘을 발휘하지는 못했어요.

그런데 비지 쪽에서는 조영래가 김영삼과 가깝기 때문에 그런 소리를 한다고 하더라고요. 민주화운동에 함께 헌신했던 동지들이 정치 싸움에 뛰어드니까 서로 색안경을 쓰고 보는 것 같아 안타까웠습니다.

일부에서는 '독자정당론', 이른바 '민중정당론'을 들고 나왔어요. 그쪽 세력은 아예 두 김은 믿을 수가 없으니까 독자후보를 내야 한다는 주장을 하면서 백기완 쪽으로 집결했어요.

난 이것도 좀 비정상적 면이 있다고 생각해요. 민주화운동세력 중 정치이념 면에서 제일 급진파가 서민적인 풍모가 물씬 풍기는 백기완과 결합된 것은 정치이념 면에서 논란의 여지가 있다는 것이지요. 급진파가 뭔가 이상하지 않느냐 하는 생각이 들었는데, 우리 정치의 특수성을 보여주는 것 같기도 해요. 물론 독자후보 진영에도 정치색을 달리하는 사람들이 많아서 일률적으로 얘기할 수는 없겠지요.

▲ 1987년 대통령 선거에 '민중정당론'을 들고 나온 민중후보 백기완

민중후보 백기완은 말을 잘했어요. 대통령 후보 TV 연설을 할 때 사람들이 "말 하나는 참 잘하네. 찬성하진 않지만……" 이랬다고 해요. 그러나 선거 도중에 범야세력의 결집을 위해서 사퇴를 했지요.

여의도에서 벌어진 청중 동원 전쟁

1987년 대통령 선거는 이상하게도 각 후보의 선거 공약이 부각되지 않고, 세몰이 싸움의 양상으로 전개된 것이 큰 특색이었습니다. 세몰이라는 점에서는 1971년 선거를 재연했다고도 볼 수 있지요. 생각해보십시오. 1956년 신익희의 한강 유세장에 20~30만 명이 모여들어 세상이 깜짝 놀랐는데, 그보다 월등히 많은 인파가 몰려들었다면 얼마나 놀라운 일이겠어요. 앞서 1971년 선거 때 4월 18일 서울 장충단 김대중 후보 유세에 청중이 30만 명 이상 운집하자 박정희 후보 측에서는 그보다 적어서는 안 되겠다 싶어서 더 많은 사람을 동원했는데, 1987년은 장충단 유세 수준을 훨씬 넘었어요.

11월 29일, 박정희가 닦아놓은 여의도광장 유세에 김대중이 약 130만 명을 동원하자, 김영삼 측도 지지 않으려고 갖은 방법을 동원해서 12월 5일에 역시 약 130만 명을 동원했지요. 노태우 후보는 동원력이 더 컸습니다. 전국 방방곡곡을 다 동원시킬 수가 있었으니까요. 그래서 12월 12일에 약 150만 명이 모였다고 보도되었어요.

▲ 1987년 대통령 선거 노태우 후보 유세 장면

박정희 권위주의의 표본으로 널찍하게 자리 잡은 여의도광장이 이와 같은 대규모 유세 동원 장소가 되고 말았습니다. 경상도 사람이 연설할 때는 경상도 저 귀퉁이에서도 관광버스가 올라왔고, 전라도의 경우는 전라도 구석진 곳에서도 올라왔다고 해요. 각각의 지역 주민들이 저마다 일치단결해서 다른 쪽을 눌러줘야 한다는 논리겠지요. 하여튼 간에 이런 선거를 해서는 절대로 안 되는 것 아닙니까?

그런데 이때쯤 되면 누가 이길 것인지가 더 확실해져서 노태우 후보 쪽은 그때부터 돈을 별로 안 썼다고 합니다. 그런데 그때, 그러니까 11월 29일에 미얀마 앞바다에서 KAL 858기가 폭파당해 탑승자가 전원 사망한 사건까지 터진 거예요.

이 사건은 지금까지도 의혹이 꼬리를 물고 계속 논란에 휩싸여 있습니다만, 당시 노태우 후보 쪽에서 그 사건을 일으켰을 리 없고, 북에서 이걸 왜 일으켰는지도 이상해요. 노태우 후보를 당선시키려고 일으키진 않았을 텐데, 도대체가 이해가 안 가는 사건이 터진 거예요. 참으로 이해가 안 가요.

12월 16일 투표 결과, 노태우 후보가 가뿐하게 승리를 했어요. 득표는 36.6퍼센트밖에 안 됐지만, 4명이 나눠가졌으니까 아주 가뿐하게 이긴 거지요. 노태우가 4자 필승을 한 거예요. 노태우가 828만 표였고, 차점자는 여러 사람의 예상대로 김영삼이었어요. 왜냐하면 서울·경기표가 그렇게 간단하지 않았거든요. 김대중 쪽에 유리했다고 보기가 어려워요. 어중간한 층들이 김영삼을 찍을 수 있었어요. 그래서 김영삼이 633만 표가 나왔고, 김대중은 그보다 약간 적은 611만 표, 김종필은 172만 표였어요.

물론 광주·전남·전북에서는 김대중 표가 94·90·84퍼센트로, 1971년 과는 비교가 되지 않을 정도로 압도적으로 많이 나왔죠. 거기에 비해서 대구와 경북은 김영삼과 갈라먹었기 때문에 아무래도 압도적이기까지는 못하고, 1971년에 박정희를 찍어준 것보다 노태우 표가 적게 나왔어요. 또 부산·경남은 김영삼 표를 지역 몰표로 따질 수 없을 정도로 적게 나왔죠. 노태우와 나눠먹었으니까요. 어쨌든 이 선거에서 "노태우가 가볍게 힘들이지 않고 이겼다" 이렇게 얘기하고 있습니다.

투표 기계가 된 지역주민

16년 만에 치러진 대통령 직선제이자, 6월민주항쟁의 결실로 6월항쟁을 마무리 짓는 역할을 맡았던 1987년의 대통령 선거는 16년 전의 1971년 선거 못지않게 지역주의로 상처투성이가 되었습니다. 그 다음 해에 치러진 총선도 우려한 바와 같이 지역주의가 극단적으로 극성을 부려 이 나라가 어디로 가고 있는지 알기 어렵게 했어요.

1988년 총선은 17년 만에 처음으로 소선거구제로 치러진 선거였습니다. 유신 국회의원 선거가 어떤 식이었느냐, 그 다음 전두환·신군부는 선거를 어떤 식으로 했느냐는 앞에서 살펴보았지만, 4월 26일에 치러진 선거는 어떤 면에서는 그 전해의 대통령 선거보다 더 지역선거였어요. 민정당은 34

퍼센트, 민주당은 24퍼센트, 평민당은 19퍼센트, 공화당은 16퍼센트를 획득했는데, 거의 다 지역표였다고 말할 수 있어요. 이렇게 되니까 공천이 제일 중요해졌고, 지역주민들은 자동으로 반응하는 기계처럼 그 공천자를 찍기만 하면 되는 투표 기계가 됐어요.

이 선거에서 민정당은 득표율에 비해 훨씬 많은 의석수를 차지해 125석이 되었고, 그 다음은 호남 쪽에서 압도적으로 많은 표를 얻은 평민당이 70석이었어요. 소선거구제의 혜택을 본 것이지요. 그리고 김영삼의 민주당은 59석밖에 차지하지 못해 제3당으로 밀려나게 됐어요. 김영삼이 자존심이 아주 꽉 상하게 돼서 언제 마음을 싹 바꿔버릴지 알 수 없게 되었지요. 공화당은 35석이었습니다.

대구·경북 지방에서는 29석 중에 25석을 민정당이 차지했고, 호남에서는 37석을 뽑게 돼 있었는데, 평민당이 36석, 하나만 다른 데로 갔네요. 부산·경남은 37석 중에 민주당이 23석, 대전·충청 지방에서는 27석을 뽑게 돼 있었는데, "우리 충청도도 질 수 있나" 해서 무려 23석이나 김종필 당한테 줬어요.

이처럼 지역선거가 심각하게 노정되자 "망국적인 징조다", "이 지역주의를 극복하지 못하면 우리나라가 어떻게 될 것이냐?", "남북으로 갈라져 수십 년 동안 저렇게 험한 싸움을 벌였는데, 이제는 경상공화국, 전라공화국, 충청공화국, 이렇게 공화국이 남쪽에 세 개, 네 개로 세워지게 되면, 이런 나라가 어떻게 된단 말이냐? 남북으로 갈라지고, 또 남쪽이 세 개, 네 개로 갈라지고……" 이렇게 개탄하고 분노하고 그랬습니다.

1988년 선거가 이렇게 지역 싸움이 된 원인은 여러 가지로 생각을 해볼 수가 있습니다. 우리나라 현대사의 대부분은 이승만·박정희 두 사람이 통치하던 시기로, 각각 12년, 18년 합해서 30년이나 됩니다. 1988년까지로 생각하면 더욱 더 압도적인 비중을 차지하게 되지요.

그런데 그 시기에 한국인, 특히 유권자가 민주시민교육을 가질 기회가 있었느냐? 이승만·박정희한테 배운 것이 어떤 거였느냐? 이 점이 중요합니다. 한국인은 정의를 사랑하고, 민주주의 의식을 지니고 있는 측면이 있었지만, 그래서 내가 여러 번 얘기했듯이, 선거에서 놀라운 결과를 보여주기도 했지만, 다른 한편으로 볼 때는 일제 때도 아주 나쁜 상태에 있었고, 이승만·박정희 정권 때도 워낙 나쁜 상황에 있었기 때문에 유권자한테 큰 걸 기대한다는 건 무리일 수 있습니다. 그걸 현실로 인정해야 할 거예요.

6월민주항쟁에서 제일 많이 나온 구호가 '호헌 철폐·독재 타도·직선제 쟁취', 이 세 가지란 말이에요. 이렇게 간단하고 초보적인 것만이 전체 대중들한테 먹혀들 수 있었고, 그래서 그렇게 큰 힘으로 나타나게 되었지, 거기에다 다른 조건을 걸면 분열될 수 있었을 거예요. 나는 1987년 6월 23일 연세대 노천극장인가요? 그곳에서 2만여 명이 토론하던 것이 항상 생생하게 기억납니다. 학생들이 "6·26투쟁에서 '직선제'를 주된 구호로 사용할 것이냐", "그것은 너무 낮은 수준이니까 버려야 하지 않는가" 하면서 싸우더라구요. 결론은 여전히 '직선제 쟁취'는 유효하다는 것이었어요. 한 귀퉁이에서 들으면서, '아, 결정 잘했다. 이제 이기는 거다' 이런 생각을 했습니다. 하여튼 그렇게 됐지만, 그만큼 우리 수준이 어떤지를 얘기해주는 거라고 봐야 돼요.

지역주의가 위력을 보인 또 다른 이유

지역이기주의가 압도적인 위력을 보인 또 하나의 이유는 박정희 집권기의 근대화지상주의, 또는 경제지상주의와 관련됩니다. 그것은 '물신숭배주의·황금만능주의'라고도 부르지요. 수단과 방법을 가리지 않고 출세하고, 돈만 벌면 된다는 소리예요.

1970년대 '기생관광'이라고 해서, 젊은 여성들이 일본 사람들을 상대로 그거 해가지고 외화벌이를 했는데, 정부에서는 그것도 국가를 위한 것이라며 장려를 했습니다. 그런 식으로 돈 버는 것은 좋은 게 아닙니다. 당장은 돈이 생길지 몰라도 국가나 사회가 일정하게 합의를 볼 수 있는 '가치관'이라는 게 서 있어야 합니다.

그런데 '우리만 잘되면 된다', '우리 경상도 사람이 남이가?' 이런 식의 사고가 어느 지역에나 다 있었습니다. 나는 충청도 사람인데, 충청도에서 "왜 전라도 사람들만 차별받았다고 그러느냐, 우리가 더 받았는데……" 그러더라구요. 강원도는 또 어떻습니까? "우리가 감자바위로 바보 취급받았다"는 거예요. 다 이런 식으로 나왔습니다.

국가 전체를 위한다든가, 사회의 공감대를 찾아나가는 것을 생각하지 않은 거예요. 그런 분위기가 지금까지 한국인한테 아주 강하게 남아 있습니다. 그것이 지역선거를 가져온 큰 이유예요. 그 당시에는 지역차별에 대한 감정이 하늘을 찌를 듯했어요. 경상도 사람들은 그 심정 모릅니다. 다른 지역 사람들이 얼마나 차별당했다고 생각하는지를 몰라요.

그렇지만 1987·88년 선거에서 지역주의가 횡행한 것은 그것 때문만은 아니라고 봅니다. 앞에서 1967년 6·8부정선거가 얼마나 나쁜 선거로 비판받았는지, 그래서 그 당시 학생들을 포함해서 많은 사람들이 '망국선거'라고 불렀다는 얘기를 한 바 있습니다.

무슨 얘기를 하려고 하느냐면, 그때부터 선심공약으로 다리 놓고, 아스팔트 깔아주고, 조그마한 공장이라도 세워주기 시작한 거예요. 우리가 1966·67년 그 무렵부터 경제 발전이라는 걸 하기 시작했는데, 월남에서 돈이 들어오고, 일본에서 돈이 들어오고, 미국 등지에서 차관이 들어왔습니다. 그래서 1967년 6·8선거에서 선심공약이 그렇게 효과적으로 잘 먹혀들어갔다고 했잖아요.

대통령과 국무위원이 전국방방곡곡 돌아다니면서 "우리 여당만 찍어주면 당신들 마을에 뭐가 생긴다" 이런 식의 공약을 하고 다니니까 마구 찍어줘버렸죠. 그런 선거가 어디 있습니까? 인간의 마음을 더러운 방식으로 빼앗은 선거, 그렇기 때문에 망국선거라고 했지요.

그런데 1988년 4·26총선은 1967년 6·8선거와 반대가 돼버렸어요. 이제 다리도 놓을 만한 건 다 놓았고, 아스팔트도 깔 만한 데 다 깔았고, 공장도 지어달라고 할 필요가 없게 됐어요. 쓸데없는 공장을 세워 오히려 폐허가 돼버린 게 얼마나 많았습니까?

옛날에는 관권이 10~20퍼센트까지 영향을 미친다고 얘기했어요. 그렇지만 이제는 관권도 별 영향을 미치지 못했어요. 6월민주항쟁으로 관권이 크게 약화되었어요. 1971년 선거에서는 관권이 작용해 호남에서 박정희 표가 적지 않았는데, 이 선거에서는 그것도 안 통하게 돼버렸어요. 그러니까 선심공약도 안 통하지, 관권도 안 통하지, 물론 돈은 통했을 겁니다. 그러나 돈보다는 '우리 지역 쪽이 많이 되면 우리가 발전한다'는 생각으로, 지역주의가 놀라운 위력을 나타낸 것이었지요.

지역주의의 역사적 역할

그런데 역사는 단순하지 않습니다. 나도 지역주의를 극복하기 위해 『역사비평』에 글을 여러 개 싣고, 이걸 어떻게든지 퇴치시켜야 한다는 주장을 많이 했지만, 다른 한편으로 지역주의가 긍정적인 작용도 했어요. 왜냐하면 금권·관권보다 지역이 더 위로 올라가서 금권·관권을 눌러버린 거예요. 이 점이 긍정적인 영향을 줄 수가 있는 겁니다. 여당이 이때부터 2004년 선거 빼놓고는 과반수 이상을 차지 못하게 되는 것도 지역주의가 큰 영향을 미쳤어요.

특정 지역의 염원이나 열망이 민주화를 추진하거나 남북관계를 원활하게 하는 데 상당히 큰 힘으로 작용했다는 점도 무시할 수 없습니다. 그 지역 중심으로 뭉치지 않았으면 우리나라는 워낙 지독한 반공이데올로기, 수구적인 냉전논리가 지배하는 사회였기 때문에 그렇게 남북관계를 트기가 쉽지 않았을 겁니다. 그 점은 민주화를 추진하는 데에도 마찬가지였습니다.

역설적이기도 하고 오해받을 수도 있습니다만, 노무현도 지역주의가 아니었으면 당선될 수 없었다고 볼 수도 있어요. 노무현이 무슨 이력이 있습니까? 뭐 하나 내세울 만한 게 있었습니까? 똑똑하다는 거 빼놓고는 아무것도 없던 사람이에요. 물론 지역주의에 대항했다는 점은 평가를 해야겠습니다만.

하여튼 한국과 같은 보수적인 사회에서 지역 지지기반 등 어떤 것도 없이 대통령이 될 수 있었던 것은, 나중에 다시 얘기하겠습니다만, 이회창은 떨어뜨려야 한다는 생각에 호남 사람이 앞장서서 지지했기 때문이에요. 그리고 충청도 사람들도 수도 옮겨준다고 하니까 지지했고요. 여러 가지가 작용을 해서 무난히 당선이 된 것이라고 볼 수 있어요.

내가 말하고 싶은 것은 지역주의는 박정희의 근대화지상주의와 영구집권욕, 유신체제에 의해서 망국적인 병으로 심각한 양상을 갖게 된 것으로 반드시 퇴치해야 하지만, 민주화와 관련해서 암적인 요소와 함께 우리 역사가 워낙 어렵다 보니까 지역주의가 역사적인 역할을 하는 면도 있다는 점을 지적하려는 겁니다. 경우가 다르긴 합니다만 1960년 3·15부정선거가 4월혁명의 길을 열어놓았잖아요.

그리고 혹시 오해가 있을지 몰라서 부연합니다만, 김대중은 4자 필승론을 들고 나왔으나 지역주의에 의해 가장 심하게 피해를 입은 사람이에요. 일부 지역 사람들이 지금도 그분에 대해 뭐라고 합니까? 순전히 지역감정으로 햇볕정책이나 인물평을 하거든요.

1988년 4·26총선으로 다시 돌아가지요. 그 선거는 지역주의의 산물로서 여소야대 국회를 처음으로 출현시켰습니다. 그것도 압도적으로 야당 의석수가 많은 국회가 됐는데, 이때부터 국회가 제 역할을 하기 시작했어요. 1954년경부터 국회가 거수기 아닙니까? 이승만·박정희·전두환이 시키는 대로 그대로 했거든요. 그런데 이제는 국회가 그렇게 움직이지 않는 거예요.

여소야대 국회는 전두환에 대한 압박으로 나타났습니다. 전두환 일가의 비리에 대한 수사가 시작되어 형제들이 감옥 가고, 이른바 5공 실세들이 물러나 앉게 되었지요. 그리고 1988년 11월부터 5·18광주민주화운동진상조사특위 등 여러 특위가 생겨나 청문회를 열었잖아요. 더군다나 이 청문회는 텔레비전으로 생중계되어 온 국민의 시선을 집중시켰어요. 전두환 정권의 실력자들, 재벌들을 사정없이 몰아세우고 그랬는데, 이때 스타가 누굽니까? 노무현 아닙니까?

그러다 보니까 그렇게 힘이 좋던 전두환 부부가 백담사로 일종의 '귀양'을 가게 됐어요. 여러분도 알다시피 백담사는 입구만 막아버리면 어디로

1992년 대통령 선거에서 2004년 총선까지

1992년 3월 24일에 실시된 총선은 여전히 지역할거주의를 보여주었다. 그러나 민자당이 과반수에서 한 석이 모자라는 의석밖에 확보하지 못해 참패했다. 곧이어 12월 19일에 치러진 대통령 선거에서 997만여 표를 얻은 민자당의 김영삼 후보가 804만여 표를 얻은 평화민주당 김대중 후보를 큰 표 차이로 누르고 당선되었다.

1997년 12월 18일 경제 위기 상태에서 치러진 제15대 대통령 선거는 그야말로 박빙의 치열한 접전이었다. 자유민주연합의 김종필과 손을 잡은 새천년국민회의의 김대중 후보가 이회창 후보보다 39만여 표가 많아 가까스로 승리했다. 이어 2000년 4월 13일 총선은 영남 유권자들이 무섭게 '단결'하여 한나라당 후보가 석권을 했다. 그렇지만 이 선거에서 총선시민연대의 낙천·낙선운동으로 인해 대상후보자 86명 중 59명이 떨어진 것은 정치에 대한 희망을 보여주었다.

2002년 12월 19일에 치러진 대통령 선거는 초반에 한나라당 이회창 후보의 당선론이 우세했으나 새천년민주당의 대통령 후보 국민경선대회가 시작되면서 새로운 조짐이 나타났다. 노무현 후보를 지지하던 정몽준 의원의 지지 철회를 비롯해 막판까지 그 향방을 짐작하기 어려웠는데, 결국 노무현이 1,201만 표로 2위를 한 이회창과 57만 표 차이로 당선되었다. 뒤이은 2004년 4·15총선은 '탄핵 선거'라고 불러도 좋을 만큼 한나라당과 민주당의 노무현 대통령에 대한 탄핵 사건이 선거 결과에 큰 영향을 미쳤다. 4·15선거에서는 47석밖에 안 되었던 열린우리당이 무려 152석이나 차지했고, 민주노동당도 10석이나 얻었다. 헌정사상 처음으로 자유주의자들이 과반수 의석을 넘어섰다는 평을 듣기도 한 선거였다.

빠져나갈 길이 없는 데에요. 현대판 함경도 북청 또는 전라도 흑산도라고 할까요. 여소야대 국회로 그만큼 세상이 바뀌어버린 것이지요.

민자당 창당과 김영삼

1990년 2월에 민주자유당(민자당)이 탄생하게 됩니다. 민자당 탄생의 이유에 대해서는 앞에서 이미 시사를 했죠. 김영삼이 제3당 당수로 전락하면서 처지가 난처하게 된 데다가, 김대중에 대해서는 굉장히 라이벌 의식이 강해서 새로운 탈출구를 찾고 있었어요. 김종필은 제4당이어서 힘이 없으니 뭔가 하려면 옛날처럼 큰 당 쪽으로 가야한다고 생각했는데, 노태우·민정당이 여소야대 국회에서 얼마나 혼났습니까?

그리고 1989년에 문익환·임수경의 방북으로 공안정국이 만들어져 민주세력이 상당히 약화됐어요. 반면 노태우 정권이 유리한 입지를 마련하였는데, 여세를 몰아 노태우·김영삼·김종필 '삼자야합'이라고 하는 민자당 탄생으로 이어져 정국이 역전되었습니다. 민자당으로의 합당은 내각제를 전제로 한 것이었어요.

▲ 민자당 출범
1990년 2월 9일 한국종합전시장에서 열린 민자당 창당 축하연에서 노태우·김영삼·김종필 3인의 최고위원이 함께 잡은 손을 치켜들어 참석자들의 환호에 답례하고 있다.

1991년에는 지방자치제가 30년 만에 부분적으로 부활이 되었습니다. 3월에 시·군·구 기초의회 의원 선거가 있었고, 6월에는 특별시 등의 시·도 광역의회 의원 선거가 치러졌으나 지방자치단체장 선거는 여전히 뒤로 미루어졌어요.

그리고 나서 1992년에 3·24총선을 치렀는데, 이 총선에서 놀랍게도 민자당이 지역구에서 116석밖에 차지하지 못했어요. 그래서 전국구 33석을 합쳐도 전체 의석에서 1석이 부족한 149석밖에 안 되었습니다. 총선 전에 218석이었으니까 무려 69석이나 잃어버린 겁니다. 이 선거에도 지역주의가 크게 작용을 했지만, 서울 등의 지역에서 민자당이 너무 과도하게 차지하면 안 된다는 견제심리가 작용을 해서 이러한 결과가 나왔어요. 김대중과 다른 몇 세력이 합쳐서 만든 민주당 후보가 서울에서 많이 당선되어, 지역구 75석에 전국구 22석을 차지함으로써 민자당을 견제할 수 있게 되었습니다. 이부영 등 진보세력이 여러 명 당선된 것도 이 선거였어요.

이 선거에서 놀랍게도 현대 재벌총수 정주영이 만든 국민당도 31석이나 차지했어요. '재벌당'이라고 불려지기도 했습니다만, 국민당에 공명을 하고 있는 유권자가 많았다는 걸 보여주었습니다.

1992년 12월 18일에는 6월민주항쟁 이후 두 번째 대선을 치르게 됐습니다. 이 선거와 관련해서 김영삼이 여러 면에서 화제가 되었습니다. 김영삼은 현대사에서 어쨌든 여러 차례 주목을 받는 인물이 되었는데, 이 사람의 정치적 촉감이 대단하거든요. 어느 누구도 따라가지 못하는 생물학적인 탁월성을 갖고 있다고 볼 수 있지요.

김영삼은 민자당의 구조적 문제점을 잘 알았어요. 민자당 의석수의 대다수를 민정계에서 차지하고 있고, 이들이 한때 무소불위의 권력을 휘둘렀던 신군부세력들이지만, 결정적으로 이들한테는 대통령 후보감이 없다는 약점이 있었어요. 아무리 내세워보려고 해도 김대중과 경쟁할 만한 사람이 없었던 겁니다.

김영삼은 그 이전에 민자당으로 합당할 때 전제로 했던 내각제 약속을 저돌적으로 깨버렸어요. 국민여론을 볼 때 당시 내각제 개헌은 쉽지 않는데, 더구나 김영삼이 반대하고 나서면 방법이 없게 되어 있었어요. 이 약점을 김영삼이 이용한 것이지요. 그래서 내각제 합의를 털어버리고, 그럼과 동시에 "민자당 대통령 후보는 내가 돼야 한다"는 쪽으로 대세를 몰고 가버렸어요.

노태우 쪽에서는 방법이 없게 된 거예요. 김영삼을 내세우는 것 외에는 선택의 여지가 없게 된 거죠. 그러니 노태우·민정당으로서는 김영삼·김종필을 끌어들여 민자당으로 합친 것이 김영삼을 대통령 후보로 만들어주기 위한 꼴이 되어버리고 만 셈입니다.

세상 운명이라는 게 이렇게 얄궂은 겁니다. 정치는 무상無常하다고 할까요. 뭐든지 권력자 마음대로 되는 것이 아니고, 역사는 변하기 시작할 때는 아주 무섭게 바뀌는 거예요.

김영삼이 민자당으로 갔을 때, 그 당시 거의 모든 진보세력이 김영삼을 비난했습니다만, 결과는 다르게 나타났습니다. 민자당 대통령 후보 지명대회에서 이종찬 같은 사람을 압도적으로 누르고 민자당 후보가 되었어요. 이 강의에서 몇 번이고 되풀이해서 하는 말입니다만, 우리 역사에 드물지 않게 나타나는 역설이 또다시 나타난 것이지요. 이 방식 빼놓고는 김영삼이 어떻게 대통령 후보가 될 수 있었겠습니까?

김영삼이 대통령이 되어 개혁을 한 것은 나쁘다고 할 수는 없잖아요. 민자당을 비판적으로 보는 것과 김영삼이 민자당 대통령 후보로 나선 것은 구별해서 볼 필요가 있다고 봅니다.

나는 잘했다, 잘못했다를 넘어서서 그걸 지적하고 싶은 거예요. 간단하게 일면적으로만 평가할 수는 없습니다. 민심이라는 게 역사 속에 이런 방식으로 들어오기도 하는 거예요.

김영삼과 김대중의 숙명의 대결

1992년 선거에서는 정주영도 자신이 틀림없이 대통령이 될 거라고 보고 출마하는 사태가 벌어졌습니다. 정주영도 여론조사를 여러 가지로 했고, '현대 가족'에다 3배수를 곱해보는 등 기업가답게 계산을 했지만, 결정적으로는 대통령 한 번 해보고 싶어서 모든 것을 자신한테 유리하게 판단한 것이지요. 정주영 출마로 표를 갈라먹어야 했지만 김영삼이 못 나오게 할 수는 없었어요.

이 선거에서 김대중은 TV 공개 토론을 요구했어요. 이것은 시의에 적절히 부합하는 제의였습니다. 그렇지만 김영삼으로서는 받아들이기 어려웠어요. 김영삼은 김대중이 자신보다 훨씬 말을 잘하고 여러 가지로 많이 알고 있다는 점에 항상 두려움을 갖고 있었는데, 다른 것도 아니고 대통령 선거에서 자신의 약점을 송두리째 드러낼 수 있는 TV 공개 토론에 절대로 응할 리가 없었습니다.

선거 도중 '이선실 간첩 사건'*이 터졌는데, 그전과는 달리 선거에 별 영향을 미치지 못했어요. '부산 초원복집 사건'*이 터졌을 때에 김영삼 후보는 상당히 놀랐던 것 같아요. 법무부 장관을 지냈던 김기춘이 부산에 있는 초원복집에서 기관장들과 함께 김영삼 당선을 위한 논의를 할 때 지역감정을 자극한 말이 그대로 공개가 돼버렸거든요. 그래서 선거를 비열하게 한다, 박정희 식으로 한다는 얘기를 안 들을 수 없게 되었지요. 그런데 이것도 별 영향을 미치지 못했어요. 오히려 "경상도 사람이 남이가" 하면서 더 단결하게 된 것 같아요. 지역주의가 그렇게 공고했어요.

1992년 12·18대통령 선거 역시 금권 선거였다고 말할 수 있습니다. 민

***이선실 간첩 사건** 1992년 10월 6일 북한의 적화통일전략에 동조, 남한에 노동당 지부를 결성하고 각계각층의 인물을 포섭해 지하활동을 벌여온 대규모 간첩단이 적발됐는데, 이 중 조선노동당 중부지역당 총책 황인오 등 62명이 국가보안법 위반 혐의로 구속된 사건을 말한다. 황인오는 북한 권력서열 22위인 대남공작 총책 이선실에게 포섭돼 1990년 10월 17일 이선실을 따라 밀입북, 노동당에 가입하고 간첩교육을 받은 것으로 드러났다. 또한 간첩 이선실이 장기간 국내에 체류하며 남한조선노동당 결성에 직접 관여하고, 북한의 장관급 고위 공작원들이 수시로 잠입, 이 사건 관련자들과 접촉했다는 사실도 밝혀졌다.

***부산 초원복집 사건** 1992년 대선을 앞둔 12월 11일 오전 7시 부산 초원복집에서 김기춘 당시 법무부 장관을 비롯해 부산의 각 기관장들이 모여서 민주자유당 후보였던 김영삼을 당선시키기 위해 지역감정을 부추기고, 정주영·김대중 등 야당 후보들을 비방하는 내용을 유포시키자는 등 관권 선거와 관련된 대화를 나눴는데, 이 내용이 정주영 후보 측의 통일국민당에 의해 도청되어 언론에 폭로되었다. 아파트 값을 반으로 내리겠다는 공약 등으로 보수층을 잠식하던 정주영 후보 측이 민자당의 치부를 폭로하기 위해 전직 안기부 직원 등과 공모하여 도청 장치를 몰래 숨겨서 녹음한 것이었다. 하지만 김영삼 후보 측은 이 사건을 음모라고 규정했으며, 주류 언론은 관권 선거의 부도덕성보다 주거 침입에 의한 도청의 비열함을 더 부각시켰다. 이 때문에 통일국민당이 오히려 여론의 역풍을 맞았고, 김영삼 후보 측에서는 "우리가 남이가"라며 지지층을 결집시켰다. 이 여세를 몰아 김영삼이 제14대 대통령에 당선되었다.

자당은 5천억을 썼을 것이라는 지적이 있었습니다만, 천문학적인 비용이 들어간 것으로 언론은 추산했습니다. 지역주의 다음으로 금권 선거가 큰 문제가 되었습니다.

이 선거에서 김영삼이 무난하게 대통령이 됐습니다. 997만 표였어요. 그 반면, 김대중은 804만 표였습니다. 김대중 쪽에서는 영남에서 김영삼이 김대중보다 474만 표를 더 얻었는데, 김대중은 호남에서 김영삼보다 281만 표밖에 더 얻지 못했기 때문에 그 차이로 떨어진 것이라고 주장하기도 했습니다.

그렇지만 그것은 정확한 분석이 아닙니다. 왜냐하면 정주영이 388만 표를 차지했는데, 이 표는 정주영이 출마하지 않았다면 누구한테 갔겠어요? 두 김 중에 어느 누구를 찍겠습니까? 뻔하죠. 선거 후 김대중은 은퇴 선언을 하고 영국으로 갔습니다.

1회용으로 끝난 '깨끗한' 선거

김영삼 대통령은 취임 초부터 개혁의 칼을 뽑았습니다. 이 사람은 장로교 계통인데, 처음에는 청와대를 청교도적으로 엄격히 하려고 했습니다. 청와대 비서들이 그만둘 때에도 전별금이라고 할까, 돈을 받지 못했다고 해요. 박정희·전두환 때 장관 자리도 좋았지만 청와대 비서가 얼마나 좋은 자리입니까? 특히 전두환 같은 사람은 '호쾌'하게 부하들한테 해줘서 노태우와 대조를 이루었다고 하잖아요.

김영삼의 군부 숙청은 대단히 좋은 평가를 받았습니다. 전두환 정권과 군부의 실세였던 하나회 관계자들을 싹뚝 잘라버렸잖아요. 뿐만 아니라 기무사가 얼마나 힘이 셉니까? 보안사 후신인 기무사도 축소시켜버리고, 그 다음엔 국방부 감사를 통해 무기 도입 과정의 비리를 파악해 전 국방부 장관 등 군관계자를 가둬버리고, 그래서 성역이었던 국방부도 민간인 통제하에 두었지요. 30년을 지배했던 군을 서릿발같이 쳐버려 수술했을 때, 인기가 얼마나 좋았습니까?

역시 30년간을 지배했던 TK(대구·경북)세력도 무력화시켜버렸습니다. 동맹세력인데. 그래서 어떤 역사학자는 김영삼이 대원군처럼 나중에 고립무원이 될 것이고 과거의 동맹세력한테 당할 것이라고 말했는데, 그렇게 되었다고 볼 수도 있어요.

공직자재산등록을 실시한 것도 상당히 효과가 있었잖아요. 금융실명거래제에 대해서는 말이 많았지만, 돈세탁하기가 어려워져 그만큼 우리 사회를 투명하게 했어요. 노태우 구속도 이러한 것들과 관련이 있고, 결국은 전두환까지 구속되어 '역사바로세우기'가 어느 정도 이루어질 수 있었던 것도 김영삼의 공로로 보아야 할 겁니다.

그렇지만 김영삼은 후기로 갈수록 문제를 노정했고, 궁지에 몰렸지요. 북핵 위기 문제를 과연 민족적인 관점에서 다뤘느냐? 오히려 한편으로는 전쟁이 안 나야 한다고 하면서도 다른 한편으로는 미국으로 하여금 북을 공격하게 하는 방향으로 가도록 한 것 아니냐? 그러다 보니 북핵 문제가 더 불거져 할 수 없이 카터가 방북을 하지 않을 수 없게 된 사태까지 온 것이 아닌가 싶습니다.

1994년 7월에 정상회담을 앞두고 김일성이 사망했는데, 극우적인 신문 중심으로 '조문 파동'이 발생한 것도 김영삼 정부가 잘못 대응했기 때문이에요. 이 때문에 남북관계가 아주 나빠지게 되었죠.

김영삼이 1995년 6월에 지방자치단체장 선거를 단행한 것은 의미가 있습니다. 서울특별시 시장에서부터 군수까지 선거에 의해서 뽑은 것은 1960년 민주당 정부 때 딱 한 번 있었던 일인데, 김영삼이 이를 다시 실시한 것입니다.

뿐만 아니라 김영삼은 이때까지만 해도 초심初心을 갖고 있었다고 봐요. 그래서 이 선거가 우리나라 역사상 보기 드물게 깨끗한 선거였어요. 그때 그 선거를 보면서 정말 기분 좋았어요. 이처럼 투명하고 깨끗한 선거는 노무현 정권에 와서야 다시 실행되지요.

그런데 선거 결과가 어땠습니까? 서울·경기 지역에서 민자당이 대패했어요. 그렇게 되니까 선거를 깨끗하게 하면 안 된다는 생각을 하게 되었어요. 유권자가 왜 잘못입니까? 깨끗한 선거를 했으니까 김영삼 당을 찍어줘야 한다고 그럴 수는 없잖아요. 자기가 좋아하는 사람 찍어야지.

하여튼 김영삼이 마음을 바꾸었어요. 그래서 1996년 4·12총선에서는 또다시 금권이 난무하고 아주 혼탁한 선거가 됐어요. 이 선거가 실시되기 얼마 전 김대중이 이기택 등과 마음이 맞지 않는다고 민주당에서 나가 새정치국민회의를 만들었어요. 그때 김원기·제정구·노무현·유인태·원혜영 등은 그런 식으로 '개인 정당'을 만드는 것은 민주주의나 정당정치에 역행된다고 해서 김대중 쪽에 붙지 않았습니다. 그쪽으로 따라가면 국회의원이 되는 것이 확실하고, 대폭 쪼그라든 민주당에 남아 있으면 떨어질 것이 분명한데도, 민주주의의 대의大義를 지키기 위해 야합하지 않은 것은 평가해줘야 한다고 생각합니다. 결국 노무현·김원기 등 꼬마 민주당에 남아 있었던 정치인들은 총선에서는 거의 다 떨어졌지만, 나중에 노무현 정권을 탄생시키는 데 일역을 맡잖아요. 우리는 정도正道를 걸으면 자신만 손해라는 인식이 있는데, 그것이 꼭 맞는 말은 아닙니다.

4·12총선에서 신한국당이 139석을 건지긴 했습니다만 과반수는 못 되었습니다. 그리고 꼬마 민주당은 득표는 꽤 많이 했어도 15석, 그것도 주로 전국구로 15석밖에 못 얻었고, 새정치국민회의도 겨우 79석에 머물렀고, 김종필의 자유민주연합(자민련)이 약진해서 50석이나 되었어요. 이 선거에서 여성이 지역구에서 2명, 전국구에서 7명, 합해서 9명이 진출했는데, 전에 비해서 많이 늘어났습니다.

그러고는 한보 사건 같은 대형 사건이 터졌고, 황태자로 불렸던 김영삼의 차남 김현철이 감옥소에 들어갔어요. 김영삼 정권 말기인 1997년에는 IMF 사태가 발생해 이 나라가 넘어지는 줄 알았잖아요.

헌정사상 최초로 야당 후보 당선

IMF사태 와중에 치러진 선거가 1997년 12·18대통령 선거입니다.

이 선거에서 여당의 이회창은, 김영삼 집권기에 민자당에서 신한국당으로 이름이 바뀐 여당을 민주당의 조순과 손을 잡고 '한나라당'을 창당해 후보로 나섰는데, 이에 맞서 김대중은 김종필과 연합했어요. 물론 노무현 등은 조순과 결별했지요.

김대중으로서는 4수였는데, 마지막 출마였기 때문에 어떻게 해서든지 당선되어야 한다는 벼랑 끝 상황에 처해 있었고, 그래서 가장 보수적인 세력으로 유신잔당이라고도 했던 김종필·자민련과의 연합이 이루어진 것이겠지요.

따라서 김대중이 당선되면 총리를 김종필이나 김종필계에 줘야 했습니다. 장관도 상당수를 자민련한테 주게 되어 있었는데, 가장 큰 것은 2년 이내에 내각제 개헌을 한다고 합의를 본 거였어요.

이 선거에서는 활발한 TV 공개토론이 있었다는 점에서 선거운동사상 한 획을 긋게 됐습니다. 이제 선거운동에서 청중을 대거 동원하는 방식은 사라졌고, TV 토론이 중요한 위치를 차지하게 되었습니다.

TV 토론뿐만 아니라 이 선거에서는 '사상검증 토론회'라는 이상한 토론회까지 있었습니다. 창피한 일인데, 극우언론에서 김대중의 사상이 이상하다는 거예요. 그래서 자기들이 직접 검증을 하겠다는 것이었지요. 김대중으로서는 차라리 정면 돌파하는 것이 낫다고 생각해서 장시간에 걸친 공개토론에 참석하게 되었습니다.

1992년 대선에서는 1961년 이후 최초로 민간인 대통령을 탄생시켰습니다만, 1997년 12·18선거에서는 헌정사상 최초로 야당 대통령이 탄생했습니다. 1950년대부터 염원이었던 정권의 평화적 교체가 드디어 현실화된 것이지요.

이 선거에서 새정치국민회의의 김대중 후보가 1,032만 표를 얻은 데 비해, 한나라당의 이회창 후보는 993만 표였습니다. 불과 39만 표 정도밖에 차이가 안 나, 1964년 대선 이후 가장 적은 표차를 기록했습니다. 광주·전남·전북에서 김대중 표가 각각 97·94·92퍼센트가 나왔어요. 싹쓸이 하다시피 한 거죠. 김대중 후보한테 마지막 기회여서 아주 강한 아이덴티티가 형성될 수밖에 없었어요. 그런데 그에 대한 반발이 경상도 쪽에서 다음 국회의원 선거에서 나타나게 됩니다.

이 선거는 간단히 말해서 김대중·김종필 연합이 아니었으면 당선될 수 없었다고 얘기할 수도 있지만, 사실 더 큰 요인은 이인제가 여당에서 뛰쳐나와 출마했기 때문이었어요. 이인제가 492만 표나 얻었는데, 경상남도 표를 꽤 많이 획득했어요. 이것도 정치의 운명이라고 할까요? 역사가 얄궂은

▲ 1995년 6·27지자체 선거
김영삼 정부는 서울특별시장에서부터 군수까지 지방자치단체장 선거를 실시하였다. 1960년 민주당 정부 때 처음 실시된 각급 지방자치단체장 선거가 이때에서야 다시 실시된 것이다.

형태지만 진전되기 위해서라고 할까요?

이 선거도 지독한 금권 선거라고 얘기를 하고 있습니다. 하여튼 격차가 39만 표이고, 이인제 때문에 떨어졌다고 생각하면 이회창 속이 얼마나 아팠겠어요. 아슬아슬하게 떨어진 뒤 작은 체구의 그분이 입을 악물지 않았을까요?

2002년 대선을 보는 재미

2000년 4·13총선은 다시 동원 선거가 돼버렸습니다. 이때도 한나라당이 133석밖에 못 되어 과반수 의석을 차지하지 못했어요. 그렇지만 의석수가 많은 영남에서 거의 싹쓸이를 했어요. 울산 동구에서 무소속이 당선된 것

빼고는 전부 한나라당 후보가 당선되었지요. 아마 영남에서 선거사상 처음 있는 일이었을 거예요.

이 선거에서는 새로운 운동이 나타났어요. 박원순 변호사 등 시민운동세력이 힘을 합쳐 과거에 돈을 많이 썼거나, 부정한 짓을 했거나, 부정 사건에 걸려들었거나, 의정활동에 불미스러운 일이 있었거나 한 사람들에게 공천을 주지 못하게 했고, 그들이 출마했을 경우 떨어뜨리기운동을 폈어요. 전자는 '낙천운동'이고, 후자는 '낙선운동'이라고 불렀는데, 박원순 변호사가 자전거 타고 강동구 등을 돌아다니고 하더니만, 낙선운동 대상자 86명 중에 59명이나 낙선이 됐어요. 커다란 성과였어요. 정치 쪽으로 시민운동이 이만큼 큰 성공을 거둔 일은 드물 겁니다. 낙선운동은 일본 등 다른 나라에도 영향을 주었습니다.

이 선거에서는 진보적 활동가들이 꽤 진출했는데, 대부분 전국구이긴 했지만 여성이 16명 당선된 것도 특기할 만한 일이지요. 드디어 우리나라에서도 여성들이 정치계에서 상당한 역할을 할 수 있게 되었습니다.

여러분들 모두가 생생히 기억하겠습니다만, 이제 지금부터 5년 전인 2002년 12월 19일에 치러진 대통령 선거로 넘어오지요.

이 선거는 선거전에 돌입하기 전까지는 누가 봐도 아슬아슬하게 떨어진 이회창이 당선된다고 확신했어요. "앉아서도 되고 누워서도 된다"고 그랬어요. 그런데 여당인 새천년민주당의 대통령 후보 국민경선대회라는 게 제주도에서부터 시작되면서 새로운 조짐이 나타났어요.

무엇보다도 광주에서 그 지역 출신인 한화갑을 제치고 전혀 연고가 없는 경남·부산 출신인 노무현이 두각을 나타내면서 분명히 달라지기 시작했어요. 제주에서 살랑살랑 미풍이 불었다면, 광주에서의 국민경선대회는 하나의 파장을 일으켜 아직은 약하지만 돌풍으로 변해가는 것 같았어요.

　선거사상 처음으로 도입된 국민경선대회가 신선한 바람을 일으켰던 것인데, 그것도 광주에서 상상하지 못했던 이변이랄까, 파문波紋으로 더욱 신선한 느낌을 주었어요. 광주 민심이 이회창을 꼭 이겨야겠는데 그러려면 한 화갑 갖고는 안 된다. 의표를 찌를 수 있는 사람을 찾아서 밀어붙여야 한다는 무언 중의 합의가 새로운 분위기를 만들어낸 것이지요.

　7월인가부터 정몽준과 단일화 게임을 벌이기 시작한 것은 기대 속에 바람을 일으키게 한 제2의 도약이었지요. 국민들의 관심이 한층 커졌습니다. 과거에 정주영에 대한 지지가 적지 않았지만, 정몽준 지지세력 또한 만만치 않게 컸거든요.

　참 신기하지 않습니까? 정주영 아들이라는 점과 체육계에서 활동한 것 빼고는 특별한 이력이 없었는데, 정몽준 인기가 한때는 노무현보다도 더 높지 않았습니까? 그래서 둘이 합쳐서 한 명이 나선다면 대통령 선거의 판도가 달라질 수도 있다는 계산이 나올 수 있었어요. 노무현과 정몽준 중에서 한 명을 선택할 때에는 모든 사람들이 다 아슬아슬하게 느꼈을 겁니다. 정말 오금이 저린다는 말이 거기 딱 맞을 거예요. 정몽준은 자기가 될 것이라고 봤고요. 두 사람 중 노무현으로 결정될 때쯤 되자, 이제 이회창이 안심할 수 있는 상황이 아니었어요.

　이 선거는 미디어 선거를 넘어서서 젊은이들이 맹활약을 한 인터넷 선거였다는 점에서도 의미가 있어요. 그것이 노무현 당선에 큰 영향을 주었습니다. 2002년에는 월드컵대회를 일본과 공동 주최했는데, 월드컵대회 하면 '붉은 악마'의 응원이 생각나잖아요. 그것은 젊은이들의 역동성을 보여준 측면이 있습니다. 그리고 선거 직전인 12월 14일에 5만 인파가 광화문·시청 쪽에 모여 '효순이·미선이 추모 촛불시위'를 가졌는데, 젊은이 중심의 촛불시위도 어떤 분위기를 형성해 선거에 영향을 미쳤습니다.

이 선거는 그야말로 막판까지 흥미진진했다고 할까, 놀라운 일이 일어났습니다. 선거 전날인 18일 그것도 밤 10시에 정몽준이 노무현의 등에 비수를 꽂은 사태가 벌어졌지요. 정몽준이 노무현 지지를 철회함으로써 막판 뒤집기를 한 것인데, 이것조차 먹혀들지 않았어요. 노무현 진영 쪽 얘기를 들어보면 당사자인 노무현도 보통 놀란 게 아니라고 합니다. 그런데 젊은이들이 인터넷에서 밤새도록 움직인 것 아닙니까? 그때 젊은 사람들 대단했어요.

이 선거는 세대 간에 차이가 컸다는 특징이 있습니다. 60대 이상은 물론이고 나이든 사람들은 이회창을 선호한 반면, 20~30대 젊은이들은 적극적으로 노무현 지지 의사를 밝혔어요.

선거 결과 노무현이 1,201만 표, 이회창이 1,144만 표로, 57만 표 차이가 났습니다. 적은 차이였지만, 이회창과 김대중의 표 차이보다는 컸어요. 게다가 이인제 같은 사람이 없었는데도 이렇게 표 차이가 났으니까, 이회창은 전에 비해서 불평하기가 힘들게는 됐지만 심사가 무척 착잡했겠지요. 노무현이 김영삼이나 김대중과 다르게 다른 세력과 제휴하지 않고 순전히 독자적으로 당선되었다는 점도 의의가 있습니다.

이회창이 조금만 마음을 열고 개방적으로만 나왔어도, 그래서 북핵 문제나 남북관계에서 조금만 적극적이었어도 이런 결과가 나오지 않았을 거라고 생각합니다. 너무 경색된 주장, 대결적인 주장을 했고, 또 호남 사람들한테 반발을 사기 좋은 주장을 많이 했어요.

2004년 총선의 의의 – 일정한 수준에 오른 한국 민주주의

마지막으로 2004년 4·15총선에 대해 간략히 언급하지요. 4·15총선은 '탄핵 선거'라고 불러도 좋을 만큼 한나라당과 민주당의 노무현 대통령에 대한 탄핵 사건과 긴밀히 연결되어 있습니다.

탄핵에 대한 비판이나 반발로 노무현이 지지한 신당에 민심이 확 쏠린 현상에 대해서는 여러분들이 잘 알고 있겠습니다만, 이러한 결과가 나온 것에 대해서 노무현 중심으로 평가를 하는 것은 좀 더 생각해볼 점이 있다고 봅니다.

노무현이 한나라당·민주당의 탄핵 위협에 굴복하지 않고, 그래서 대다수가 기대했던 것처럼 사과하지 않고 잘 버텨서 이런 결과가 나왔다는 것은 무시할 수 없는 사실입니다. 다른 사람이라면 해내기가 어려웠던 대단한 버티기였지요.

그렇지만 그것보다 더 놀라운 것은 별것도 아닌 이유로 국민이 방금 뽑은 사람을 대통령에서 밀어내려고 하는 이런 식의 정치는 용납할 수 없다고 하는 수준 높은 국민의식을 보여줬다는 점을 아주 높이 평가해야 한다고 생각합니다. 4·15선거 후반에 들어서면서 경상도 지방에서는 박근혜가 선도해 분위기가 바뀜으로써 그쪽 표가 달라지긴 했지만요.

4·15선거에서는 47석밖에 안 되었던 열린우리당이 무려 152석이나 차지했고, 민주노동당도 전국구 정당투표제에 힘입어서 10석이나 되었어요. 그래서 뉴욕타임즈 등 외신이 보도한 대로 역사상 처음으로 자유주의자들이 과반수 의석을 넘어섰다는 점에서 헌정사상 획기적인 일이었습니다. 그 전에는 반공·냉전세력 또는 보수세력이 의회를 계속 장악해왔지요.

이때부터 그전과 달리 여당이 대통령이 하라는 대로 움직이지 않았다는 점에서 정당사상 새로운 시대를 맞이하게 되었습니다. 이승만 정권 때부터 여당은 대통령 한 사람을 위해서 만들어졌고 존재했다는 비판을 들었는데, 이제 달라진 것이지요.

그러다 보니까, 또 갑자기 만들어지고 공룡처럼 커지니까, 리더십도 세워지지 않아 열린우리당이 갈갈이 찢긴 것 같고 추진력이 약하다는 비판을 받았습니다. 그런 비판을 받을 만한 짓을 많이 했다고 봅니다만, 그것 자체가 민주화의 과정 아니겠느냐는 측면은 생각해볼 필요가 있습니다.

이 선거에서 두 번째 의의는 민주노동당의 의회 등장입니다. 1960년 4월 혁명 후 치러진 7·29선거에서 당선된 혁신계보다도 많아 10석이나 차지했어요. 질기게도 정치바닥에 남아 있던 김종필이 이 선거로 퇴장할 수밖에 없게 되어, 3김시대가 완전히 끝난 것도 큰 의의라 하겠지요.

여성 당선자가 늘어나고, 우리나라 역사상 처음으로 전국구가 어느 정도 본래의 역할을 했다는 점에서도 이 선거는 의의가 큽니다. 각 당이 전국구에 여성 후보를 상당수 배치한 것은 우리 사회를 균형 있게 만들어가는 데 역할을 했다고 봅니다.

전국구에 얹혀 너무 쉽게 당선되는 것 아니냐 하는데, 이러한 방식도 과도적으로는 필요한 거 아니냐, 그러면서 우리 사회 전체가 새로 균형을 잡아가도록 하면 좋겠다, 이런 생각이 들었습니다.

거의 60년에 걸친 형극과 수난의 헌정사에서 드디어 민주주의가, 특히 선거민주주의가 일정한 수준에 올랐다는 것을 보여주는 대선과 총선을 얘기하는 것으로서 5회에 걸친 이 강의를 마무리 짓게 된 것은 대단히 뜻 깊은 일입니다.

5강을 마치며

오늘은 그래도 빨리 끝났습니다. 마지막 토론 시간을 가져보도록 하죠. 우리가 다 아는 시대니까 얘기 좀 많이 하세요.

● 김대중 씨가 대통령 떨어지고 정계 은퇴 선언을 했잖아요. 그때 실제 정계 은퇴 의사가 있었던 걸로 보시는 건가요?

김영삼과 김대중은 꼭 대통령이 되고 싶어 했어요. 그렇지만 1992년 선거 직후에는 은퇴 성명을 안 낼 수가 없었다고 생각돼요. 그러면서 시간을 두고 여러 가지를 고려해보는 것이 순리 아니었겠어요?

● 지금 죽은 박정희 인기를 따라갈 사람이 없지 않습니까? 3김보다도 훨씬 인기가 좋잖아요. 그런데 그동안의 경제 성장을 박정희 한 사람의 공으로 돌릴 수 있는 건가요? 또 그 당시 서민들 생활환경이 얼마나 열악했고 노동자들이 저임금, 과도한 근로 시간 등에 시달렸는데, 그런 점도 생각해야잖아요. 경제 발전에 노동자나 일반 서민들의 역할을 부각을 시키면 박정희 공로가 줄어들 것 같은데…….

그 당시 노동자들의 상황은 지금 말씀대로니까 더 설명을 안 드리겠고, 그 시기에 왜 경제 발전이 가능했느냐에 대해서는 『사진과 그림으로 보는 한국현대사』에 대충 써놨습니다. 교사나 공무원, 일반 시민을 대상으로 한 강의에서도 되도록 자세히 언급하려고 노력하고 있습니다.

요약해서 간단히 얘기하면 이렇습니다. 1986~88년에 단군 이래 최대의 경제 호황, 전무후무한 호황을 누리는데, 그게 전두환이나 노태우가 잘해서 된 것이 아니잖아요. '저금리·저달러·저유가'의 3저 현상을 빼놓고는 설명할 수 없습니다.

박정희 집권기에 경제 발전이 가능했던 것은 국내외의 여러 조건을 함께 고찰해야 돼요. 같은 시기에 일본을 제쳐놓더라도 대만도 한국 못지않게 경제 발전을 했고, 스페인이나 이탈리아 등 세계 여러 자본주의 국가가 경제 발전을 많이 하거든요.

우리의 경우 먼저 한글세대의 대량 탄생을 들 수 있습니다. 해방과 전쟁으로 한국 사회가 평준화되면서 엄청난 역동성을 갖게 되고, 그래서 교육열이 대단히 팽창했습니다. 서로 일류학교에 가려고 했어요. 누구나 교육 잘 받고 열심히 일을 하면, 이명박 같은 사람이 될 수 있다고 생각한 거예요. 그중에는 남을 짓밟고 올라서려는 사람도 있었지요.

한글세대의 대량 탄생으로 양질의 엄청난 산업예비군이 형성되어 있었고, 노동자들은 그 당시 아무리 노동을 심하게 해도 불평불만 없이 얼마나 열심히 일했습니까? 이렇게 모두가 열심히 일했던 것이 기본 조건이 되었습니다.

노동과 함께 자본이 중요하지 않습니까? 외국자본이 1950년대에는 들어오기가 어려웠어요. 세 번째 강의에서도 얘기했습니다만, 1960년대 중반에는 한·일협정 체결로 무상 3억 달러, 유상 2억 달러가 들어오게 됐고, 월남 파병으로 1972년경까지 10억 달러 정도가 들어오게 돼요. 또 이 시기에는 미국이 월남전 때문에도 재정차관 지원을 많이 해줬어요. 서독도 한국에 차관을 제공했고요.

물건을 만들었으면 팔아먹을 시장이 있어야 하는 거 아닙니까? 그런데 이 시기에는 미국이 한국 상품을 대거 사줬습니다. 기술은 일본에서 많이 도입했지만 큰 것은 미국에서 도입했어요.

1960년대에 전 세계 자본주의가 비약적으로 발전한 데에는 유가가 60년대 내내 1배럴에 1달러로 헐값이었던 것도 작용했어요.

이처럼 자본·시장·노동이 1960·70·80년대에 맞아떨어지게 된 거예요.

그뿐만이 아닙니다. 정부가 경제 발전을 추진할 수가 있는 테크노크라트, 곧 전문적인 능력을 갖춘 관료도 이 시기에는 경제기획원을 중심으로 존재했거든요. 1950년대부터 미국에서 공부하거나 연수받고 온 사람들을 포함해서 인적 자원이 쌓인 거지요.

통계 하나만 해도 말입니다. 1950년대에는 대한노총 노동자가 몇 명인지를 정확히 몰랐어요. 1950년대 통계는 믿을 만한 게 없어요. 그래서 1950년대 후반부터 외국에 있는 유명한 통계학자들을 불러서 배우기 시작하는 거예요.

그리고 쿠데타로 정권을 잡았기 때문에 박정희도 경제 발전밖에 내세울 것이 없었어요. 그래서 경제 발전을 위해서 전력을 기울였지요. 그렇지만 질문하신 것처럼 경제 발전에 노동자들이 기여한 것을 무시하면 안 된다고 봅니다.

이처럼 경제가 발전하게 된 요인은 종합적으로 봐야 되지 일면적으로 보거나 한 사람이 갑자기 어디서 나와서 발전시켰다는 식으로 이해해서는 안 된다고 생각합니다.

날도 덥고 한데 얼마나 수고가 많으셨습니까. 여러분들하고 5주 동안 같이 공부하게 돼서 참 반갑고 좋습니다. 고맙습니다.

에필로그 2007년 대선을 돌아본다

한겨레문화센터에서 '선거로 본 한국현대사'를 강의할 때는 이러한 강의가 곧 있을 대통령 선거에 조금이라도 좋은 방향으로 영향을 미치길 바라는 마음이 있었어야 했을 것입니다. 물론 그러한 기대가 없었다고 말할 수는 없겠지만, 이번 대통령 선거에서 한나라당 후보가 상당히 큰 표차로 승리할 것이라는 확신에는 변함이 없었습니다.

한나라당 후보가 승리할 것이라고 확신한 것은 언론에서 줄기차게 주장했던 것처럼 노무현 정부의 진보적 정책의 실패나 잘못에 기인한다고, 다시 말해서 노무현 정권의 실정에 기인한다고 생각했기 때문은 아닙니다.

다른 정권하고 달라서 노무현 정권에 대한 평가는 시간을 두고 해야 하겠습니다만, 노무현 정권은 잘못한 점도 적지 않으나, 잘한 것이 많다고 생각합니다. 여기에서는 잘한 점만 얘기하지요. 돈을 안 쓰는 선거, 투명한 선거를 노무현 정권에 와서 처음으로 치렀다는 점은 대단히 중요합니다. 이러한 투명성은 경제, 사회, 여러 부문에 영향을 미쳤습니다. 정부 수립 이래 존재했던 대통령의 권위주의적·위압적 지배가 약화되고 허물어진 것은 퍽 좋은 일입니다. 대통령을 정상적인 상태로 돌려놓은 것이지요. 검찰의 독립성을 처음부터 보장하려고 한 일도 잘한 일입니다. 검찰 문제는 계속 말썽이 있었고, 노무현 정권 말기까지 경제권력, 정치권력에 추수하기는 했지만 말입니다. 사법부도 과거의 모습에서 탈피했습니다. 과거사 청산을 위한 노력은 역사에 남을 것입니다. 사법 개혁 등의 개혁도 나름대로 추진했지요.

　노무현 정권의 자주외교정책은 지금까지 부각이 안 되었습니다. 한국현대사에서 처음으로 6자회담 등과 관련해 있었던 대미 자주외교는 평가를 아니 할 수 없습니다. 미 의회에서 유례가 드물게 이명박 대통령 당선 축하 결의를 한 것도 자주외교에 대한 경계와 관련이 있다고 하겠습니다. 경제정책은 차기 정권의 경제정책과 비교해서 평가를 받는 것이 좋을 듯합니다.

　한나라당 후보의 승리를 확신한 것은, 최근 수년간 여러 여론조사를 볼 때 경제 발전을 절대시하는 주장이 민주주의나 인권 문제, 사회정의를 압도하고 있었기 때문입니다. 더구나 한나라당의 이명박 후보는 CEO경력자로서, 또 서울특별시장으로서 업적을 눈으로 보여주었기 때문에 이러한 주장에 잘 어울리는 인물이었습니다.

　경제 발전을 절대시하는 태도는 박정희 정권 때 풍미했던 근대화지상주의·성장제일주의와 맥을 같이하는 것으로, 인권이나 민주주의, 사회정의에 대한 폄하 또는 무시로 표출되기도 합니다. 성장주의자들은 유신체제나 전두환·신군부체제가 어땠느냐, 배부르게 하면 되는 것이고, 노골적으로 말할 수는 없지만 권위주의 통치는 한국인의 '적성'에 들어맞는 것이 아니냐고 주장하기도 합니다. 바로 이러한 성장제일주의가 박정희 신드롬의 풍요로운 토양이었습니다.

　성장제일주의, 권위주의 통치는 극우반공주의, 수구냉전논리에 익숙한 60대 이상의 세대한테 낯선 것이 아닙니다. 이들의 다수한테 김대중이나 노무현을 미워하고 햇볕정책을 비난하는 것은 이상한 일이 아닙니다. 문제는 이번 선거에서 현재와 장래에 대해 불안감이 커져가고 있는 50대 이하한테, 특히 편히 자랐고 앞으로 편히 생활하려는 20대한테 이러한 주장이 먹혀들었고 설득력을 가졌다는 점입니다.

가치관이 배제된 천민자본주의와 연결되어 있는 성장제일주의는 지역주의의 벽도 허물어 호남 사람들로부터도 긍정적인 반응을 얻었습니다. 부분적으로 지역주의의 벽이 허물어진 것은 노무현 정권의 특성에 기인하기도 합니다. 노무현 정권은 호남 사람들의 절대적인 지지로 탄생되었다고 볼 수도 있는데, 부산·경남에서 노무현 정권에 핵심으로 참여한 반면, 호남 사람들은 점차 노무현 정권과 거리를 두게 되었습니다. 이렇게 되니까 노무현 정권을 지지해줄 확고한 대중적 기반이 없어져버렸어요. 한편 민주주의나 인권 같은 것은 이만하면 됐다는 사고도, 남북관계나 핵 문제가 답보 상태에 있는 것도, 경제 발전을 절대시하는 분위기를 형성하는 데 일조했습니다.

성장제일주의는 기대의식 상승과도 결부되어 있습니다. 1950년대부터 급속히 도시가 팽창하면서 도시민의 기대는 커가는데, 정부의 시책은 그것에 미치지 못하는 현상이 발생했습니다. 도시민의 기대의식 상승은 1956년 선거부터 역대 정권을 궁지에 몰아넣거나 괴롭힌 장본인 중의 하나로, 장기간에 걸쳐 여촌야도 현상을 초래했습니다. IMF사태 이후 경제의 불안정성이 일시적인 것이 아니고 구조적인 성격을 지니고 있음이 드러났지만, 그렇다고 기대의식 상승이 사라진 것은 아니었습니다. IMF사태라는 눈앞의 현안을 처리해야 했던 김대중 정권 시기와도 달리, 기대의식 상승과 연관된 노무현 정권에 대한 불만은 계속 커졌습니다.

특히 이번 선거에서는 장기집권에 대한 염증厭症이 대단히 큰 영향을 주었습니다. 이승만 정권이 1956년 선거에서, 박정희 정권이 1971년 선거에서, 유신정권이 1978년 선거에서 패배나 다름없는 타격을 받은 주요 요인의 하나가 장기집권에 대한 염증이었습니다. 김대중 정권 5년에 노무현 정권 5년은 불만세력한테 너무 길었습니다. 김영삼 정권 5년까지 합치면 15년이나 되지요. 특히 성장주의자들한테 노 정권은 질리지 않을 수 없었습니다. 미워 죽겠는데, 해먹어도 너무 오래 해먹는다는 생각이 몇 년 전부터 전반적으로 확산되고 있었습니다.

그러면 이번 선거에서 노무현 정권의 실정은 어떻게 보아야 할 것인가? 노 정권의 실정이 적지 않았고, 최근 2~3년 동안 청와대에서 직언을 하는 사람을 찾아보기가 어려워졌다는 말도 설득력이 있습니다. 그렇지만 노 정권이 무엇을 잘못했냐고 물으면 답변을 잘 못합니다. 경제정책이 잘못이라면 다른 정권은 더 잘할 것 같으냐는 물음에도 답변이 시원치 않습니다.

노무현 정권의 실정은 이미지와 연관이 깊습니다. 노무현의 언행이나 행동거지, 승부사 기질, 설익어 보이는 아마추어리즘에 대한 불만이 대부분입니다. 대개는 노무현의 언행에 대해 못마땅하게 생각하는 것이 실정으로 표출되고 있습니다. 특히 성장제일주의 사고나 장기집권에 대한 염증이 노무현의 언행에 대한 반발로 나타났습니다.

'노무현의 실정'은 조선·중앙·동아 같은 언론 매체에 의해 크게 포장되고 확대되었습니다. 한미FTA협정을 제외하고는 하루도 아니고 5년간을 시종여일하게 공격했고, 노무현은 노무현답게 이들 언론에 즉자적으로 대응했습니다.

신문은 1950년대는 물론이고, 그 이후에도 위력이 컸습니다. 여촌야도 현상이나 기대의식 상승에도 신문의 역할이 컸습니다. 다만 2002년 선거에서는 인터넷의 위력이 조·중·동의 위력을 눌렀습니다. 그러나 장기전에서는 김대중·노무현을 공격해온 종이 매체의 위력이 세다는 것이 입증되었습니다. 그때그때의 사안에 대해서는 즉흥적인 대응력이 있지만, 수공업적이고 일관성이 약한 진보적 매체에 비해 이들 매체는 오랜 기간 축적된 확고한 틀과 현실적 힘을 가지고 파고들었습니다. 한나라당을 포함해 한국의 보수세력 또는 수구냉전세력은 여론 정치에서 종이 신문에 종속되어 있습니다.

2007년 대통령 선거는 역대 선거 가운데 1967년의 대선과 함께 가장 재미없는 선거로 기록될 것입니다. 5년 전 서울역 유세장에는 이회창 후보의 연설을 듣기 위해 1만 5천여 명이 몰렸으나, 2007년 이명박 후보의 첫 유세지이기도 했던 서울역은 5천여 명밖에 모이지 않아 썰렁했습니다. 또한 2007년 선거는 정책대결이 실종되고, TV 토론에 대해서도 유권자들이 큰 관심을 보이지 않았습니다. 사이버 세상도 시들해졌다는 점에서 과거보다 크게 후퇴한 선거였습니다. 대운하나 교육정책과 같은 사안도 중요한 쟁점이 되지 못했습니다.

2007년 대통령 선거는 시민의식이나 도덕성이 실종된 퇴행적인 면을 보여주었습니다. 유력한 후보에 대해 중대한 의혹이 보도되어도 지지율에 변화가 없었습니다. 일각에서는 답답해하고 분노하기도 했지만, 몰가치성이 전제된 성장제일주의는 쇠심줄처럼 질겼고 장벽처럼 두터웠습니다. 그런 점에서 2007년 대선은 1967년 6·8선거처럼 병든 선거였습니다. TV 토론에서 누가 잘했는가도 문제되지 않았습니다. 무조건 바꿔야 한다는 소리만이 1년 이상 울려 퍼졌습니다.

6월민주항쟁 이후 민주주의는 우여곡절은 있었으나 진전되고 있었고, 2002년 대선과 2004년 총선은 혼탁함이나 타락상이 그다지 보이지 않았던 깨끗한 선거였습니다. 정책대결, TV 토론이나 유권자의 자발적 참가, 국민경선대회 등 신선한 선거운동이 전개되었다는 점에서 민주주의가 일정한 궤도에 오른 감을 주었는데, 불과 몇 년도 안 되어 여러 가지 면에서 후퇴했을 뿐만 아니라 퇴행적인 면도 노정되니 마음이 가볍지 않습니다. 역사가 일직선으로 진보하는 것이 아니고 나선형적 변화를 갖는다고 배웠지만, 너무나 빨리 온 후퇴요 퇴행이었습니다.

2007년 대선에서 진보세력한테 재앙이나 다름없었던 성장제일주의는 부메랑이 되어 이명박 정권한테 부담이 될 것입니다. 그 부담은 눈덩이처럼 커질 수 있습니다. 이명박 정권에 대한 기대가 너무 컸기 때문에 환멸이 빨리 올 수 있기 때문이기도 하지만, 오랫동안 불안정성, 불안감이 작용해서인지 요즈음 들어 냄비 끓듯 하는 조급성이 더 심해졌다는 느낌을 주기 때문입니다. 그럴수록 이명박 정권은 대운하와 같은 무모한 경기 부양책을 쓸 가능성이 있습니다. 이제 어느 때보다도 가치관이 배제된 성장제일주의의 주문呪文에서 벗어나도록 진보와 보수 모두가 노력할 때가 아닐까요.

이명박 후보의 득표율이 48.7퍼센트로, 5년 전 노무현 후보의 득표율 48.9퍼센트보다 적다는 것은 그다지 중요하지 않습니다. 그보다 더 중요한 것은 진보세력 후보들의 표가 보수세력 후보들의 표보다 훨씬 적다는 점입니다. 진보세력은 어째서 그와 같은 사태가 일어났는가에 대해 깊이 있는 인식과 냉정한 반성이 있어야 할 겁니다.

한나라당이 경제정책이건 남북관계건 교육정책이건 진보적 정권보다 더 나을 것이 없다는 것을 보여주기 위해서 이명박이 당선되는 것도 필요하다는 주장은 듣기가 민망스럽습니다. 진보세력이나 보수세력이나 문제점이 많기 때문에 돌아가면서 정권을 잡는 것이 나을 것 같습니다. 보수세력은 그동안 반성도 많이 했을 것이고, 하고 싶은 일도 많을 것입니다. 마르고 닳도록 영원히 '한반도의 죄인'이 될 대운하만은 절대로 해서는 안 되지만.

1967년 선거로부터 4년 후에 있었던 대통령 선거와 국회의원 선거는 신선한 바람이 부는 등 선거사에서 각별히 기억할 만한 활기와 유권자 의식을 보여주었습니다. 앞으로 있을 선거는 2007년 대통령 선거처럼 재미없는 무기력한 선거가 되어서는 안 되겠습니다. 그렇게 되지 않도록 이 책이 조금이라도 기여했으면 하는 기대를 가져봅니다.

찾아보기

ㄱ

갈홍기 86
거창 양민학살 사건 61, 67, 101
고딘디엠 103
고어 70
고정훈 207
공화당(민주공화당) 123, 125, 133, 141, 142, 149, 151, 152, 166, 180, 181, 186, 189, 190, 206, 233
공화민정회 67, 68
광주민주화운동 209
광주사태 220
국가보안법 개정안 107
국가보위비상대책위원회 204
국가재건최고회의 128, 130
국민당(대한국민당) 60, 206~208, 212, 240
국민방위군 사건 61, 67
국민보도연맹원 집단학살 94, 138
국민의당 134
국민회 68
국제공산당간첩 사건 73
국회 프락치 사건 52
글라이스틴 201
기시 195
긴급조치 1호 182, 183
긴급조치 4호 183
긴급조치 7호 184
길재호 130
김갑수 104
김구 32, 37, 39, 41, 48, 49, 53~55
김규식 32, 37, 39, 41, 54, 55

김근태 228
김달호 126
김대중 83, 92, 149, 155~166, 174, 202~205, 210, 213, 214, 219, 223~232, 239, 242~248, 252, 255, 259~261
김대중 납치 사건 181
김도연 50
김도현 152
김동성 85
김동원 45, 59
김동하 124, 130, 132
김두봉 53
김두한 84, 101
김병로 51, 134
김붕준 59
김산 106
김상현 174, 210
김선태 101
김성수 50, 67
김약수 51
김영삼 17, 18, 92, 155~157, 174, 175, 183~189, 196~214, 222~233, 239~247, 252, 255, 261
김옥선 파동 176, 186
김원기 246
김일성 53, 185, 197, 245
김재규 196
김재춘 130~133
김정열 117
김종원 100~102
김종철 206
김종필 122, 123, 126~133, 138, 203, 205, 225, 226, 232, 239, 241, 247, 248, 254

265

김준연 85, 87, 97
김중태 152
김지하 184
김창숙 92
김철호 사건 208
김칠성 59
김태선 78
김현철 247
김형욱 130

ㄴ

남북협상 32
남조선과도입법의원(입법의원) 26, 40
노무현 237, 238, 246, 247, 250~253, 258, 260~263
노재봉 188
노태우 18, 188, 218, 224, 225, 230~232, 239, 241, 244, 245
농민회 68
농지개혁법 52
뉴델리 밀회 사건 85

ㄷ

대남간첩단 사건 68
대한노총 68, 88
대한독립촉성국민회(독촉국민회) 41~43, 45, 56
대한민국 임시정부 33
대한청년회(대청) 43
도시산업선교회 198
도평의회·부협의회·지정면협의회 28
동백림 사건 57, 152
동일 티켓제 110, 111
드골 130, 131
땃벌떼 70

ㄹ

레이건 205, 209

ㅁ

마셜 플랜 30
문봉재 70
문익환 85, 209, 228, 239
미·소공동위원회(미·소공위) 30
민국당 56, 60, 67, 69, 76, 77, 84, 87
민사당(민주사회당) 207, 208
민자당(민주자유당) 239~242, 246
민정당(민주정의당) 60, 206!208, 214, 222, 232, 239, 241
민정이양 122, 123, 130, 131, 155
민족주의비교연구회(민비련) 사건 152
민족청년단 68, 80
민주·통일민중운동연합(민통련) 228
민주노동당 253, 254
민주당 47, 87, 90, 92, 93, 97, 99, 101, 106, 109, 112, 113, 233, 240, 246, 252, 253
민주총선쟁취학생연합 211
민주화운동청년연합(민청련) 228
민주화추진범국민단체 210
민주화추진협의회(민추협) 210
민중당 144
민중자결단 70
민청학련 184, 213
민청학련·인혁당 사건 182
민한당 17, 205~208, 212, 214

ㅂ

박권흠 199
박근혜 253

박기출 97
박병권 131, 132
박병삼 149
박상희 137
박순천 144, 186
박원순 249, 250
박임항 132
박정희 16, 66, 80, 83, 84, 122, 127~149, 154, 156, 157, 160~168, 174, 179~200, 204, 205, 209, 222, 228, 230, 233, 234, 237, 238, 244, 255~260
박종철 17
박창암 132
박현채 159
반민족행위처벌법 52
발췌개헌(안) 66, 73, 75, 81, 84, 154
백골단 70
백기완 202, 209, 229, 230
백낙준 144
백두진 파동 196
백성욱 55
변영태 133, 135, 140
부마항쟁 185, 190
부산 미문화원 방화 사건 206
부산 정치 파동 66, 72, 75, 124
부산 초원복집 사건 243
부시 70
부역행위특별처리법 61
부인회 68
북조선민주주의민족통일전선(북민전) 25

ㅅ

사사오입개헌 86, 88, 99, 110, 154
사형금지법 61
삼균주의 49
새나라택시 사건 125
새정치국민회의 246, 248

서민호 147, 151
서북청년회(서청) 59, 70
서상일 47, 56, 59, 87, 92, 97
서재필 48
선우기성 59
성시백 사건 57
소장파 전성시대 44, 51, 52
손도심 99
송요찬 135, 140
시거 220
시라소니 77
신군부 203, 205, 206, 209, 210, 222, 224, 241, 259
신도환 196
신민당(신한민주당) 17, 45, 50, 56, 60, 145, 151, 152, 166, 167, 181, 188, 189, 196~198, 200, 211~214
신익희 76, 83, 85, 90, 92, 95, 97, 100, 112, 161, 224, 230
신한국당 247
신한당 144
신흥우 77

ㅇ

IMF사태 247, 260
안두희 54
안재홍 58, 60
양명산 104
양우정 70
양이섭 226
양일동 126
엄항섭 55
엘리자베스 2세 85
여수·순천 사건(여순 사건) 100, 137, 141
여운홍 59
열린우리당 253, 254
오위영 83, 84

오재영 147
오하영 59
YH여성노동자 농성 사건(YH사건) 198, 199
워커힐 의혹 사건 125
원세훈 59
원혜영 246
유기천 159
유병진 104
유신정우회 186, 196, 197, 204
유신체제 172~205, 214, 237, 259
유신쿠데타 174, 181
유신헌법 175, 181
유엔임시위원단 31, 32, 40, 116
유인태 183, 246
유진산 15, 106, 134, 143, 144, 155~157, 166, 182, 186
유진오 144, 145, 155
유치송 205, 214
윤기섭 59
윤길중 60, 126
윤보선 126, 134~147, 202, 213
윤이상 152
윤치영 60
이갑성 67
이강철 183
이경재 200
이광요 176
이기붕 15, 80, 83, 99~117
이기택 196, 246
이맹희 149
이명박 256, 259, 262, 263
이민우 212
이범석 50, 68, 72, 75, 78, 80, 123, 133, 144
이병철 149
이부영 240
이선실 간첩 사건 243
이승만 16, 26, 41~61, 66~117, 126, 148, 154, 161, 165, 168, 206, 226, 233, 234, 238, 253, 260
이시영 49, 67, 76~78
이영근 68

이윤영 49
이응노 152
이익흥 100~102
이인 51, 60
이인제 248, 252
이재학 103, 109
이재형 155
이정재 15, 106
이종찬 101, 242
이철 213
이철승 17, 101, 155, 157, 188, 196, 214
이철희·장영자 사건 208
이한기 220
이회창 247~252, 262
이효상 160
이후락 133, 203
인도차이나 사태 183~186
인혁당 184
인혁당 사건 104
임수경 85, 239
임흥순 102

ㅈ

자민당(자유민주당) 133
자민련(자유민주연합) 247
자유당 15, 72, 75, 77, 80~87, 99~103, 106, 114, 117, 123, 129, 133, 206
자유당(원내) 68, 69, 73, 83
자유당(원외) → 자유당
자유프랑스운동 130
장개석 195
장건상 57, 59, 92
장경근 109
장기영 149
장덕진 166
장도영 126
장도영 반혁명 사건 130

장면 73, 83, 87, 92, 99, 102~113, 124, 126, 133, 134
장면 부통령 저격 사건 102
장준하 144, 147, 151, 182, 209
장택상 60, 73, 78, 87
전국애국정당사회단체연합회 77
전두환 17, 18, 66, 133, 168, 174, 194, 197, 201~214, 218, 220, 222, 224, 228, 232, 238, 244, 245, 259
정몽준 251, 252
정운갑 199, 200
정인숙 피살 사건 174
정일형 155
정주영 240~244, 251
정치풍토쇄신위원회 205
정치활동정화법 125, 126, 130, 155
제정구 246
제헌국회 42~44, 51, 52
조만식 49
조문 파동 245
조병옥 57~60, 77, 85~ 88, 103, 109, 110, 112, 174
조봉암 45, 50, 59~61, 68, 70, 76~78, 83, 86~97, 100, 103, 112, 141, 158, 224, 226
조선공산당 34
조선민족청년단(족청) 50
조소앙 50, 54, 57~60, 85
조순 247
조시원 59
조시형 129
조연하 174
조영래 229
조완구 55
조윤형 174
중앙정보부 123~127, 137, 140, 154~157, 161, 174~177
증권 파동 125
지방자치 선거법 72
지방자치법 개정안 107
진보당 60, 93, 98
진보당 사건 104, 105

진보당추진위원회 87, 92
진산 파동 166

ㅊ

청년단 68
최규남 15, 106
최규하 202
최동오 59
최루탄추방대회 219
최순주 86
최인규 83, 98, 108, 113, 148

ㅋ

카터 197, 198, 201, 245
케네디 122, 141

ㅌ

통일당 181
통일민주당 222, 225
통일주체국민회의 177
트루먼 독트린 30

ㅍ

평민당 233
프랑코 201

ㅎ

하나회 202, 244
하우스만 137
한국복지연구회 사건 154
한국비료 사카린 밀수 사건(한비 밀수 사건) 147, 149
한나라당 248, 252, 253, 258, 263
한미FTA협정 261
한민당(한국민주당) 26, 41~57, 76
한·일협정 144, 256
한·일협정 비준 파동 143
한화갑 250, 251
한희석 107, 109
함상훈 84
함석헌 202
함태영 75, 78
허정 117, 132, 133, 135, 140
허헌 53
호헌동지회 87
홀부르크 193
홍진기 104
홍진기 98
황성모 152
황태성 137, 138
회전당구(빠징코) 사건 125
후로이 사건 78

123

2·12총선 17, 172, 174, 207, 212, 214, 215
2·18성명 132
2·27선서 132
24파동 107, 116
3·15마산항쟁 115, 116
3·15선거(3·15부정선거) 16, 18, 26, 81~83, 108, 112~117, 125, 148, 172, 238
3·1민주구국선언 사건 185
3·24총선 240
3선개헌(안) 154, 167, 201
4·12총선 246
4·13총선 249
4·15선거 253
4·26총선 236, 238
4·27선거 166, 173
4·8성명 132, 133
40대 기수론 155
4대 의혹 사건 125, 133
4월혁명 115, 122, 238
5·10선거 25, 28, 29, 35~44, 108, 116, 127
5·15선거 81, 87, 92, 109, 114
5·16쿠데타 122, 130, 132, 147, 181, 219, 203, 209
5·20선거 80, 82, 127
5·25총선 173
5·2선거 117
5·30선거 29, 53, 55, 58, 60, 66, 108, 116, 127
6·26항쟁 219, 220
6·29선언 218, 219, 222, 224
6·3사태 143
6·8선거(6·8부정선거) 80, 107, 146, 147, 149, 151, 152, 157, 168, 235, 236, 262
68혁명 131
6월민주항쟁 17, 66, 172, 215, 218, 220, 224, 232, 234, 236, 241, 262
6인위원회 108
7·29총선 128, 180, 254
8·5선거 74, 75, 109, 110, 111, 124
12·12선거 17, 18, 189, 190, 194, 201
12·12쿠데타 133, 202
12·18선거 243, 247, 248

이 책에 쓰인 사진의 출처

이 책은 아래의 단체 및 저작권자의 도움을 받았습니다.
사진을 제공해주신 분들께 감사드립니다.

- **국가기록원** 79쪽(위-오른쪽, 아래), 91쪽(위-왼쪽), 96쪽(아래), 119쪽(위, 중간, 아래), 136쪽(위, 아래), 139쪽(위, 아래-오른쪽·왼쪽), 146쪽
- **경향신문** 48쪽
- **동아일보** 199쪽
- **도서출판 눈빛** 187쪽
- **서울시립대학교 박물관** 127쪽
- **대한민국정부기록사진집** 71쪽, 79쪽(위-왼쪽), 91쪽(위-오른쪽, 아래), 178쪽
- **조선일보** 163쪽
- **문화광광부** 157쪽, 163쪽(위, 아래), 207쪽, 227쪽, 230쪽, 231쪽, 240쪽, 249쪽
- **한국일보** 173쪽, 221쪽, 223쪽

※ 이 책에 쓰인 사진은 해당 사진을 보유하고 있거나
저작권을 가지고 있는 분들의 허락과 도움을 받아 게재한 것입니다.
저작권자를 찾지 못하여 게재 허락을 받지 못한 사진에 대해서는
저작권자가 확인되는 대로 게재 허락을 받고
통상의 기준에 따라 사용료를 지불하도록 하겠습니다.